In der Serie
HEYNE-ANTIQUITÄTENBÜCHER
sind außerdem erschienen:

Möbelstilkunde · 4324
Porzellan · 4340
Zinn · 4358
Gläser · 4370
Bauernmöbel · 4391
Englische Möbel · 4400
Jugendstil · 4409
Silber · 4414
Teppiche · 4428
Faustfeuerwaffen · 4436
Spielzeug · 4440
Art Déco · 4445
Uhren · 4448
Afrikanische Kunst · 4454
Gewehre · 4463
Antiquitäten als Kapitalanlage · 4467
Deutsche Möbel des Barock und Rokoko · 4469
Netsuke · 4474
Gründerzeit · 4479
Münzen des Mittelalters und der Neuzeit · 4485
Böhmische Gläser · 4492
Schmuck · 4501
Alter Hausrat · 4507
Antike Kleinkunst · 4516
Gobelins · 4523
Biedermeier · 4530
Antiquitäten als Hobby · 4538
Deutsche Fayencen · 4545
Chinesisches Porzellan · 4552
Asiatica · 4565
Münzen des Altertums · 4569
Meißner Porzellan · 4577
Lampen 1890–1930 · 4581
Französische Möbel · 4586
Englische Kleinkunst · 4610
Küchengeräte · 4616
Thonet-Möbel · 4634

JÖRG NIMMERGUT

Deutsche Orden

Mit über 280 Abbildungen

Originalausgabe

WILHELM HEYNE VERLAG

MÜNCHEN

HEYNE-BUCH Nr. 4641
im Wilhelm Heyne Verlag, München

Copyright © 1979 by Wilhelm Heyne Verlag, München
Printed in Germany 1979
Zeichnungen: Heinrich Haisch, München
Umschlagfoto: Dieter Hinrichs, München
Umschlaggestaltung: Atelier Heinrichs, München
Satz: Schaber, Wels/Österreich
Druck und Bindung: Presse-Druck, Augsburg

ISBN 3-453-41313-x

Inhaltsverzeichnis

Einführung in das Auszeichnungswesen

Auszeichnungen haben eine lange Geschichte. Schon im Alten Testament steht: »Und (Pharao) tat seinen Ring von seiner Hand und gab ihn Joseph an seine Hand, und kleidete ihn mit köstlicher Leinwand, und hing ihm eine güldene Kette an seinen Hals.« (Genesis, XLI, Vers 42)

Eindeutig als Auszeichnungen belegt sind die nahezu ausschließlich wegen militärischer Verdienste vergebenen Belohnungen der Antike. Die Griechen nannten sie tá fálara, die Römer klanggleich phalera. Seinem Inhalt nach war der Begriff gleichbedeutend mit »Auszeichnung«. Nach phalerae als Ursprung des abendländischen Auszeichnungswesens nennt man die Wissenschaft von der Ordenskunde heute Phaleristik. Noch vor vierzig Jahren sah man im Sammeln von Orden und Ehrenzeichen lediglich ein hochinteressantes Sondergebiet der Münzkunde.

Phaleren waren handliche kreis- oder halbmondförmige Schilder, aus Erz, Bronze und Silber bzw. gold- und silberplattiert. Ursprünglich wurden sie den Pferden umgehängt, später trug sie der Krieger sichtbar an seinem Panzer. Indirekt geben zahlreiche Grabsteinfunde von römischen Offizieren Zeugnis von der Vielfalt der Auszeichnungen im Altertum. Neben den Phaleren gab es Oliven, Palmen, Eichenlaub und später eherne Kränze (corona) mit Tuchschleifen für das Haupt. Diese Schleifen (demnici) waren zugleich eine Werterhöhung der Auszeichnung. Des weiteren gab es Ringe (torques), Armreifen (armillae), verschiedene Stäbe (vitis), Banner (vexillum), Signa, die auf Stangen getragen wurden und Triumphzüge. Diese in sich genau gestaffelten Auszeichnungen wurden dona militaria genannt. Man konnte sie nur erhalten, wenn man das römische Bürgerrecht besaß. Das Bürgerrecht (honor) konnte man seinerseits als Auszeichnung erwerben. Danach erhielt man die Ehrenzeichen (donatio), sofern man Tapferkeit (virtus) bewiesen hatte. Vereinfacht gesagt: Um diese drei Begriffe Ehre—Verdienst—Tapferkeit kreist das gesamte Auszeichnungswesen von der Antike bis zur Gegenwart. Die Belohnungsvielfalt der Griechen und Römer markiert jedoch nicht die historischen Anfänge dessen, was wir heute unter Orden und Auszeichnungen verstehen. Neuzeitliche Orden datieren wir bis ins frühe Mittelalter zurück — der Entstehungszeit der ersten geistlichen Ritterorden. Diese stellen zunächst keine Auszeichnung im militärischen Sinne dar. Vielmehr dokumentieren sie die Zugehörigkeit einzelner zu einer Gruppe mit eigenen moralischen, politischen, wirtschaftlichen und militärischen Zielsetzungen.

Im 11. Jahrhundert entwarf die Politik Roms den staatspolitisch klugen Gedanken der Kreuzzüge. Ritter und Edelleute fingen religiöses Feuer; die Kreuzzüge wurden getragen von einer Welle des Enthusiasmus. Ohne zu zögern unterwarf sich alles Weltliche der geistlichen Oberheit Roms. Jedoch: Der Krieg im fernen Orient hatte seine ungeahnten Tücken, Schwierigkeiten, Hindernisse, Schrecken, Gefahren und Unwägbarkeiten. Hatte auch der 1096 begonnene, von Papst Urban zwölf Monate vorher ausgerufene Kreuzzug, 1099 mit der Eroberung Jerusalems geendet, die Perle der Christenheit war keineswegs in fester, frommer Hand. Stets und ständig wurde der bußfertige Wallfahrer von herumstreifenden Mohammedanern bedroht, wenn nicht Hunger, Durst oder verheerende Seuchen ein übriges taten. Um Sicherheit und Pflege der Wallfahrt zu gewährleisten, schlossen sich die Ritter zu halb geistlichen und halb weltlichen Verbindungen zusammen. Ihre Aufgaben waren klar abgesteckt. Hospitäler, Religionsübungen, Kampf gegen die Ungläubigen, Schutz des Heiligen Grabes und der dorthin Pilgernden, Krankenpflege im fernen Land sowie die Missionierung des Christentums. Ursprünglich waren die Orden Ge-

nossenschaften ritterlicher Männer, die, ausgerichtet auf fromm-
asketische und menschlich-wohltätige Ziele, stets nach der Devise
handelten: fromm, mild und tapfer. Diese edel-romantisch verklär-
te Zielsetzung, unmittelbares Gedankengut aus der Zeit der Kreuzzüge, bringt vier Orden hervor, die ihre Entstehung auf den klassischen Boden des Heiligen Landes zurückführen:
Der Orden des Heiligen Grabes, vermutlich von Gottfried von
Bouillon nach der Erstürmung Jerusalems 1099 gestiftet und 1291
mit dem Johanniterorden vereinigt,
der Johanniterorden, 1118 aus dem Mönchsorden des hl. Johannes
von Jerusalem hervorgegangen,
der gleichzeitig gestiftete Orden der Tempelherren, der 1312 im
Johanniterorden substantiell aufging,
und den 1170 gestifteten Marianer-Ritterorden, dem späteren
Deutschen Orden.
Bestimmend für den Zusammenhalt dieser Gemeinschaften war
die Regel, die Kongregation, die Gemeinschaft, die Ordnung, lat.
ordo — von dem sich unser heutiger Begriff »Orden« ableitet. Die
Zugehörigkeit zur Gemeinschaft wurde durch eine bestimmte Klei-
dung und durch ein Abzeichen kenntlich gemacht, war jedoch zunächst von untergeordneter Bedeutung. Alle Abzeichen leiteten
sich vom christlichen Kreuz ab. Angehöriger eines derartigen Ordens zu sein, stellte für sich noch keine Auszeichnung dar. Aber es
gab bereits eine Rangordnung innerhalb einer Ordensgemein-
schaft, die auch abzeichenmäßig dokumentiert wurde.
Bereits vor dem blutigen Fall Jerusalems hatten weitsichtige Großmeister der Orden Tochtergründungen in allen Teilen Europas
veranlaßt. Damit wuchs die politische Macht der Orden, gestützt
durch den angehäuften Reichtum. Herrscher, Feudalfürsten und
Lehnsherren aller Schattierungen buhlten förmlich um die Gunst
und um den Beistand der Ordensoberen. So wuchs die Aufnahme
in einen Orden allmählich doch zur Belohnung und Auszeichnung
heran.
Das ließ auf die Dauer die weltlichen Herrscher nicht ruhen. Es ver-

lockte sie ungemein, ähnliche Zusammenschlüsse als Symbol von
Macht und Ansehen ins Leben zu rufen. Die ersten weltlichen Ritterorden verfolgten denn auch einen sehr profanen Zweck — die
Souveräne wollten den hohen Adel und die Ritterschaft an sich binden. Neben diesem machtpolitischen Aspekt ist der Orden ein
brauchbares Instrument, Verdienste im Heerwesen sowie im
Staats- und Hofdienst zu würdigen. Schon immer haben die Mäch-
tigen damit gespielt, daß Anerkennung und Belohnung zu den
stärksten Motiven aller menschlichen Handlungen gehören. Die
(meist begrenzte) Anzahl der Ritter war dem Ordensstifter gleichge-
stellt. Zugleich waren sie jedoch eingeschworen auf dessen dynasti-
sche und politische Interessen. Die Ordensritter trugen Ordens-
tracht und Abzeichen, die ihre Symbolik nicht vom hl. Kreuz ent-
lehnten, vielmehr an prunkvollen Ketten getragen wurden und oft
identisch waren mit dem Wappen des Ordensstifters, der zugleich
Großmeister war. Aber noch immer sind diese äußeren Zeichen
keine Auszeichnungen nach unserem heutigen Verständnis. Die
Auszeichnung, die Hervorhebung vor den anderen bestand in der
Berufung in den Orden. Der bekannteste Orden dieser Art dürfte
der 1348 gegründete englische Hosenbandorden sein, der nach
Rang, Ansehen und Luxus führende weltliche Ritterorden Europas
bis auf den heutigen Tag. Mögen weltliche Ritterorden, die sich bis
zur Gegenwart erhalten haben, auch an ihren altertümlichen Regeln festhalten, den Wandel zum reinen Verdienstorden hat ihnen
der Lauf der Geschichte trotzdem aufgezwungen. Mit zunehmen-
der gesellschaftlicher Entwicklung, dem Wechselspiel der Macht
von Staaten und sich ständig verändernden Gruppierungen wan-
delte sich auch die Funktion der Orden. Selbst die im 18. und 19.
Jahrhundert noch gegründeten großen weltlichen Ritterorden wie
in

BADEN	– Hausorden der Treue
BAYERN	– Orden des hl. Hubertus
HESSEN	– Orden vom Goldenen Löwen

HANNOVER – St.-Georgs-Orden
PREUSSEN – Hoher Orden vom Schwarzen Adler

sind durch ihren Charakter in erster Linie Verdienstorden und nicht so sehr ritterliche Zusammenschlüsse. Beschleunigt wird die Entwicklung in diesem Abschnitt der Ordensgeschichte durch einen bedeutsamen Wechsel im Procedere: Wurde der Kandidat früher in den Orden aufgenommen, wird ihm jetzt der Orden verliehen. Das besondere Kennzeichen der Gemeinschaft, also des Ordens, wurde an Außenstehende für Verdienste unterschiedlichster Art vergeben. Diese Verleihungspraxis war der erste und sicherlich entscheidende Schritt zum modernen Ordenswesen. In der Ära der absolutistischen Herrscher konnte der klassische Ritterorden mit seinen selbstauferlegten Beschränkungen wie Mitgliederzahl, Moralansprüchen etc. und seinen vorwiegend religiösen Zielsetzungen den Interessen der Herrscher nicht mehr gerecht werden.
Ab jetzt gibt es kaum noch bruderschaftliche Zusammenschlüsse, sondern vielmehr anonyme Orden zur Belohnung, die ständige Begleiter von Amt und Würden sind. Das wechselvolle kriegerische Geschehen des 18. und 19. Jahrhunderts macht es verständlich, daß die ersten Orden der neuen Generation Militärverdienstorden waren. So entsteht beispielsweise 1736 der Militär-St.-Heinrichs-Orden im Königreich Sachsen,
1740 stiftet Friedrich II. von Preußen den Pour le Mérite, seinen Militärverdienstorden.
Die neuen Orden waren meist in drei Klassen unterteilt: Großkreuze, Komture und Ritter. Das entsprach in der Klassifizierung exakt der Einteilung nach Generalen, Stabsoffizieren und Subalternoffizieren. Dieses grundlegende Modell stammt von dem bereits 1693 in Frankreich gestifteten St.-Ludwigs-Orden für militärische Verdienste, angeregt vom Sonnenkönig Ludwig XIV. Berühmte deutsche Militärverdienstorden hielten sich an die drei Klassen, so der bayerische Militär-Max-Joseph-Orden (in der Form von 1806), der badische Militärische Carl-Friedrich-Verdienstorden (1807)

oder etwa der württembergische Militär-Verdienstorden (in der Form von 1818).

Die konsolidierten Staaten kämpften um die Ausdehnung ihrer Machtbereiche, gleich ob nun ökonomisch, politisch oder territorial. Die neuen Stiftungen von Orden und Ehrenzeichen spiegeln das anschaulich wider. Sie erfolgen zumeist zur denkwürdigen Erinnerung an Kriege oder einzelne Schlachten. Der österreichische Militär-Maria-Theresien-Orden wird 1757 nach der Schlacht bei Kolin ins Leben gerufen, die österreichische Militär-Ehrenmedaille (Tapferkeitsmedaille) Joseph II. von 1789 hatte die Türkenkriege zum Anlaß.

Ein weiterer entwicklungsgeschichtlicher Einschnitt im Auszeichnungswesen ist die Französische Revolution und die Napoleonischen Kriege. Wie in der Geschichte vieler Völker unternimmt die Französische Revolution den Versuch, Privilegien, Titel, Orden und Ehrenzeichen der verhaßten Vorgänger abzuschaffen, nicht zuletzt, weil man darin einen Verstoß gegen das Gleichheitsprinzip aller Menschen sah. Oft verkehrt sich das Egalité-Prinzip jedoch ins Gegenteil — rief doch 1802 der 1. Konsul Napoleon Bonaparte die bekannte und heute in aller Welt noch hoch geachtete Ehrenlegion ins Leben! Die Koalitionskriege sowie die kriegerische Konstellation Napoleon gegen Europa (und umgekehrt) brachten eine Fülle neuer Auszeichnungen hervor. So fühlte sich Friedrich Wilhelm III. 1813 bewogen, das wohl berühmteste deutsche Ehrenzeichen zu stiften — das Eiserne Kreuz.

Mehr als 130 Jahre hat das EK in Deutschland in vier großen Kriegen als Ehrenzeichen und ab 1939 als Orden eine zentrale Rolle gespielt. Zunächst würdigen die Militärverdienstorden nur die Leistungen von Offizieren, wie etwa der Pour le Mérite Friedrichs des Großen. Diese Einschränkung wird jedoch bald aufgegeben. Unteroffiziere und Mannschaften werden durch Tapferkeits- und Militärverdienstmedaillen bedacht, bestimmte davon sind mit einer Geldprämie oder lebenslangem Ehrensold verbunden. Sie standen hoch im Ansehen wie die Bezeichnung »Pour le Mérite für Unteroffiziere« bzw. »Mannschafts-Pour le Mérite« für das goldene Militär-Verdienstkreuz von Preußen beweist. Die Vielfalt der Sterne, Kreuze und Medaillen entsteht nach dem tiefen Sturz Napoleons. Zu Beginn des 19. Jahrhunderts bildet sich daneben eine Form der Auszeichnung heraus, die neben ihrer Funktion als Tapferkeitsauszeichnung zusätzlich als Erinnerungsmedaille oder -kreuz fungierte. 1813 war das große Jahr der Kriegs(ge)denkmünzen, meist aus der Bronze eroberter Geschütze geprägt oder gegossen. Medaillen für Kämpfer und Nichtkämpfer schließen sich an. Kriegsauszeichnungen staffeln sich nach Front-, Etappen- und Heimatverdienst. Im Frieden gibt es Auszeichnungen für das stehende Heer, die Feuerwehr, Polizei und Zollformationen, für Verdienste in der Wirtschaft, im Sport, im Sanitäts- und Rettungswesen, für Kunst und Wissenschaft sowie für Lebensrettung.

Abriß des deutschen Auszeichnungswesens seit 1918

Die Entstehung der militärischen Auszeichnungen ist das Abbild des von Kriegen heimgesuchten 19. und 20. Jahrhunderts. Die Flut von Orden und Ehrenzeichen der Weltkriege bestätigt diesen Zusammenhang nur allzu deutlich. Allein im 1. Weltkrieg wurden in Deutschland 64 Orden und Ehrenzeichen neu gestiftet, sowie 21 erneuert bzw. aus Anlaß des Krieges erweitert, ungeachtet der bestehenden Orden, die natürlich weiter verliehen wurden. Nicht gerechnet auch die Hinzufügungen: Schwerter, Gefechtsspangen, Wiederholungsspangen, Eichenlaub, Krone, Brillanten — die Möglichkeiten, abgestuft zu dekorieren, waren mehr als ausreichend. 1918 hörte die monarchische Verfassung in Deutschland auf zu bestehen. Die anschließende Weimarer Republik lehnte Auszeichnungen weitgehend ab. Die Abkehr war bewußt und mutet, wenigstens verhaltenspsychologisch, puritanisch-naiv an. Die Weimarer Republik legte in Artikel 109 der Reichsverfassung fest: »Orden und Ehrenzeichen dürfen vom Staate nicht verliehen werden. Kein Deutscher darf von einer ausländischen Regierung Titel oder Orden annehmen.« Formal hat dieses Verbot bis zur nationalsozialistischen Machtergreifung 1933 bestanden. Wie gesagt, formal, denn einzuhalten war diese Bestimmung nicht. Innen- und außenpolitische Notwendigkeiten standen dem entgegen. Die Folge waren tragbare Auszeichnungen, die nicht den Status eines Ordens erfüllten. 1922 erneuerte Mecklenburg-Strelitz seine Rettungsmedaille — alle anderen inkorporierten Staaten folgten — zuletzt Preußen im Jahre 1925. Im gleichen Jahr, als man den Vorstoß mit der Rettungsmedaille wagte, wurde der Adler-Schild des Deut-

schen Reiches für künstlerische und wissenschaftliche Verdienste geschaffen. Ebenfalls 1922, anläßlich des 100. Todestages von Johann Wolfgang v. Goethe, wurde die Goethemedaille gestiftet. Beide Auszeichnungen waren nicht tragbar, dem Artikel 109 war damit im engeren Sinne Genüge getan. Erwähnenswert ist noch, daß ab 1922 als Ausgleich für die fehlenden staatlichen Auszeichnungen ein DRK-Ehrenzeichen geschaffen wurde. Dieses Ehrenzeichen des Deutschen Roten Kreuzes übernahm vielfach die Rolle einer offiziellen Ehrung, die vom Staat ausgesprochen wurde. Das deutsche Staatsoberhaupt war jeweils Ehrenpräsident des DRK.
Zwei wirkliche Orden mit langer Tradition wurden auch in der Weimarer Republik verliehen, der bayerische Maximilians-Orden und der preußische Pour le Mérite, beide für Kunst und Wissenschaft. Der Trick dabei: Die Verleihung erfolgte aus dem Orden selbst durch Mitgliedervereinigungen desselben und nicht durch die verfassungsrechtlich dafür zuständige Person. Mit Ausnahmegenehmigung der Reichsverfassung wurde ein Ehrenzeichen, allezeit als Orden empfunden, bis 1924 weiterverliehen — das Eiserne Kreuz. Alle Verleihungen, die bis 1918 nicht zum Abschluß gebracht werden konnten, wurden so aufgearbeitet.
Das Dritte Reich dagegen war unerschöpflich im Produzieren und Verleihen von Orden und Ehrenzeichen. Eine besondere Note erhielt das nationalsozialistische Auszeichnungswesen durch eine Vielzahl von Kampfabzeichen, Ärmelschilden und Ärmelstreifen. Der 2. Weltkrieg prägte nahezu vollständig die Ordensszene. Grundlage für die Aufgabe der Auszeichnungsabstinenz war das Ordensgesetz vom 7. April 1933 — es machte alle Verbote der Weimarer Republik rückgängig. Titel, Orden, Ehrenzeichen, auch die Annahme ausländischer Auszeichnungen waren wieder gestattet. Per Gesetz vom 30. Januar 1934 über die Neugliederung des Reiches gingen die Hoheitsrechte der einzelnen 22 Bundesländer an das Reich über. Damit erlosch deren Recht, eigenständig Orden und Ehrenzeichen zu verleihen, eine Ausnahme bildeten lediglich die Auszeichnungen der Feuerwehr sowie Treue- und Dienstaus-

zeichnungen, die noch bis 1935 von den Ländern vergeben wurden. Ein Gesetz über Titel, Orden und Ehrenzeichen vom 1. Juli 1937 regelte die Verleihungspraxis endgültig: § 3, Absatz 1, lautet: »Orden und Ehrenzeichen kann nur der Führer und Reichskanzler verleihen. Weitere Bestimmungen hierüber sind dem Führer und Reichskanzler vorbehalten.« Eine Übertragung der Verleihungsrechte auf nachgeordnete Stellen war grundsätzlich ausgeschlossen. Sie erfolgte aus besonderen, zwingenden Gründen lediglich für die Kriegsauszeichnungen.

Die alliierten Sieger von 1945 verboten generell den Deutschen die Stiftung, Verleihung und das Tragen aller Orden und Ehrenzeichen, auch jener für zivile Verdienste. Trotzdem die gesetzliche Basis dafür noch nicht vorhanden war, schuf Bundespräsident Theodor Heuss 1951 das Bundesverdienstkreuz. Das Grundgesetz enthält nämlich keine Bestimmung, die es dem Bundespräsidenten expressis verbis gestattet, Orden zu stiften und zu verleihen. Staatspraxis und Verfassungsrechtslehre erkennen jedoch diese Befugnisse auch beim Fehlen entsprechender Artikel an. Nach dem Bundesverdienstkreuz folgten die Auszeichnungen der Bundesländer Bayern, Niedersachsen, Baden, Württemberg und Saarland. Rettungsmedaillen und Feuerwehr-Ehrenzeichen verleihen heute alle Bundesländer. Theodor Heuss belebte 1951 auch den Pour le Mérite für Wissenschaften und Künste wieder, indem er die letzten drei noch lebenden Ritter anhielt, neue Ordensmitglieder zu berufen. Damit sicherte er den Fortbestand des Ordens — eine Kontinuität, die durchaus in historischen Dimensionen zu sehen ist.

Das Bundesverdienstkreuz wurde in seiner Organisation bewußt gegen die Ordensauffassung des vergangenen Dritten Reiches gestellt. Dort gab es zwar zahlreiche Auszeichnungen für alle nur denkbaren Verdienste in Wehrmacht, Staat, Partei und sonstigen Organisationen, ja selbst Ausländer hatten mit dem Deutschen Adlerorden einen ihnen speziell zugedachten Orden. Eine allgemeine Auszeichnung ohne Unterschied des Standes und der Person, des Berufes, der politischen Zugehörigkeit, zur Würdigung von Leistungen im sozialen, wirtschaftlichen oder kulturellen Bereich gab es nicht. Offensichtlich legte man keinen Wert darauf, das Allgemeinwohl der Bürger und den sozialen Fortschritt des Landes dergestalt zu würdigen.

Diese Betrachtungsweise zeigt, daß die Phaleristik in allen Epochen interessante historische Bezüge hat und, richtig verstanden, weit über die reine Anhäufung von sammelbaren Objekten und ordenskundlichem Material hinausgeht.

Hinweise zur Benutzung

Dieses Buch soll in erster Linie eine Übersicht vermitteln, von den alten Hausorden der deutschen Fürsten bis zum Bundesverdienstkreuz. Daneben dient es der schnellen Identifizierung und optischen Orientierung durch eine Fülle von Abbildungen und Detailbeschreibungen. Aus Gründen des Umfangs sind einige der kleineren oder sehr seltenen Orden in die Beschreibung nicht mit aufgenommen worden. Damit der Leser jedoch alle deutschen Orden aufgeführt bekommt, sind diese Stücke im Anschluß aufgelistet.

Die Metallangaben zu den Orden entsprechen jeweils den Statuten bzw. Verordnungen und Erlassen. Das bedeutet jedoch nicht, daß ein mit »Gold« bezeichnetes Exemplar tatsächlich aus Gold gefertigt wurde; so sind beispielsweise, von einigen Ausnahmen abgesehen, die goldenen Ketten stets Silber vergoldet. Halten Sie sich an eine Faustregel — je älter ein Orden, desto größer die Wahrscheinlichkeit, daß er in Gold bzw. Silber gefertigt wurde. Eine Art Einschnitt ist das Jahr 1915/16, als aus Gründen kriegsbedingter Materialverknappung, verstärkt *vergoldete*, *versilberte* Orden verliehen wurden. In der weiterführenden Literatur und in den guten Katalogen sind die Ausführungen jeweils gekennzeichnet.

Die Maße entsprechen den häufigst vorkommenden Typen und der gängigsten Verarbeitung. Abweichungen sind jederzeit möglich, da ein Orden im Verlauf von 50, 100 oder gar 200 Jahren von verschiedenen Herstellern, oft sogar gleichzeitig, angefertigt worden ist. So können nicht nur die Maße, sondern auch das äußere Erscheinungsbild mitunter stark differieren. Gemessen wurde grundsätzlich Höhe × Breite. Die Höhe versteht sich jeweils ohne die Aufhängungen (Öse, Bandring).

Zahlreichen Orden sind Verdienstkreuze bzw. Verdienstmedaillen zugeordnet (affiliiert). Sie gehören im ordenskundlichen Sinne nicht zum Thema dieses Buches, sind jedoch der Vollständigkeit halber mitaufgeführt worden.

Auf Abkürzungen wurde weitgehend verzichtet, um den Stoff lesbar zu halten, lediglich VS steht für Vorder- und RS für Rückseite.

Nicht beschriebene Orden:

Anhalt-Köthen	Orden des Verdienstes
Bamberg	Orden Pour le Mérite
Bayreuth	Orden der Eintracht
Brandenburg-Bayreuth	Ordre de la Concorde
	Ordre de la Sincérité
	Rother-Adler-Orden
Brandenburg	Ordre de la Générosité
	Orden vom goldenen Armband
Frankfurt	Concordien-Orden
Isenburg-Birstein	Hausorden Pour mes amies
Köln	St.-Hubertus-Jagdorden von der Gütigkeit
Kurland	Ordre de la reconnaissance
Liefland	St.-Matthai-Orden
Limburg	Altadeliger Orden der Vier Kaiser
	Orden St. Philipps zum Löwen
Lothringen-Bar	Orden des Windspiels
Lübeck	Orden der Hl. Dreifaltigkeit
Mecklenburg	Jagdorden der getreuen Hirschfänger
Nassau-Dillenburg	Jagdorden de la noble divertissement
	Orden der vereinigten Herzen
Pfalz	Temperenz-Orden der Mäßigkeit
Preußen	Schwanen-Orden
Sachsen-Engern	Orden der Dankbarkeit
Sächs. Herzogtümer	Orden vom Grünen Hosenband
	Orden der Teutschen Redlichkeit
Sachsen-Saalfeld	St.-Joachims-Providenz-Orden

Sachs.-Hildburghausen	Orden vom glücklichen Bunde
Sachsen-Gotha	Orden der fröhlichen Einsiedler
Sachsen-Weißenfels	Ordre de la Noble Passion
	(Querfurt-Orden)
Schlesien	Liegnitz-Brieg'scher Jagdorden vom
	Goldenen Hirschen
	Württ.-Ölssischer Orden vom Totenkopf
Schleswig-Holstein-	
Gottorp	St.-Annen-Orden
Schwarzbg.-Rudolstadt	Damen-Orden
Thurn und Taxis	Ordre de Parfaite Amitié
Westphalen	Orden der Westphälischen Krone
Württemberg	St.-Hubertus-Jagdorden
	Orden vom Goldenen Adler
Würzburg	St.-Josefs-Orden

Die Bildauswahl erfolgte unter zwei Gesichtspunkten. Zum einen sollten möglichst viele Stücke abgebildet werden, die der Sammler auch tatsächlich auf dem Markt wiederfindet. Zum anderen sollte der Wert der Bebilderung durch zum Teil unveröffentlichtes Material gesteigert werden.

Das Taschenbuchformat machte es nötig, die tatsächlichen Größenverhältnisse auch der einzelnen Ordensklassen zueinander unberücksichtigt zu lassen.

Für die uneigennützige und weitreichende Überlassung von Bildmaterial bin ich Herrn Ernst Blass von der Fa. Graf Klenau OHG Nachf. zu besonderem Dank verpflichtet.

Terminologie

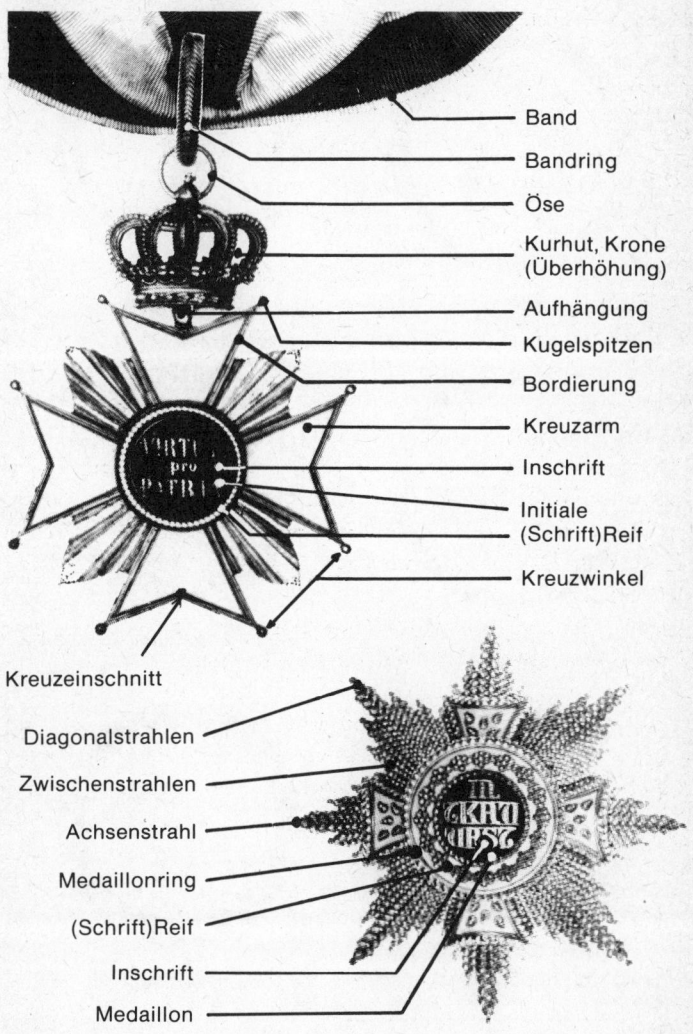

Band

Bandring

Öse

Kurhut, Krone
(Überhöhung)

Aufhängung

Kugelspitzen

Bordierung

Kreuzarm

Inschrift

Initiale
(Schrift)Reif

Kreuzwinkel

Kreuzeinschnitt

Diagonalstrahlen

Zwischenstrahlen

Achsenstrahl

Medaillonring

(Schrift)Reif

Inschrift

Medaillon

Formen von Medaillonringen:

glatt

doppelt glatt

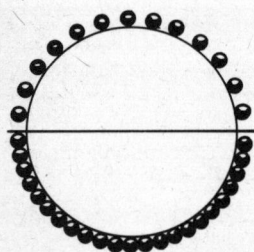

geperlt
mit und ohne Zwischenraum

brillantiert

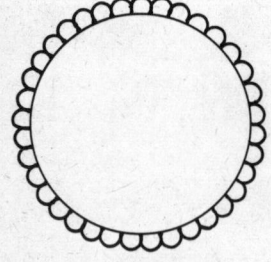

gebördelt

gewendelt

Anhalt

Hausorden Albrecht des Bären

Gestiftet als Herzoglich Anhaltischer Gesamthaus-Orden Albrecht des Bären.

Stifter:	Herzog Heinrich von Anhalt-Köthen
	Herzog Leopold Friedrich von Dessau
	Herzog Alexander Carl von Bernburg
Stiftung:	18. November 1836
Gattung:	Haus- und Verdienstorden
Wahlspruch:	FÜRCHTE GOTT UND BEFOLGE SEINE BE-FEHLE
Klassen:	Großkreuz, Kommandeurkreuz, Ritter, goldene und silberne Verdienstmedaille
Hinzufügungen/ Änderungen:	1850 Kommandeurkreuz 1. und 2. Klasse Stern zum Kommandeurkreuz
	1854 Ritter 1. und 2. Klasse
	1864 gekreuzte goldene Schwerter am Ring
	1902 goldene Herzogliche Krone für Großkreuz, Kommandeurkreuz und Ritter
	1904 goldene Herzogliche Krone für die goldene und silberne Verdienstmedaille
Dekorationen:	

1   Goldene Kette

a)   b)   c)   d)

Drei verschiedenartige Kettenglieder, a)—c), die sich wiederholen, verbunden durch ziselierte Ringe, bilden die Kette.

a) Wappenglieder, oval, golden ziselierte Verzierung, darin das Wappen der Behringer auf weißem Grund. Bär schwarz mit goldener Krone und ebensolchem Halsband, Mauer rot

b) Chiffreglieder, rund, mit grünem Eichenlaubkranz, darin auf weißem Grund die gekrönten goldenen Herzoglichen Chiffren »HFC«

c) Wappenglieder, oval, golden ziselierte Verzierung, darin das Anhaltinische Wappen, ein halbierter roter Brandenburg-Adler auf weißem Grund mit sächsischem Rautenschild, grün mit schwarzen Balken.

Aufhängung: als Mittelstück eine Agraffe, d), zum Einhängen für das Großkreuz.

2 Großkreuz, Gold

52 × 47 mm

Das Ordenszeichen zeigt einen gut ausgeprägten Bären, das alte Familienwappen der Behringer. Der Bär trägt Krone und Halsband. Er steigt auf den Zinnen einer Mauer von links auf. Die Mauer hat eine Pforte. Unter der Öse der VS das Mittelschild des Anhaltinischen Wappens, auf der RS das Askanische Wappen.

2 a Großkreuz mit Schwertern, Gold

Ordenszeichen wie Nr. 2, jedoch mit gekreuzten goldenen Schwertern über der Bandöse. Schwerter: 37 mm.

2 b   Großkreuz mit der Krone, Gold

Ordenszeichen wie Nr. 2, jedoch mit
einer goldenen Krone über dem Anhaltinischen Wappen, diese 25 × 35 mm.

2 c   Großkreuz mit Krone und
Schwertern, Gold

Ordenszeichen wie Nr. 2,
Krone wie Nr. 2 b,
Schwerter wie Nr. 2 a.
Das Großkreuz konnte als besondere Auszeichnung auch in Brillanten verliehen werden. Dabei wurde nur der Stern zum Großkreuz mit Brillanten besetzt. Urkundliche Verfügungen darüber liegen nicht vor.

3   Stern zum Großkreuz, Silber

90 mm
Strahlen: acht, jeder Strahl
fünfteilig, ohne Zwischenstrahlen.

Medaillon: goldener Grund,
darauf eine rot emaillierte
Mauer mit goldener Pforte,
Bär schwarz emailliert mit goldener Krone und ebensolchem
Halsband, Schriftreif grün
emailliert.

Medaillonring: innen und außen silbern, gebördelt.
Inschrift: FÜRCHTE GOTT UND BEFOLGE SEINE BEFEHLE, silbern, Buchstaben glatt.
Der Bruststern wurde zu den Nr. 2—2c) verliehen.

4 Kommandeurkreuz 2. Klasse, Gold
Ordenszeichen wie Nr. 2, jedoch in den Abmessungen 45 × 39 mm.

4a Kommandeurkreuz 2. Klasse mit Schwertern, Gold
Ordenszeichen wie Nr. 4, jedoch mit gekreuzten goldenen Schwertern über der Bandöse, Schwerter: 37 mm.

4b Kommandeurkreuz 2. Klasse mit der Krone, Gold
Ordenszeichen wie Nr. 4, jedoch mit einer goldenen Krone über dem Anhaltinischen Wappen, Krone: 23 × 30 mm.

4c Kommandeurkreuz 2. Klasse mit Krone und Schwertern, Gold
Ordenszeichen wie Nr. 4,
Krone wie Nr. 4b,
Schwerter wie Nr. 4a.

**5 Stern zum Kommandeur-
kreuz 1. Klasse, Silber**
80 mm
Strahlen: vier, insgesamt ein Kreuz bildend, jeder Strahl achtteilig, mit sieben kürzeren Zwischenstrahlen. In den Winkeln der Strahlen ein goldener Rautenkranz.
Medaillon, Medaillonring und Inschrift wie Nr. 3.

6   Ritterkreuz 1. Klasse, Gold
Ordenszeichen wie Nr. 2, jedoch in den Abmessungen 40 × 34 mm.
Stempelverschiedenheiten sind herstellerbedingt, ebenso gibt es
Abweichungen bei den angeprägten Ösen.

6 a   Ritterkreuz 1. Klasse mit Schwertern, Gold
Ordenszeichen wie Nr. 6, jedoch mit gekreuzten goldenen Schwertern über der Bandöse, Schwerter: 36 mm.

6 b   Ritterkreuz 1. Klasse mit der Krone, Gold
Ordenszeichen wie Nr. 6, jedoch mit einer goldenen Krone über
dem Anhaltinischen Wappen, diese 20 × 25 mm.

6 c   Ritterkreuz 1. Klasse mit Krone und Schwertern, Gold
Ordenszeichen wie Nr. 6,
Krone wie Nr. 6 b,
Schwerter wie Nr. 6 a.

7   Ritterkreuz 2. Klasse, Silber
Ordenszeichen wie Nr. 6, jedoch gänzlich aus Silber.

7 a   Ritterkreuz 2. Klasse mit Schwertern, Silber
Ordenszeichen wie Nr. 7, jedoch mit gekreuzten goldenen Schwertern über der Bandöse, Schwerter: 36 mm.

7 b   Ritterkreuz 2. Klasse mit der Krone, Silber
Ordenszeichen wie Nr. 7, jedoch mit einer silbernen Krone über
dem Anhaltinischen Wappen, diese 20 × 25 mm.

7 c   Ritterkreuz 2. Klasse mit Krone und Schwertern, Silber
Ordenszeichen wie Nr. 7,
Krone wie Nr. 7 b,
Schwerter wie Nr. 7 a.

Die Schwerter sind für beide Ritterklassen mit dem Ordenszeichen durch eine bewegliche Öse verbunden.

<u>Band:</u> grün gewässert, mit je einem breiten ponceauroten Seitenstreifen.

Verdienstorden für Wissenschaft und Kunst

Stifter: Herzog Friedrich I. von Anhalt
Stiftung: 30. Juli 1873 (Beschluß)
                    19. September 1875 (Stiftung)
Gattung: Zivil-Verdienstorden
Wahlspruch: —
Klassen: einklassig
Hinzufügungen/   1895 Wegfall der Zacken, statt dessen ein Lor-
Änderungen: beerkranz
                    1912 dreiklassig
Dekorationen:

8   Ordenszeichen 1873—1905, Gold
47 × 33 mm
Krone: golden
Das ovale Ordenszeichen ist aus goldplattierter Bronze. Die Herzogskrone ist angeprägt. Die Randverzierung besteht aus 24 Zacken.

9   Ordenszeichen 1905—1912, Gold
58 × 34 mm
Krone: golden
Das ovale Ordenszeichen ist aus Bronze vergoldet. Die Herzogskrone ist durch ein Scharnier mit der Öse des Ordenszeichens verbunden. Um das Ordenszeichen ist ein mit Bändern umwundener Lorbeerkranz gelegt.

10   Ordenszeichen 1912—1918, 1. Klasse, Gold
Ordenszeichen wie Nr. 9, jedoch in den Abmessungen 64 × 38 mm,

in Bronze vergoldet, Der Lorbeerkranz ist zum Mittelstück hin
durchbrochen und durch vier axial angeordnete Bügelösen mit diesem verbunden.

10 a   Ordenszeichen 1912—1918, 2. Klasse, Gold
Ordenszeichen wie Nr. 9, jedoch in den Abmessungen 58 × 34 mm,
in Bronze vergoldet.

10 b   Ordenszeichen 1912—1918, 3. Klasse, Silber
Ordenszeichen wie Nr. 9, jedoch in den Abmessungen 58 × 34 mm,
in Silber.

Band: grün gewässert, mit je einem ponceauroten Seitenstreifen, ab
1912 grün, gewässert mit je einem gleichbreiten weißen und dun-
kelrosa Seitenstreifen.

Baden

Hausorden der Treue

Stifter:	Markgraf Carl Wilhelm von Baden-Durlach (Carl III.)
Stiftung:	17. Juni 1715
Gattung:	Hausorden
Wahlspruch:	FIDELITAS
Klassen:	einklassig
Hinzufügungen/ Änderungen:	1803 Ritter 2. Klasse (Kommandeure)
	1808 formelle Stiftung einer 3. Klasse
	1809 einklassig
	1902 Einführung eines Prinzessinnenkreuzes

Dekorationen: **11 Goldene Kette**

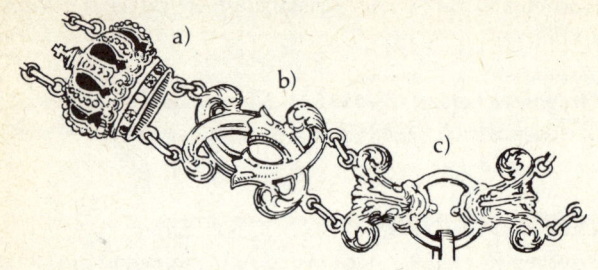

Drei verschiedenartige Kettenglieder a)—c), miteinander durch Ringe verbunden, die sich wiederholen, bilden die Kette.
a) Königskronen, der Stirnreif der Kronen jeweils mit Edelsteinen besetzt
b) Chiffreglieder, aus zwei verschlungenen »C«
c) Ornamentglieder, je zwei mit Ring
Aufhängung: ein edelsteinbesetzter Ring durch das mittlere Ornamentglied gezogen, zum Einhängen für das Großkreuz

12 Großkreuz bis 1803, Gold
56 × 38 mm
Kurhut: Reichsapfel blau, Kurhut rot, Hermelinstulpe weiß und schwarz, sämtlich emailliert.
Ordenszeichen ist ein rot emailliertes Kreuz mit goldbordierten Armen und goldenen Kugelspitzen. In den Kreuzwinkeln zwei verschlungene goldene »C« (Carl).
Medaillon VS: weiß, Initiale rot, Berge grün, Inschrift schwarz, sämtlich emailliert.

Medaillonring: golden, glatt.
Medaillon RS: badischer Wappenschild, rot emaillierter Schrägbalken auf goldenem Grund.

13 Großkreuz nach 1803, Gold

110 × 70 mm
Krone: golden
Kreuz wie Nr. 12
Medaillonring VS: golden, glatt
Vom Großkreuz sind einige wenige Exemplare in Brillanten verliehen worden.

Verkleinerte Anfertigungen des Großkreuzes an der Damenschleife (sog. Prinzessinnenkreuze) wurden an die Prinzessinnen des Großherzoglichen Hauses vergeben. Exemplare sind bisher nicht bekannt geworden.

14 Stern zum Großkreuz, Silber

83 mm
Strahlen: acht, jeder Strahl fünfteilig, verbunden durch kurze Zwischenstrahlen, auf den vier Diagonalstrahlen je zwei verschlungene goldene »C« (Carl).
Kreuz: aufgelegt, rot emailliert, goldbordiert mit goldenen Kugelspitzen.

Medaillon: orangefarben emailliert, Chiffre und Inschrift Silbern, Berge grün.

Medaillonring: golden, glatt.

Sterne zum Großkreuz gibt es auch brillantiert und in Brillanten.

15   Ritter 2. Klasse (Kommandeure), Gold

Kreuz wie Nr. 12, jedoch in den Abmessungen 38 × 56 mm.

<u>Band</u>: orangefarben mit silbernen Seitenstreifen.

Militärischer Karl-Friedrich-Verdienstorden

Stifter:	Großherzog Karl Friedrich von Baden
Stiftung:	4. April 1807
Gattung:	Militärverdienstorden
Wahlspruch:	FÜR BADENS EHRE
Klassen:	1807 Großkreuz, Kommandeurkreuz, Ritter, goldene und silberne Verdienstmedaille
Hinzufügungen/ Änderungen:	—
Dekorationen:	

16   Goldene Kette

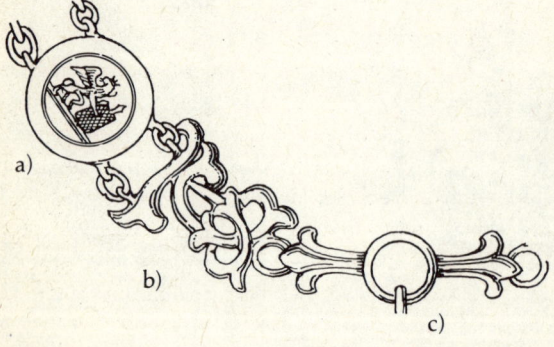

a)

b)

c)

Zwei verschiedenartige Kettenglieder, a)—b), die sich wiederholen, bilden die Kette.

a) Greifenglieder rund, mit einem geprägten badischen Greif
b) Chiffreglieder mit verschlungenem »C« und »F«.

Aufhängung: Die Kette hat kein besonderes Mittelstück. Das Ordenszeichen wird in einen Ring, c), eingehängt.

Von der Kette ist nur ein Exemplar, jedoch keine Verleihung bekannt.

17   Großkreuz, Gold
88 × 52 mm
Krone: golden
Ordenszeichen ist ein weiß emailliertes Kreuz mit goldbordierten Armen. Um die Kreuzarme ist ein beidseitig grün emaillierter Lorbeerkranz mit rot emaillierten Früchten und goldener Einfassung geschlungen.
Medaillon VS: rot, Initiale golden, Schriftreif blau, sämtlich emailliert Inschrift golden.
Medaillonring: golden, glatt.
Medaillon RS: ein streitfertiger silberner Greif, links einen Schild und rechts ein Schwert in den Pranken haltend, auf mattgoldenem Grund. Schriftreif blau, Inschrift golden.

18 Stern zum Großkreuz, Silber

74 mm

Strahlen: vier, jeder Strahl achtteilig, angeordnet in den Kreuzwinkeln.

Kreuz: silbern, Bordierungen verziert, innere Kreuzarme glatt, an den Kreuzarmen und den Kreuzeinschnitten Kügelchen.

(Ältere Exemplare ohne Kügelchen in den Kreuzeinschnitten.)

Medaillon: wie die RS des Ordenszeichens, jedoch gänzlich in Silber, Hintergrund mattgolden.

Inschrift: FÜR BADENS EHRE in silbernen Buchstaben.

Medaillonring: silbern glatt, mit halbkreisförmiger Randverzierung.

19 Kommandeurkreuz, Gold

Kreuz wie Nr. 17, jedoch in den Abmessungen 76 × 76 mm.

20 Ritterkreuz, Gold

Kreuz wie Nr. 17, jedoch in den Abmessungen 50 × 26 mm.

<u>Band:</u> dreifach gestreift, ponceaurot-gelb-ponceaurot mit weißen Kanten (statutengemäß). Getragen wurde jedoch ein Band gelb-ponceaurot-gelb mit weißen Kanten.

Orden vom Zähringer Löwen

Stifter:	Großherzog Karl Ludwig Friedrich von Baden
Stiftung:	26. Dezember 1812
Gattung:	Militärverdienstorden
Wahlspruch:	—

Klassen:	Großkreuz, Kommandeurkreuz, Ritter
Hinzufügungen/	1840 goldenes Eichenlaub mit Chiffre »L«
Änderungen:	Kommandeur 1. und 2. Klasse
	1866 goldene Schwerter »für Verdienste vor
	dem Feind« durch die Mitte des Ordenszeichens,
	auch als Schwerter am Ring möglich
	1866 Ritter 1. und 2. Klasse
	1889 Goldenes Verdienstkreuz

Dekorationen:

21   Goldene Kette

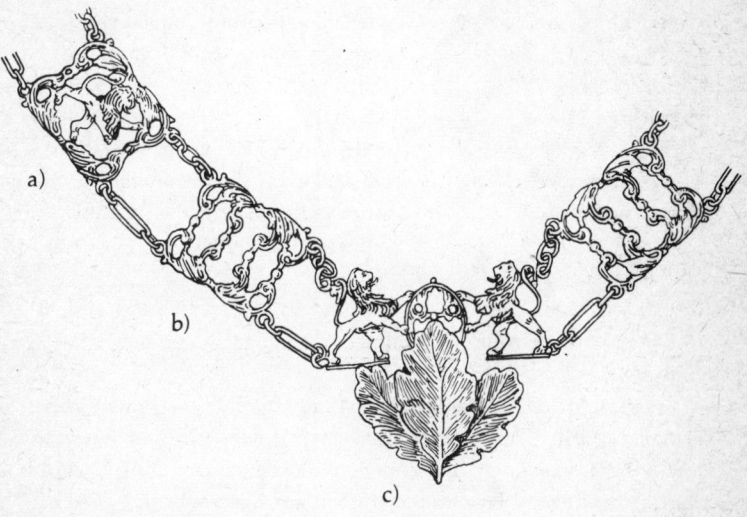

a)

b)

c)

Zwei verschiedenartige Kettenglieder, a)—b), die sich wiederholen, bilden die Kette.

a) Arabeskenglieder, mit einem halb aufgerichteten goldenen Löwen

b) Arabeskenglieder, golden.

Aufhängung: Die Kette hat ein besonderes Mittelstück, c). Links und rechts halten zwei aufgerichtete Löwen eine Agraffe. Das Ordenszeichen wird unter dem Eichenlaub angehängt.

22   Großkreuz, Gold

59 mm

Ordenszeichen ist ein goldenes, mit grünem Glasfuß besetztes Kreuz mit goldener Bordierung. In den Winkeln der Kreuzarmen goldene Spangenverzierungen.

Medaillon VS: auf Emailgrund die gemalte Ruine des Stammschlosses Zähringen.

Medaillonring VS: golden, außen glatt, innen gewendelt.

Medaillon RS: rot emailliert mit einem aufgelegten streitfertigen goldenen Löwen.

23   Stern zum Großkreuz, Silber

82 mm

Strahlen: acht, jeder Strahl fünfteilig mit kurzen Zwischenstrahlen.

Medaillon: Schriftreif weiß emailliert mit goldener Inschrift, unten von einem goldenen gebundenen Lorbeerzweig mit grünen Blättern und roten Früchten, sämtlich emailliert, abgeschlossen.

Medaillonring: silbern, gewendelt.

24   Großkreuz mit Schwertern, Gold

Kreuz wie Nr. 22, jedoch mit gekreuzten goldenen Schwertern durch die Mitte, diese 77 mm.

Großkreuze wurden auch in Brillanten verliehen.

**25   Stern zum Großkreuz
mit Schwertern, Silber**
Stern wie Nr. 23, jedoch
mit gekreuzten goldenen
Schwertern durch die Mit-
te, diese 81 mm.

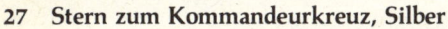

26   Kommandeurkreuz, Gold
50 mm
Kreuz wie Nr. 22, jedoch in den
Abmessungen 50 × 50 mm.

27   Stern zum Kommandeurkreuz, Silber
88 mm
Strahlen: vier, jeder Strahl fünfteilig mit kurzen Zwischenstrahlen.
In den Winkeln der Kreuzarme goldene Spangenverzierungen. Auf
dem Sternkörper ist das Ordenskreuz aufgelegt.
Kreuz: golden, mit grünem Glasfluß besetzt, Bordierung golden.
Medaillon: rot, emaillierter Schriftreif, Inschrift golden aufgelegt,
Buchstaben mit Zierschnitt. Als Abschluß ein golden gebundener
Lorbeerzweig mit grünen Blättern und goldenen Früchten, sämt-
lich emailliert. Innen auf Emailgrund die gemalte Ruine des Stamm-
schlosses Zähringen.
Medaillonring: golden, gewendelt.

28   Kommandeurkreuz mit Schwertern, Gold
50 mm
Kreuz wie Nr. 26, jedoch mit gekreuzten goldenen Schwertern,
diese 78 mm.

28 a   Kommandeurkreuz mit Schwertern am Ring, Gold
50 mm
Kreuz wie Nr. 26, jedoch mit gekreuzten goldenen Schwertern,
über der Öse (Maße nicht bekannt).
Das Kommandeurkreuz mit Schwertern am Ring wurde nur einmal verliehen.

29 Stern zum Kommandeurkreuz mit Schwertern, Silber

88 mm
Stern wie Nr. 27, jedoch mit gekreuzten goldenen Schwertern durch die Mitte, diese 73 mm.

30 Ritterkreuz 1. Klasse, Gold
Kreuz wie Nr. 22, jedoch in den Abmessungen 39 × 39 mm.

31 Ritterkreuz 1. Klasse mit Schwertern, Gold
Kreuz wie Nr. 30, jedoch mit gekreuzten goldenen Schwertern durch die Mitte, diese 47 mm.

32 Ritterkreuz 1. Klasse mit Schwertern am Ring, Gold
Kreuz wie Nr. 30, jedoch mit gekreuzten goldenen Schwertern zwischen Tragering und Öse. Schwerter: 38 mm. Insgesamt sind nur drei Verleihungen bekannt.

33 Ritterkreuz 2. Klasse, Silber
Kreuz wie Nr. 30, jedoch sämtliche goldenen Teile hier silbern.

34 Ritterkreuz 2. Klasse mit Schwertern, Silber
Kreuz wie Nr. 33, jedoch mit gekreuzten goldenen Schwertern durch die Mitte, diese 47 mm.

35 Ritterkreuz 2. Klasse mit Schwertern am Ring, Silber

Kreuz wie Nr. 33, jedoch mit gekreuzten goldenen Schwertern zwischen Tragering und Öse. Schwerter: 38 mm. Insgesamt sind nur 13 Verleihungen bekannt.

36 Eichenlaub, Gold

Großkreuz und
Kommandeurkreuz: 30 × 31 mm
Ritterkreuz: 23 × 23 mm

Das Eichenlaub wurde in vielen voneinander abweichenden Formen vergeben. Bis 1866 sollte es die Chiffre »L« tragen, diese kommt auch mit Brillanten vor. Ab 1810 erfolgte die Herstellung in Silber vergoldet. Das Eichenlaub kann sowohl massiv mit glatter RS, als auch hohl geprägt vorkommen.

Band: dunkelgrün gewässert mit orangefarbenen Seitenstreifen.

Orden Berthold des Ersten (von Zähringen)

Stifter: Großherzog Friedrich I. von Baden
Stiftung: 29. April 1877
      Aus Anlaß des 25jährigen Regierungs-Jubiläums
      Seiner Königlichen Hoheit des Großherzogs
      Friedrich im Jahre 1877 wurde durch Allerhöch-
      ste Entschließung der Orden Berthold des Ersten
      von Zähringen als eine höhere Klasse des Or-
      dens vom Zähringer Löwen gestiftet. Seit 1896
      selbständiger Orden mit eigenen Statuten.
Gattung: Militärverdienstorden
Wahlspruch: GERECHTIGKEIT IST MACHT
Klassen: Ritter mit Stern, einklassig
      Kommandeurkreuz 2. Klasse, Ritter
Hinzufügungen/ 1877 goldene gekreuzte Schwerter durch die
Änderungen: Mitte
      1896 Großkreuz, Kommandeurkreuz 1. Klasse
Dekorationen:

37 Goldene Kette

Drei verschiedene Glieder a)—c), die sich wiederholen, und durch
Ringe und Ösen miteinander verbunden sind, bilden die Kette.
a) Arabeskenglieder, auf rot emailliertem Grund Herzog Berthold
  im Harnisch zu Pferd, golden aufgelegt, umgeben von einer goldenen Verzierung
b) Kronenglieder, auf rot emailliertem Grund eine aufgelegte goldene, dreizackige Herzogskrone, umgeben von goldenen Verzierungen
c) Ornamentglieder, oval mit einer weißen Perle im Zentrum und
  goldene Verzierungen.
Aufhängung: Mittelglied ist stets ein Arabeskenglied, a), auf dessen
RS eine gebogene Drahtöse zum Einhängen des Großkreuzes.

b)

c)

a)

Orden Berthold
des Ersten

Goldene Kette
Großkreuz
Stern zum Großkreuz

38 Großkreuz, Gold

108 × 70 mm

Krone: golden

Ordenszeichen ist ein weißemailliertes Kreuz mit goldbordierten Armen und goldenen Kugelspitzen. Auf den Kreuzarmen eine goldene parallellaufende Zierlinie. In den Winkeln der Kreuzarme goldene Herzogskronen.

Medaillon VS: rot emailliert mit aufgelegter goldener Chiffre »FWL«, darüber eine goldene Krone.

Medaillonring VS: golden geperlt.

Medaillon RS: rot emailliert, darauf die dreifache goldene Herzogskrone.

39 Stern zum Großkreuz, Gold

88 mm

Strahlen: acht, jeder Strahl fünfteilig mit kurzem Zwischenstrahl.

Medaillon: Schriftreif weiß emailliert, mit goldener Inschrift GERECHTIGKEIT IST MACHT, den Abschluß bildet ein goldenes Sternchen. Innen auf rotemailliertem Grund Herzog Berthold im Harnisch, hoch zu Roß mit Fahne und Schild in Gold.

Medaillonring: golden gewendelt. Der Stern zum Großkreuz mit Brillanten wurde einmal verliehen.

40 Großkreuz mit Schwertern, Gold

Kreuz wie Nr. 38, jedoch mit gekreuzten goldenen Schwertern durch die Mitte, diese 70 mm.

41 Stern zum Großkreuz mit Schwertern, Gold

Stern wie Nr. 39, jedoch mit gekreuzten goldenen Schwertern auf den Diagonalstrahlen, diese 77 mm.

42   Kommandeurkreuz, Gold
Kreuz wie Nr. 38, jedoch in den Abmessungen 91 × 59 mm.

43   Stern zum Kommandeurkreuz, Silber
90 mm
Strahlen: vier, rautenförmig angeordnet
Medaillon: wie Nr. 39
Medaillonring: golden, geperlt

44   Kommandeurkreuz mit Schwertern, Gold
Kreuz wie Nr. 42, jedoch mit gekreuzten goldenen Schwertern
durch die Mitte, diese 58 mm.

45   Stern zum Kommandeur-
    kreuz mit Schwertern, Silber
Stern wie Nr. 43, jedoch mit gekreuzten goldenen Schwertern
durch die Mitte, diese 70 mm.

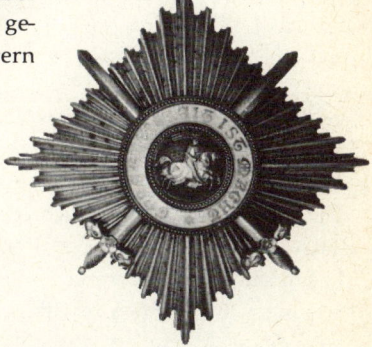

46   Ritterkreuz, Gold
Kreuz wie Nr. 38, jedoch in den Abmessungen 62 × 41 mm.

47   Ritterkreuz mit Schwertern, Gold
Kreuz wie Nr. 46, jedoch mit gekreuzten goldenen Schwertern
durch die Mitte, diese 40 mm.

Band: rot gewässert, mit goldenen Seitenstreifen.

Bayern

Haus-Ritter-Orden vom hl. Hubertus

Stifter:	Gerhard IV. Herzog von Jülich und Berg
Stiftung:	1444
Gattung:	Zivil- und Militärorden
Wahlspruch:	IN TRAU VAST
Klassen:	einklassig
Hinzufügungen/	
Änderungen:	—
Dekorationen:	

48   Goldene Kette

a)   b)

Zwei verschiedene Kettenglieder, a)—b), die sich wiederholen und durch Ringe verbunden sind, bilden die Kette.
a) Chiffreglieder, abwechselnd rote und grüne verschlungene Glieder aus den Anfangsbuchstaben des Wahlspruchs I. T. V. (IN TRAU VAST) mit goldenen Verzierungen.
b) Legendenglieder, rechteckig, weiße Rahmen mit goldenen Verzierungen, im Rahmen durchbrochen gearbeitet die Bekehrungslegende des hl. Hubert, ebenfalls golden.
Aufhängung: Mittelstück ist stets ein Schildchen mit der Bekehrungslegende, daran ein halbkreisförmiger Drahtbügel zum Einhängen für das Großkreuz.

49   Großkreuz zur Kette, Gold
70 mm
Ordenszeichen ist ein weiß emailliertes Kreuz mit goldbordierten Armen und goldenen Kugelspitzen. Die Kreuzarme sind mit golde-

nen Funken besetzt. Im Einschnitt des oberen Kreuzarmes die Aufhängung, ein goldener Rhombus aus Blättern, in der Mitte offen
für den Bandring. In den Winkeln der Kreuzarme fünf goldene
Strahlen.

Medaillon VS: grün, darauf golden die Bekehrungslegende des hl.
Hubert.

Medaillonring VS: golden, glatt.

Medaillon RS: verschlungenes, weiß emailliertes und goldeingefaßtes Schriftband IN MEMO/RIAM/RECUPERATE/DIGNITATIS/
1708 (Zum Gedächtnis der wiedererlangten Würde). Buchstaben
schwarz. Auf grünem Grund ein roter Barockschild mit einem goldenen Reichsapfel. Das Kettenkleinod ist kleiner als das für die
Schärpe.

50   Großkreuz zur Schärpe, Gold
110 × 80 mm
Krone: golden

Ordenszeichen ist ein weiß emailliertes Kreuz mit goldbordierten
Armen und goldenen Kugelspitzen. Die Kreuzarme sind mit golde-
nen Funken besetzt. In den Winkeln der Kreuzarme drei goldene
Strahlen. Der Schriftreif ist goldbordiert, auf rot emailliertem
Grund der Wahlspruch IN TRAU VAST. Buchstaben aufgelegt
und mit Diamanten verziert.

Medaillon VS: grün, darauf golden die Bekehrungslegende des hl.
Hubert.

Medaillonring VS: golden, glatt.

Medaillon RS: weißes, emailliertes, goldeingefaßtes Schriftband IN
MEMORIAM RECUPERATE DIGNITATIS 1708. Buchstaben
schwarz. Innen auf rot emailliertem Grund ein goldener Reichsapfel.

51 Stern zum Großkreuz, Silber

90 mm
Strahlen: acht, jeder Strahl
achtteilig, brillantiert.
Kreuz: weiß emailliert, goldbordiert mit goldenen Kugelspitzen. Die Kreuzarme sind
mit goldenen Funken besetzt.
Bordierung und Funken oft
plastisch perlenförmig aufge-
setzt. Auch sind aufgelegte
Kreuze gänzlich aus Gold bekannt.

Medaillon: auf rot emailliertem Grund, der Wahlspruch in Gold.
Medaillonring: golden, gewendelt.
Die Maße der Sterne weichen stark voneinander ab.

52   Officialkreuz, Messing vergoldet
53 × 39 mm

Vorderseite   ·   Rückseite

Dieses Kreuz trugen die Beamten des Ordens, der Ceremoniar, Se-
kretär, Schatzmeister, Herold und Garderobier — an einem Kett-
chen von »geringerem Metall« um den Hals.
Krone: golden.
Ordenszeichen ist ein mehrfarbig emailliertes (Theresianisches)
Kreuz mit goldbordierten Armen und goldenen Kugelspitzen. Die
Kreuzarme sind mit Emaillemalerei verziert. Oben: weißer Grund,
roter aufrecht nach links schreitender Löwe; rechts: gelber Grund,
blauer Löwe wie vor; links: schwarzer Grund, goldener Löwe wie
vor.
In den Winkeln der Kreuzarme drei goldene, gebogene Strahlen.
Medaillon VS: grün, darauf golden die Bekehrungslegende des hl.
Hubert.
Medaillonring VS: rot emailliert, golden eingefaßt.
Die Kreuzarme der RS sind ebenfalls bemalt. Oben: Kreuzarm

längsgeteilt, links bayerischer Wecken, rechts auf goldenem Grund weiß-rot gewürfeltes Band. Rechter Kreuzarm: weißer Grund mit roten, spitz zulaufenden Balken; unten: goldener Grund mit drei schwarzen Querbalken, davon der mittlere am stärksten; links: himbeerroter Grund mit sechsstrahligem goldenen Symbol.
Medaillon RS: wie Nr. 50.
Alltäglich wurden kleinere goldene Kreuze am Knopflochband getragen, 45 × 30 mm, die dem Großkreuz zur Schärpe entsprachen. Auch diese durften mit Diamanten verziert sein.
<u>Band:</u> ponceaurot mit schmalen, hellgrünen Seitenstreifen. Bei fürstlichen Persönlichkeiten sind die Schärpenenden mit einer breiten, gemusterten, goldenen Borte eingesäumt.

Haus-Ritter-Orden vom hl. Georg

Stifter:	Statuiert von Kurfürst Karl Albrecht, späterer Deutscher Kaiser Karl VII. auf Entschluß von Kurfürst Max II. Emanuel von Bayern, 1726
Stiftung:	20. März 1729
Gattung:	Militär-Ritterorden
Wahlspruch:	JUSTUS UT PALMA FLOREBIT
Klassen:	Zweiklassig, eine deutsche und eine fremde Zunge, jeweils in Großkomture (Großkreuzherren), Komture (Ritter des mittleren Kreuzes) und Ritter geteilt
Hinzufügungen/ Änderungen:	1741 Einsetzung einer dritten, geistlichen Klasse mit Ordensbischof, Probst (jeweils als Großkomtur), zwei Dekanen (Komtur) und zwei Kaplänen (Ritter).
	1758 Erweiterung der geistlichen Klasse um zwei weitere Dekane.
	1869 Erweiterung der Zweckbestimmung des Ordens, neben der Verteidigung des christ-ka-

tholischen Glaubens kamen karitative Aufgaben, insbesondere die Krankenpflege, hinzu.
1889 Goldene St.-Georgs-Medaille

Dekorationen:
Die Ordensinsignien sind für alle Grade gleich und nur in der Grö-
ße verschieden.

53 Goldene Kette

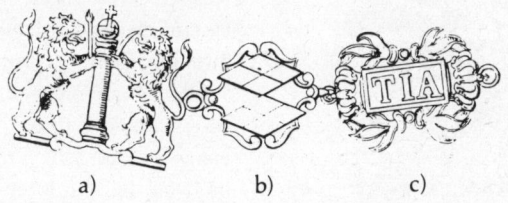

a)   b)   c)

Drei verschiedene Kettenglieder, a)—c), die sich wiederholen und
durch Ringe miteinander verbunden sind, bilden die Kette.

a) Löwenglieder. An einer weiß emaillierten Säule, die mit einem
   goldenen Reichsapfel geziert ist, stehen auf goldenen Postamen-
   ten zwei aufgerichtete Löwen. Der linke hält eine weiß emaillierte Fackel mit goldener Flamme, der rechte ein Schwert mit blau
   emaillierter Klinge sowie goldenem Griff und ebensolchen Parierstangen. Die Säule hat ein goldenes Kapitell und einen goldenen Fuß mit zwei blauen Sockelverzierungen

b) Rautenglieder, je zwei mit goldenen Verzierungen versehene
   bayerische Wecken übereinander befestigt

c) Spruchglieder, golden, rechteckige Schildchen mit rot emaillierten Flammen und goldener Verzierung an den Längskanten, an
   den Schmalseiten mit goldenen Kronen geschmückt. Auf den
   Schildchen in erhabenen goldenen Buchstaben verteilt über die
   ganze Kette IN FIDE JUSTITIA ET FORTITUDINE.

Aufhängung: Mittelstück ist stets ein Kettenglied, c), mit den Buchstaben TIA. Zwischen den beiden unteren Flammen der Längsseite
befindet sich eine runde Öse, in die das Ordenskreuz mit einem
doppelten Bandring eingehängt wird.

54   Großkreuz, Gold
95 × 65 mm
Das Ordenszeichen hängt an
einem blau-weiß emaillierten,
durchbrochen gearbeiteten
Schild, gehalten von einem goldenen Löwenhaupt, das einen
blau emaillierten Tragebügel
im Maul hält. Ordenszeichen
ist ein blau emailliertes Kreuz
mit breitem weißen Rand,
goldbordierten Armen und goldenen Kugelspitzen. Die weißen Ränder der Kreuzarme
sind nach innen mit einer goldenen Kante abgesetzt. In den
Winkeln der Kreuzarme befin-
den sich blaue, weiß eingefaßte Rautenschildchen mit goldener Bordierung und einer goldenen Kugelspitze. Auf den Rautenschildchen
in Gold die Buchstaben V(IRGINI) I(MMACULATAE) B(AVARIA)
I(MMACULATA).
Medaillon VS: golden, dargestellt die Empfängnis der Jungfrau
Maria mit dem Hl. Geist in Form einer Wolke.
Medaillonring VS: weiß emailliert, viermal golden unterbrochen,
glatt.
Rückseitig sind die Kreuzarme rot emailliert, ansonsten gleicht das
Kreuz der VS. Die Rautenschildchen in den Winkeln der Kreuz-

arme tragen die Buchstaben I(USTUS) U(T) P(ALMA) F(LORE-BIT).

Medaillon RS: auf goldenem Grund ein nach links reitender hl. Georg mit dem Drachen, umrahmt von grün emaillierten Lorbeerzweigen.

55 Stern zum Großkreuz, Silber

70 mm
Strahlen: keine, Stern in Kreuzform mit Rautenschildchen in den Winkeln der Kreuzarme.
Kreuz: blau emailliert mit breiter silberner, brillantierter Einfassung, Rauten weiß-blau emailliert.
Medaillon: auf weißem Grund ein rotes Kreuz mit gleichlangen Armen.
Medaillonring: silbern, gewendelt.

56 Komturkreuz, Gold

Kreuz wie Nr. 54, jedoch in den Abmessungen 75 × 70 mm.

57 Stern zum Komturkreuz, Silber

Stern wie Nr. 55, jedoch in den Abmessungen 50 × 50 mm.

58 Ritterkreuz, Gold

Kreuz wie Nr. 54, jedoch in den Abmessungen 70 × 45 mm.

59 Stern zum Ritterkreuz, Silber

Stern wie Nr. 55, jedoch in den Abmessungen 45 × 45 mm.
Die Sterne weichen oft in den Abmessungen und in den Verzierungen der Kreuzarme voneinander ab.

60   Ordenszeichen der Ordensbeamten, Gold

Das Ordenszeichen hängt an einem blau-weiß emaillierten, durchbrochen gearbeiteten Schild wie beim Ordenskreuz.

Ordenszeichen ist ein schwarz-weiß emailliertes Kreuz mit goldbordierten Armen und goldenen Kugelspitzen. Die senkrechten Kreuzarme sind schwarz, die waagerechten weiß emailliert. Auf den schwarzen Kreuzarmen befinden sich nach links schreitende goldene Löwen. Auf den weißen Kreuzarmen sind drei blaue, goldgefaßte Rauten zu sehen. In den Winkeln der Kreuzarme blaue, goldbordierte Rautenschildchen mit goldenen Kugelspitzen. Auf den Rautenschildchen die goldenen Buchstaben I.F.I.F.

Medaillon VS: auf weiß emailliertem Grund ein rotes, sich in den Armen nach außen verbreiterndes Kreuz.

Medaillonring VS: golden, glatt.

Rückseitig sind die Arme wie auf der VS emailliert, auch die Verzierungen entsprechen der VS. Auf den Rautenschildchen die goldenen Buchstaben I.V.P.F. (IUSTUS VT PALMA FLOREBIT).

Medaillon RS: golden, darauf ein nach links reitender hl. Georg mit dem Drachen, umrahmt von grün emaillierten Lorbeerzweigen.

<u>Band:</u> hellblau mit schmalen dunkelblauen inneren Seitenstreifen, breiten weißen Seitenstreifen und hellblauer Kante.

Militär-Max-Joseph-Orden

Stifter:	König Maximilian Joseph I. von Bayern (als Übernahme einer Stiftung von Kurfürst Carl Theodor aus dem Jahre 1797)
Stiftung:	1. Januar 1806
Gattung:	Militär-Verdienstorden
Wahlspruch:	VIRTUTE PRO PATRIA
Klassen:	Großkreuz, Kommandeur, Ritter
Hinzufügungen/ Änderungen:	1951 Das Ritterkreuz wird als Halsorden getragen
Dekorationen:	

61 Goldene Kette

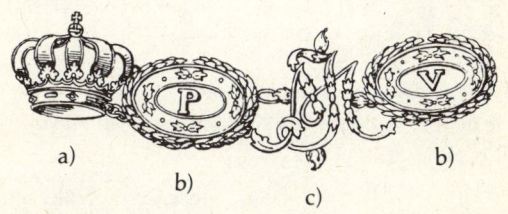

a)   b)
                    b)
                         c)

Drei verschiedene Kettenglieder, a)—c), die sich wiederholen, und durch Ringe miteinander verbunden sind, bilden die Kette.

a) Kronenglieder, Königskronen, golden
b) Ovalmedaillons, golden mit weiß emailliertem Grund, darauf abwechselnd in hellblau die Buchstaben V(IRTUTE) P(RO) P(A-TRIA). Die Kränze um die Ovalmedaillons sind grün emailliert
c) Chiffreglieder, Chiffre »MJ«, golden, mit rot emaillierten Flammen verziert.

Aufhängung: kein besonderes Mittelstück. Im normalen mittleren Kettenglied befindet sich eine Öse, in die das Ordenskreuz eingehängt wird.

62   Großkreuz, Gold

100 × 68 mm
Krone: golden
Ordenszeichen ist ein weiß emailliertes Kreuz mit goldbordierten Armen und goldenen Kugelspitzen. In den Winkeln der Kreuzarme goldene Strahlenbündel mit drei glatten und vier verzierten Strahlen.
Medaillon VS: auf blau emailliertem Grund der Wahlspruch VIRTUTE/PRO/PATRIA in goldenen Buchstaben.
Medaillonring VS: golden, gewendelt.
Medaillon RS: wie vor, jedoch mit der verschlungenen Chiffre »MJK« des Stifters.

63   Halskreuz der Großkreuze, Gold

Kreuz wie Nr. 62, jedoch in den Abmessungen 70 × 45 mm (sog. kleine Großkreuzdekoration).

64   Stern zum Großkreuz, Silber
90 mm
Strahlen: acht, jeder Strahl fünfteilig, brillantiert.
Kreuz: weiß emailliert mit breiter goldener Bordierung und goldenen Kugelspitzen. Die Bordierung ebenfalls brillantiert.
Medaillon: auf blau emailliertem Grund in goldenen aufgelegten Buchstaben der Wahlspruch VIRTUTE PRO PATRIA. Die Buchstaben haben Zierschnitt.
Medaillonring: golden, brillantiert.

65 Kommandeurkreuz, Gold

Kreuz wie Nr. 62, jedoch ohne goldene Strahlenbündel in den Kreuzarmen und in den Abmessungen 55 × 38 mm.

66 Ritterkreuz, Gold

Kreuz wie Nr. 62, jedoch in den Abmessungen 50 × 28 mm.
Im 1. Weltkrieg wurden kupfervergoldete Exemplare hergestellt.

67 Abzeichen des Ordensarchivars, Gold

Wie Nr. 66, zur Unterscheidung ist der obere Kreuzarm jedoch nicht weiß emailliert, sondern golden.

Alle Ordenszeichen tragen innen im Bandring fortlaufende Nummern, so daß sich bei wiederholten Verleihungen die frühen Träger ermitteln lassen.

<u>Band:</u> schwarz gewässert, mit gleich breiten, innen weißen und außen blauen Seitenstreifen, sowie weißer Kante.

Verdienstorden der Bayerischen Krone

Stifter: König Maximilian Joseph I. von Bayern
Stiftung: 27. Mai 1808
Gattung: Zivilverdienstorden
Wahlspruch: VIRTUS ET HONOS
Klassen: Großkreuz, Kommandeur, Ritter, goldene und
                      silberne Medaille

Hinzufügungen/
Änderungen: 1855 Hinzufügung des Großkomturs
Dekorationen:

68 Goldene Kette

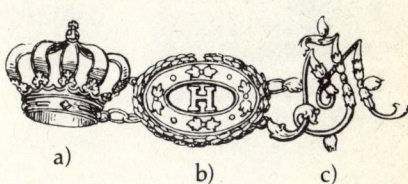

a)   b)   c)

Drei verschiedene Kettenglieder, a)—c), die sich wiederholen und durch Ringe miteinander verbunden sind, bilden die Kette.

a) Kronenglieder, Königskronen, golden

b) Buchstabenglieder, Ovalmedaillons, golden mit weiß emailliertem Grund, darauf abwechselnd, in hellblau, die Buchstaben V(IRTUS) H(ONOS). Die Kränze um die Ovalmedaillons sind grün emailliert

c) Chiffreglieder, Initialen »MJ«, golden, mit rot emaillierten Flammen verziert.

Aufhängung: kein besonderes Mittelstück. Am normalen mittleren Kettenglied befindet sich eine Öse, in die das Ordenskreuz eingehängt wird.

69 Großkreuz, Gold

115 × 75 mm

Krone: golden

Ordenszeichen ist ein achtarmiges, weiß emailliertes Kreuz mit goldbordierten Armen. Die axial angeordneten Kreuzarme sind länger als die diagonalen Kreuzarme. In den Winkeln der Kreuzarme kurze, goldene, spitz zulaufende Strahlen. Die Strahlen sind mit Längsschnitten verziert. Alle acht Kreuzarme sind mit einem grün emaillierten Lorbeerkranz, dieser mit einer goldenen Schleife, unterlegt.

Medaillon VS: auf den weiß-blau emaillierten bayerischen Rauten eine aufgelegte goldene Königskrone.

Medaillonring VS: rot emailliert mit goldener Einfassung, darauf in erhabenen goldenen Buchstaben der Wahlspruch VIRTUS ET HONOS, unten mit goldenen Blättern und einer kleinen Rosette abgeschlossen.

Medaillon RS: goldener Strahlengrund mit dem nach links gewendeten Kopf des Stifters in Gold, der Kopf erhaben gearbeitet.

Medaillonring RS: wie auf der VS, jedoch mit der Umschrift MAX. JOS. BOJOARIAE REX und einer kleinen goldenen fünfblättrigen Rosette als Abschluß.

70   Stern zum Großkreuz, Silber

90 mm

Strahlen: acht, jeder Strahl fünfteilig, brillantiert.

Medaillon: wie die VS des Großkreuzes, Buchstaben jedoch im Zierschnitt.

Medaillonring: golden, brillantiert.

Um das Medaillon läuft ein golden gefaßter, grün emaillierter Eichenlaubkranz, unten mit einer goldenen Schleife gebunden.

71   Großkomturkreuz, Gold

Kreuz wie Nr. 69, jedoch in den Abmessungen 80 × 55 mm.

72   Stern zum Großkomtur, Silber

Stern wie Nr. 70, jedoch in den Abmessungen 75 × 75 mm.

73   Kommandeurkreuz, Gold

Kreuz wie Nr. 71.

74 Ritterkreuz, Gold
Kreuz wie Nr. 69, jedoch in den Abmessungen 60 × 40 mm.
<u>Band:</u> hellblau mit weißen Seitenstreifen und hellblauen Kanten.

Verdienstorden vom hl. Michael

Stifter: König Ludwig I. von Bayern (als Wiederbele-
                               bung der Stiftung des Kurfürsten Joseph Cle-
                               mens von Köln, Herzog von Bayern von 1693)
Stiftung: 16. Februar 1837
Gattung: Verdienstorden
Wahlspruch: PRINCIPI FIDELIS FAVERE PATRIAE
Klassen: Großkreuz, Kommandeur, Ritter
Hinzufügungen/   1855 Hinzufügung der Klasse eines Großkom-
Änderungen: turs sowie Aufteilung in Ritter 1. und 2. Klasse
                               1887 Umbenennung in Großkreuze, des weite-
                               ren Aufteilung in 1.—4. Klasse. Hinzufügung
                               eines Verdienstkreuzes sowie einer silbernen
                               Medaille
                               1894 Hinzufügung einer bronzenen Medaille
                               1910 Stiftung eines Ehrenkreuzes, Verleihung
                               einer 4. Klasse mit und ohne Krone, Verleihung
                               des Verdienstkreuzes mit und ohne Krone.
Dekorationen:

75 Goldene Kette

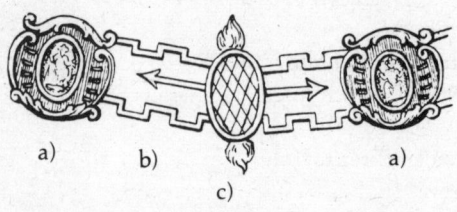

a)   b)   a)

c)

Drei verschiedene Kettenglieder, a)—c), die sich wiederholen, durch
Stege miteinander verbunden, bilden die Kette.

a) Figurenglieder, goldene, barock verzierte Glieder mit allegori-
   scher Figur
b) Stegglieder, Zwischenglieder, golden, durchbrochen gearbeitet
c) Rautenglieder, ovale Glieder mit weiß-blau emailliertem bayri-
   schen Wecken, oben und unten mit goldenen Flammen verziert,
   rechts und links je ein goldener Pfeil.

Aufhängung: Öse, in die das Ordenskreuz mit einem runden Ring
eingehängt wird.

76   Großkreuz, Gold

110 × 65 mm

Krone: golden

Ordenszeichen ist ein blau emailliertes (Tatzen-)Kreuz mit goldbordierten Armen. Darauf die goldenen Buchstaben P F F P — PRIN-
CIPI FIDELIS FAVERE PATRIA
— der Wahlspruch des Ordens. In
den   Winkeln   der   Kreuzarme
durchbrochen gearbeitete, goldene Blitzbündel, die sich auf den
Kreuzarmen fortsetzen.

Statt eines Medaillons ist auf einer
ovalen goldenen Platte die erhaben geprägte ebenfalls goldene Figur des Erzengels Michael aufgelegt, dieser den Drachen bekämp-
fend. Auf der Rüstung des Heiligen befindet sich ein kleines blau
emailliertes Kreuz und auf seinem
Schild, ebenfalls blau emailliert, der Sinnspruch QUIS UT DEUS.
Die RS des Kreuzes trägt auf den Kreuzarmen ebenfalls die golde-

nen Buchstaben P F F P und auf einem goldenen Rundschildchen die
blau emaillierte Inschrift VIRTUTI.

77 Stern zum Großkreuz, Silber

100 mm
Strahlen: acht, jeder Strahl
fünfteilig.
Kreuz: golden, gewebt, mit silbernen Pailletten eingefaßt und
aufgelegten silbernen Buchstaben P F F P.
Medaillon: auf blauer Seide
der goldgestickte Sinnspruch
QUIS/UT/DEUS. Ab 1855 in
Metallausführung.

78 Kommandeurkreuz, Gold

Kreuz wie Nr. 76, jedoch in den Abmessungen 100 × 35 mm.

79 Ritterkreuz, Gold

Kreuz wie Nr. 76, jedoch in den Abmessungen 55 × 40 mm und ver-
kleinerter Krone.

80 Großkomturkreuz, Gold

Kreuz wie Nr. 78.

81 Stern zum Großkomturkreuz, Silber

Stern wie Nr. 77, jedoch in den Abmessungen 75 × 75 mm.

82 Ritterkreuz 1. Klasse, Gold

Kreuz wie Nr. 79.

83   Ritterkreuz 2. Klasse, Gold
Kreuz wie Nr. 79,
jedoch ohne Krone.

84   Großkreuz, ab 1887, Gold
Kreuz wie Nr. 76.

**85   Stern zum Großkreuz,
        ab 1887, Silber**
95 mm

85

**88   Ordenskreuz 2. Klasse, ab 1877,
        Gold**
85 × 47 mm
Krone: golden
Ordenszeichen ist ein blau emailliertes (Tatzen-)Kreuz mit goldbordierten Armen. Statt eines Medaillons ist
auf einer ovalen goldenen Platte die
erhaben geprägte ebenfalls goldene
Figur des Erzengels Michael aufgelegt, der den Drachen bekämpft.
(Darstellung des Heiligen siehe Nr.
76.)
Die RS des Kreuzes gleicht der VS,
auf einem goldenen Rundschildchen
die blau emaillierte Inschrift VIRTU-
TI.

89   Stern zum Ordenskreuz 2. Klasse, ab 1887, Silber
75 mm
Strahlen: vier, jeder Strahl neunteilig mit vier Zwischenstrahlen.
Insgesamt bilden die Strahlen einen Rhombus.
Medaillon: auf blau emailliertem Grund in golden aufgelegten

Buchstaben der Sinnspruch QUIS/UT/DEUS. Die Buchstaben haben Zierschnitt.
Medaillonring: golden, gewendelt.

90   Ordenskreuz 3. Klasse, ab 1887, Gold
Kreuz wie Nr. 88, jedoch in den Abmessungen 68 × 38 mm.

91   Ordenskreuz 4. Klasse, ab 1887, Silber
Kreuz wie Nr. 90, jedoch in Silber.

92   Ehrenkreuz, ab 1910, Gold, silber vergoldet
55 mm
Ordenszeichen ist ein blau emailliertes (Tatzen-Kreuz) als Steckkreuz mit goldbordierten Armen. Statt eines Medaillons ist auf einer ovalen goldenen Platte der hl. Michael dargestellt (vgl. Nr. 76).
Die RS des Kreuzes ist nicht emailliert, glatt und Silber vergoldet.

**93   Ordenskreuz 4. Klasse mit
        der Krone, ab 1910, Silber**
Kreuz wie Nr. 90, jedoch in den
Abmessungen 60 × 35 mm.

94   Ordenskreuz 4. Klasse ohne Krone, ab 1910, Silber
Kreuz wie Nr. 90, jedoch in den Abmessungen 36 × 36 mm.

<u>Band:</u> dunkelblau mit rosenroten Seitenstreifen, ab 1877 rosenrot
mit dunkelblauen Seitenstreifen (Großkreuz), dunkelblau mit
rosenroten Streifen (1.—4. Klasse).

Orden vom Pfälzer Löwen

Stifter:	Kurfürst Carl Theodor von Bayern
Stiftung:	1. Januar 1768
Gattung:	Zivil- und Militärverdienst-Orden
Wahlspruch:	MERENTI
Klassen:	einklassig
Hinzufügungen/	1808 anläßlich der Stiftung des Verdienstordens
Änderungen:	der Bayerischen Krone aufgehoben

Dekorationen:

95 Goldene Kette
Ein Original der Ordenskette liegt nicht vor. In den Statuten wird sie wie folgt beschrieben:
Sie besteht aus zwei Gliedern, deren eines auf einem goldenen, schwarz emaillierten Schild den Pfälzer Löwen in Gold zeigt, das andere Kettenglied zeigt die verschlungene Chiffre »CT« in goldener, mit Flammen verzierter Umrahmung.

96 Ordenszeichen der Ritter, Gold

51 mm
Ordenszeichen ist ein blau emailliertes Kreuz mit breit goldbordierten Armen. In den Winkeln der Kreuzarme goldene Flammen, die insgesamt eine quadratische Form ergeben. Die Aufhängung im Einschnitt des oberen Kreuzarmes ist als goldene Zieröse gearbeitet.
Medaillon VS: auf schwarz emailliertem Grund ein aufgerichteter, nach links schreitender gekrönter Löwe. Dieser golden und aufgelegt.
Medaillonring VS: weiß emailliert, im oberen Halbkreis die Umschrift MERENTI in goldenen Buchstaben. Im unteren Halbkreis eine gebundene Schleife.
Medaillon RS: auf blau emailliertem Grund unter einem Churhut die verschlungene Chiffre »CT«, mit der Inschrift INSTITUT A N. 1768 in einem weißen Ring.

97   Stern zum Ordenszeichen der Ritter, Silber
Ein Original des Sterns liegt offensichtlich nicht vor. Stücke, die diesen Anspruch bisher erheben, entsprechen nicht den Statuten.
Der Stern soll 100 mm gemessen haben und trug das Ordenskreuz im Zentrum.

Band: weiß mit blauen Seitenstreifen (Schärpe). Geistliche Mitglieder des Ordens trugen die Dekoration am Halsband.

Militär-Verdienst-Orden

Stifter:	König Ludwig II. von Bayern
Stiftung:	19. Juli 1866
Gattung:	Militär-Verdienst-Orden
Wahlspruch:	MERENTI
Klassen:	Großkreuz, Großkomtur, Komtur, Ritter 1. Klasse, Ritter 2. Klasse, sowie ein Verdienstkreuz
Hinzufügungen/ Änderungen:	1891 Stiftung der Schwerter für im Krieg erworbene Verdienste
	1900 Stiftung eines Offizierkreuzes
	1905 Hinzufügung der goldenen Flammen zum Offizierkreuz
	Umbenennung der Ordensklassen
	Jetzt:
	Großkreuz
	1. Klasse
	2. Klasse mit Stern (bisher Großkomtur)
	2. Klasse ohne Stern (bisher Komtur)
	3. Klasse (bisher Ritter 1. Klasse)
	4. Klasse (bisher Ritter 2. Klasse)

Hinzufügung der Flammen zur 4. Klasse
Verleihung der 4. Klasse mit und ohne Krone
Das Verdienstkreuz wird in zwei Klassen verliehen:
1. Klasse mit emailliertem Medaillon
2. Klasse gänzlich in Silber
1913 Erweiterung der Verdienstkreuze auf drei Klassen, jeweils mit oder ohne Krone
1. Klasse (Kupfer) vergoldet
2. Klasse (Kupfer) versilbert
3. Klasse (Kupfer) getönt, ohne emailliertes Medaillon
Schwerter jeweils in den Metallfarben
1914 Verleihung der 3. Klasse des Ordens mit und ohne Krone
1916 Großkreuz, 1. Klasse und 2. Klasse des Ordens werden mit und ohne Krone verliehen
Ende 1916 Verleihung bis zur 4. Klasse in silbervergoldeten Exemplaren
Die Verdienstkreuze aller Klassen werden statt in Kupfer aus einer Zinklegierung angefertigt. (Dadurch wird die 3. Klasse grau statt kupferfarben.)

Dekorationen:
Das Ordenszeichen ist im wesentlichen dem 1808 erloschenen Pfälzer Löwenorden nachempfunden.

98 Großkreuz, Gold
88 × 75 mm
Ordenszeichen ist ein blau emailliertes Kreuz mit goldbordierten Armen. In den Winkeln der Kreuzarme goldene bewegte Flammen. Im Einschnitt des oberen Kreuzarmes eine goldene Arabeske mit einer runden Öse für den Bandring.

Medaillon VS: auf schwarz emailliertem Grund die gekrönte goldene Chiffre »L«, erhaben aufgelegt. Darum ein Schriftreif in Form
eines Bandes mit Schließe, dieses weiß emailliert. Im Schriftreif der
Wahlspruch MERENTI in goldenen Buchstaben.

Medaillonring VS: golden, glatt.
Medaillon RS: auf schwarz emailliertem Grund ein aufrechter, nach
links schreitender, goldener bayerischer Löwe. Der Schriftreif wie
auf der VS, jedoch mit der Jahreszahl 1866.

99   Stern zum Großkreuz, Silber
95 mm
Strahlen: acht, jeder Strahl fünfteilig mit Zwischenstrahlen.

Kreuz: aufgelegtes Ordenszeichen wie Nr. 98, jedoch in den Abmessungen 65 × 65 mm.

100   Großkomturkreuz, Gold
Kreuz wie Nr. 98, jedoch in den Abmessungen 65 × 55 mm.

101   Stern zum Großkomturkreuz, Silber
Stern wie Nr. 99, jedoch in den Abmessungen 75 × 75 mm.

102   Komturkreuz, Gold
Kreuz wie Nr. 100.

103   Ritterkreuz 1. Klasse, Gold
Stern wie Nr. 98, jedoch in den Abmessungen 50 × 40 mm.

104   Ritterkreuz 2. Klasse, Gold
Kreuz wie Nr. 103, jedoch ohne goldene Flammen in den Winkeln der Kreuzarme.

105 Großkreuz mit Schwertern, Gold

Kreuz wie Nr. 98, jedoch mit gekreuzten goldenen (römischen)
Schwertern auf dem oberen
Kreuzarm.
Schwerter 50 mm, im Kreuzungs-
punkt durch einen dreifach gerill-
ten, breiten Ring gehalten. Rückseitig ist die Befestigung am her-
vorstehenden gewölbten Kopf
einer Niete zu erkennen.

106 Stern zum Großkreuz mit Schwertern, Silber

Stern wie Nr. 99, jedoch mit gekreuzten goldenen (römischen)
Schwertern auf dem oberen Kreuzarm und ohne senkrechten Achsenstrahl. Schwerter: 46 mm, Anbringung wie Nr. 105.

107   Großkomturkreuz mit Schwertern, Gold

Kreuz wie Nr. 105, jedoch mit gekreuzten goldenen (römischen)
Schwertern auf dem oberen Kreuzarm, diese 40 mm.

108   Stern zum Großkomturkreuz mit Schwertern, Silber

Stern wie Nr. 106, jedoch mit gekreuzten goldenen (römischen)
Schwertern auf dem oberen Kreuzarm, diese 40 mm.

109   Komturkreuz mit Schwertern, Gold

Kreuz wie Nr. 107.

110   Ritterkreuz 1. Klasse mit Schwertern, Gold

Kreuz wie Nr. 103, jedoch mit gekreuzten goldenen (römischen)
Schwertern auf dem oberen Kreuzarm, diese 35 mm.

111   Ritterkreuz 2. Klasse mit Schwertern, Gold

Kreuz wie Nr. 104, jedoch mit gekreuzten goldenen (römischen)
Schwertern auf dem oberen Kreuzarm, diese 35 mm.

Die Umbenennung und Umgestaltung ab 1905:

112   Großkreuz, Gold

Kreuz wie Nr. 98.

113   Stern zum Großkreuz, Silber

Stern wie Nr. 99.

114   Großkreuz mit Schwertern, Gold

Kreuz wie Nr. 105.

115   Stern zum Großkreuz mit Schwertern, Silber

Stern wie Nr. 106.

116   Großkreuz mit der Krone, Gold

Krone: golden, diese mit aufgelegten kleinen goldenen Perlen.
Durch einen nicht sichtbaren, in der Krone laufenden Stift, ist diese

mit der verzierten Öse im Einschnitt des oberen Kreuzarmes verbunden,
Kreuz ansonsten wie Nr. 98.

117   Großkreuz mit Krone und Schwertern, Gold
Kreuz wie Nr. 116, jedoch mit gekreuzten goldenen (römischen)
Schwertern auf dem oberen Kreuzarm, diese 40 mm.

118   Kreuz 1. Klasse, Gold
Kreuz wie Nr. 98, jedoch in den Abmessungen 75 × 65 mm, Arabeske im Winkel des oberen Kreuzarmes weniger reich verziert.

119   Stern zum Kreuz 1. Klasse, Silber
Stern wie Nr. 99, jedoch in den Abmessungen 73 × 73 mm.
Aufgelegtes Kreuz: 42 mm.

120   Kreuz 1. Klasse mit Schwertern, Gold
Kreuz wie Nr. 118, jedoch mit gekreuzten goldenen (römischen)
Schwertern auf dem oberen Kreuzarm, diese 40 mm.

121   Stern zum Kreuz 1. Klasse mit Schwertern, Silber
Stern wie Nr. 119, jedoch mit gekreuzten goldenen (römischen)
Schwertern auf dem oberen Kreuzarm, diese 40 mm.

122   Kreuz 1. Klasse mit Krone, Gold
Kreuz wie Nr. 116, jedoch von geringeren Abmessungen.

123   Kreuz 1. Klasse mit Krone und Schwertern, Gold
Kreuz wie Nr. 122, jedoch mit gekreuzten goldenen (römischen)
Schwertern auf dem oberen Kreuzarm, diese 40 mm.

124   Kreuz 2. Klasse, Gold
Kreuz wie Nr. 118, jedoch in den Abmessungen 65 × 55 mm.

125 Stern zum Kreuz 2. Klasse, Silber
Stern wie Nr. 119, jedoch ohne Flammen in den Winkeln der Kreuzarme.

126 Kreuz 2. Klasse mit Schwertern, Gold
Kreuz wie Nr. 124, jedoch mit gekreuzten goldenen (römischen)
Schwertern auf dem oberen Kreuzarm, diese 38 mm.

127 Stern zum Kreuz 2. Klasse mit Schwertern, Silber
Stern wie Nr. 125, jedoch mit gekreuzten goldenen (römischen)
Schwertern auf dem oberen Kreuzarm, diese 38 mm.

128 Kreuz 2. Klasse mit Krone, Gold
Kreuz wie Nr. 116, jedoch von geringeren Abmessungen.

129 Kreuz 2. Klasse mit Krone und Schwertern, Gold
Kreuz wie Nr. 128, jedoch mit gekreuzten goldenen (römischen)
Schwertern auf dem oberen Kreuzarm, diese 40 mm.

130 Offizierkreuz, Form von 1900, Gold
78 × 50 mm
Krone: golden, rückseitig hohl, fest mit dem oberen Kreuzarm ver-
lötet.
Das Ordenszeichen gleicht dem *Ritter*kreuz 2. Klasse, jedoch mit
einem um das Doppelte verlängerten, unteren Kreuzarm, der
zudem nach unten breiter ausläuft als die übrigen Kreuzarme. Herstellung in Silber vergoldet, lediglich das Medaillon in Gold.

131 Offizierkreuz, Form von 1900, mit Schwertern, Gold
Kreuz wie Nr. 130, jedoch mit gekreuzten goldenen (römischen)
Schwertern auf dem oberen Kreuzarm, diese 31 mm, und in den
Abmessungen 80 × 52 mm.

**133 Offizierkreuz, Form von 1905
       mit Schwertern, Silber
       vergoldet**

Kreuz wie Nr. 131, jedoch mit goldenen Flammen in den Winkeln der
Kreuzarme.

134 Kreuz 3. Klasse, Gold

Kreuz wie Nr. 124, jedoch in den Abmessungen 41 × 45 mm.

135 Kreuz 3. Klasse mit Schwertern, Gold

Kreuz wie Nr. 134, jedoch mit gekreuzten goldenen (römischen)
Schwertern am oberen Kreuzarm, diese 35 mm.

**136 Kreuz 3. Klasse mit Krone,
       Gold**

Krone: golden, wie Nr. 116
Kreuz wie Nr. 135, jedoch in den
Abmessungen 70 × 41 mm.

137 Kreuz 3. Klasse mit Krone und Schwertern, Gold

Kreuz wie Nr. 136, jedoch mit gekreuzten goldenen (römischen) Schwertern auf dem oberen Kreuzarm, diese 34 mm.

138 Kreuz 4. Klasse, Silber

Kreuz wie Nr. 134, alle Teile silbern, lediglich das VS- und RS-Medaillon in Gold.

139 Kreuz 4. Klasse mit Schwertern, Silber

Kreuz wie Nr. 138, jedoch mit gekreuzten silbernen (römischen) Schwertern auf dem oberen Kreuzarm, diese 34 mm.

140 Kreuz 4. Klasse mit der Krone, Silber

Krone: silbern, wie Nr. 116
Kreuz wie Nr. 138, jedoch in den Abmessungen 66 × 40 mm.

141 Kreuz 4. Klasse mit Krone und Schwertern, Silber

Krone: silbern, wie Nr. 116
Kreuz wie Nr. 140, jedoch mit gekreuzten silbernen (römischen) Schwertern auf dem oberen Kreuzarm, diese 34 mm.

Klasseneinteilung ab 1905

Alt	*Neu*
Großkreuz	Großkreuz
	1. Klasse
Großkomtur	2. Klasse mit Stern
Komtur	2. Klasse*
Offizierkreuz	Offizierkreuz
Ritterkreuz 1. Klasse	3. Klasse
Ritterkreuz 2. Klasse	4. Klasse

* Die 2. Klasse des Ordens wurde mit und ohne Stern verliehen. Ab Ende 1916 wurden alle bisher in Gold verliehenen Klassen des Ordens in Silber vergoldet angefertigt.

<u>Band:</u> weiß, gewässert, mit zwei kornblumenblauen Seitenstreifen und weißen Kanten.

Ab 1905: kornblumenblau mit zwei weißen Seitenstreifen und kornblumenblauen Kanten.

Kriegsband (ab 1913): weiß, gewässert, je ein kornblumenblauer Seitenstreifen, daran anschließend drei Kantenstreifen weiß-schwarz-weiß, der schwarze breiter als die weißen Kantenstreifen. Eine Ausnahme bildet die 1. Klasse. Diese trägt das Band von 1905 weiter, jedoch ebenfalls mit einem schwarzen Kantenstreifen.

Band für Schwerterkreuze aller Grade, die nicht an Militärpersonen verliehen wurden (ab 1914): fünf gleichbreite Streifen, schwarz-weiß-kornblumenblau-weiß-schwarz.

Eine Ausnahme bildet die 2. Klasse. Diese trägt das Band in der Farbfolge schwarz-blau-weiß-blau-schwarz.

Maximilians-Orden für Wissenschaft und Kunst

Stifter: König Maximilian II. von Bayern
Stiftung: 28. November 1853
Gattung: Zivilverdienstorden
Wahlspruch: —
Klassen: einklassig, je eine Abteilung für Wissenschaft
                    und für Kunst, dazu die Maximilians-Medaille in
                    Gold und in Silber
Hinzufügungen/
Änderungen: —
Dekorationen:

142 Halskreuz, Gold
75 × 42 mm
Bandring golden mit gotischen Blattornamenten, rückseitig hohl geprägt.

Krone: golden

Ordenszeichen ist ein hellblau emailliertes (Kleeblatt-)Kreuz mit spitzen Enden, weiß emaillierter Einfassung und goldbordierten Armen. Auf der Vorderseite der vier Kreuzarme in minuskelartigen goldenen Lettern die Inschrift: AM/XXVIII/NOVEMBER/MDCCCLIII. Die Inschrift ist mit feinen goldenen Ornamenten verziert. In den Winkeln der Kreuzarme vier sich verjüngende goldene Strahlen, diagonal zum Kreuz angeordnet. Die Strahlen enden in goldenen Kugelspitzen. Das Kreuz ist auf einen goldenen Kranz aufgelegt, dessen linke Hälfte aus Lorbeer-, die rechte dagegen aus Eichenblättern besteht. Dieser Kranz wird hinter dem oberen Kreuzarm mit einer rot emaillierten Schleife als Abschluß gebunden.

Medaillon VS: auf weiß emailliertem Grund das nach links gewendete, goldene Brustbild des Stifters im Profil.

Um das Medaillon ein rotes Emailband, darin in goldenen, gotischen Lettern die Umschrift MAX II. KOENIG V. BAYERN GESTIFTET.

Medaillonring VS: golden, glatt. Über dem Medaillonring auf dem oberen Kreuzarm eine plastisch aufgelegte goldene Krone, die den Kreuzarm in seiner Breite leicht überragt.

Die RS der emaillierten Kreuzarme wie die VS, jedoch lediglich ornamental verziert.

Medaillon RS: auf weiß emailliertem Grund eine erhaben geprägte goldene Eule mit einer Rolle für die Abt. Wissenschaft, ein erhaben geprägter Pegasus mit der Hyppokrene für die Abt. Kunst.

Um das Medaillon ein rotes Emailband, darin in goldenen, gotischen Lettern die Umschrift FÜR/WISSEN-/SCHAFT UND/KUNST.

<u>Band:</u> alte Form — dunkelblau mit weißen Rändern,
neue Form — blau mit drei schmalen dunkelblauen Längsstreifen, die weißen Ränder sind abgezackt.

Ludwigs-Orden

Stifter:	Ludwig I. König von Bayern
Stiftung:	25. August 1827
Gattung:	Dienst(alters)auszeichnung ziviler und militärischer Verdienst
Wahlspruch:	—
Klassen:	Ehrenkreuz, Ehrenmünze
Hinzufügungen/ Änderungen:	—
Dekorationen:	

143 Ehrenkreuz, Gold

65 × 41 mm
Krone: golden
Ordenszeichen ist ein goldenes (Pisaner-) Kreuz mit großem Medaillon. Auf den Kreuzarmen die geprägte Inschrift LUD-WIG/KOENIG/VON/BAYERN.
Medaillon VS: auf weiß emailliertem Grund der golden geprägte, erhaben aufgelegte Kopf des Stifters, nach rechts blickend.
Medaillonring VS: golden, glatt.
Die RS des Kreuzes zeigt auf den Kreuzarmen die geprägte Inschrift AM/25/ AUGUST/1827.

Medaillon RS: auf weiß emailliertem Grund in goldenen Buchstaben die sechszeilige Inschrift FÜR/EHREN/VOLLE/FÜNFZIG/DIENSTES/JAHRE. Um die Inschrift ist ein golden gesäumter, grün emaillierter Eichenlaubkranz gewunden.

144   Ehrenmünze, Gold

Bestimmt für Personen »niederen Ranges« bei gleicher Anwartschaft wie für das Ehrenkreuz.

Durchmesser: 40 mm

Goldgewicht: 35 g

Die VS zeigt den nach rechts gewendeten Kopf des Stifters mit der Umschrift LUDWIG KOENIG VON BAYERN. Die Ehrenmünze hat einen erhöhten Rand.

Die RS zeigt im Inneren eines Eichenlaubkranzes dieselbe Inschrift wie das Ehrenkreuz. Unter dem Kranz am unteren Rand AM 25 AUGUST 1827.

<u>Band:</u> karmesinrot mit hellblauen Seitenstreifen.

Militär-Sanitäts-Orden

Stifter:	König Ludwig III. von Bayern
Stiftung:	16. Oktober 1914
Gattung:	Verdienstorden (in der Nachfolge des 1822 gestifteten und bis 1871 verliehenen goldenen und silbernen bayerischen Militär-Sanitäts-Ehrenzeichens
Wahlspruch:	—
Klassen:	1. Klasse, 2. Klasse
Hinzufügungen/ Änderungen:	1914 wird verfügt, daß die 1. Klasse am Halse zu tragen sei
	1916 Herstellung der 1. Klasse in Silber vergoldet, ebenso das Medaillon der 2. Klasse

Dekorationen:

145   Kreuz der 1. Klasse, Gold
43 mm
Ordenszeichen ist ein weiß emailliertes Kreuz mit geraden goldbordierten Armen.
Medaillon VS: auf blau emailliertem Grund die aufgelegte goldene
gekrönte Chiffre »L«. Darum ein
weiß emaillierter, golden gefaßter
Reif mit goldener Jahreszahl 1914
und Arabesken. Der Schriftreif
wird nach unten abgeschlossen
durch zwei goldene, in der Mitte
gebundene Lorbeerzweige.

Medaillonring VS: golden, glatt.
Medaillon RS: auf blau emailliertem Grund die vierzeilige, goldene
Inschrift FÜR/VERDIENSTE/IM/KRIEGE, umgeben von einem
weißen Reif mit goldenen gebundenen Lorbeerzweigen.

146   Kreuz der 1. Klasse, Silber
Kreuz wie Nr. 145, jedoch alle Teile mit Ausnahme des Medaillons
in Silber.

<u>Band:</u> wie das des Ritterkreuzes vom Militär-Max-Joseph-Orden
(vgl. Nr. 66).

Theresienorden

Stifter:	Königin Therese v. Bayern, Herzogin v. Sachsen
Stiftung:	12. Dezember 1827
Gattung:	Damenorden
Wahlspruch:	UNSER ERDENLEBEN SEI GLAUBE AN DAS EWIGE
Klassen:	einklassig
Hinzufügungen/ Änderungen:	—
Dekorationen:	

147 Ordenskreuz, Gold
75 × 42 mm
Krone: golden
Ordenszeichen ist ein hellblau emailliertes Kreuz mit breiter, weiß
emaillierter Einfassung und goldbordierten Armen. Hellblaues und

weißes Email sind durch eine feine goldene Linie voneinander getrennt. In den Winkeln der Kreuzarme goldgefaßte bayerische Wecken.

Medaillon VS: auf weiß emailliertem Grund in gotischer Schrift die Chiffre »T«, darum ein grün emaillierter, goldeingefaßter Rautenkranz.

Medaillonring VS: golden, glatt

Medaillon RS: auf weiß emailliertem Grund die goldene Jahreszahl 1827, darum die goldene Umschrift UNSER ERDENLEBEN SEI GLAUBE AN DAS EWIGE, eingefaßt von einer feinen goldenen Linie.

<u>Band:</u> weiß gewässert mit zwei himmelblauen Streifen (von unterschiedlicher Breite und getrennt durch einen schmalen weißen Streifen) mit weißen Kanten.

Elisabethen-Orden

Stifter:	Kurfürstin Elisabeth Augusta v. Bayern (Gemahlin v. Kurfürst Carl Theodor)
Stiftung:	18. Oktober 1766
Gattung:	Damenorden, Stiftsorden
Wahlspruch:	—
Klassen:	einklassig, Stiftsdamen und Ehrendamen
Hinzufügungen/ Änderungen:	1773 Einführung eines Großalmoseniers als dritter Ordensbeamter nach Sekretär und Schatzmeister
	1778 Einführung eines Zeremoniars
	1790—1800 (?) der Großalmosenier wird abgeschafft
	1872 Modernisierung der Statuten

Dekorationen:

148 Große Dekoration des Ordens, Gold

100 × 63 mm

Kurhut: Reichsapfel blau emailliert mit goldenem Kreuz, Blätter mit Knöpfchen besetzt, Hut rot gefüttert, Hermelinstulpe weiß und schwarz emailliert.

Ordenszeichen ist ein weiß emailliertes, leicht geschweiftes Kreuz mit goldbordierten Armen. In den Winkeln der Kreuzarme goldene Strahlen.

Medaillon VS: in farbiger Emailmalerei die hl. Elisabeth im Kreise von Armen und Hilfsbedürftigen.

Medaillonring VS: golden, glatt.

Medaillon RS: auf weiß emailliertem Grund die verschlungene goldene Chiffre »EA« (Elisabeth Augusta). Darum ein grün emaillierter, außen golden gefaßter Reif. Die große Dekoration wurde am Hals getragen.

150

149 Ordenskreuz der Großmeisterin, Gold

Kreuz wie Nr. 148, jedoch sind die Kreuzarme nicht weiß emailliert, sondern mit Brillanten besetzt.

150 Kreuz der Ordensdamen, Gold

Kreuz wie Nr. 148, jedoch in den Abmessungen 65 × 42 mm und ohne goldene Strahlen in den Winkeln der Kreuzarme.

151   Kreuz der Ordensbeamten, Gold

Kreuz wie Nr. 148, jedoch in den Abmessungen 60 × 38 mm, sowie mit einer abweichenden Darstellung der Elisabeth-Legende im Medaillon. Die Aufhängung hier durch eine einfache Öse durch den Reichsapfel.

Band: Stiftsdamen und Ordensbeamte himmelblau mit ponceau-roten Seitenstreifen.

Ehrendamen ponceaurot mit himmelblauen Seitenstreifen.

St.-Anna-Orden

Stifter:	Maria Anna (Witwe des Kurfürsten Maximilian III. Joseph von Bayern)
Stiftung:	19. September 1783
Gattung:	Stiftsorden
Wahlspruch:	—
Klassen:	einklassig
Hinzufügungen/ Änderungen:	1803 (Reichsdeputationshauptschluß): Verbund des Würzburger mit dem Münchner Damenstift
Dekorationen:	

152   Kreuz des Münchner Stifts, Gold
28 mm

Ordenszeichen ist ein erhaben weiß emailliertes Kreuz mit stark geschweiften Armen. Die Kreuzarme sind mit dunkelblauem Email eingefaßt und goldbordiert. Auf den Kreuzarmen in schwarzer Schrift SUB/TUUM/PRAESI/DIUM. In den Winkeln der Kreuzarme kleine goldene Scheiben, gelb emailliert mit kleinen, perlförmigen Kugeln aus weißem Email.

Medaillon VS: auf weiß emailliertem Grund golden aufgelegt die Figur der Immaculata.

Medaillonring VS: innen breit golden, blau emailliert, dann schmal golden.

Auf der Rückseite der Kreuzarme in schwarzer Schrift PATRO/NUS/NOSTER.

Medaillon RS: golden aufgelegt der Bischof St. Benno. (Einer der Stadt- und Landespatrone von München und Bayern.)

153   Kreuz des Würzburger Stifts, Gold

33 mm

Ordenszeichen ist ein weiß emailliertes (Ruppert-)Kreuz mit gekehlten, breiten Einschnitten, rot emaillierter Einfassung und goldbordierten Armen. Auf den Kreuzarmen in goldener Schrift IN/IHREN/EDLEN/TOECHTERN. In den Winkeln der Kreuzarme goldene Arabesken als Verzierung.

Medaillon VS: auf weiß emailliertem Grund golden aufgelegt die Figur der Immaculata.

Medaillonring VS: rot emaillierter Reif mit goldener Einfassung.

Auf der Rückseite der Kreuzarme in goldener Schrift DEM/VERDIENST/DER/VAETER.

Medaillon RS: auf weiß emailliertem Grund die aufgelegte goldene Chiffre »F«.

Band: Münchner Stift — Doppelschleife aus himmelblauer Seide mit einem silbernen und einem hellgelben Kantenstreifen.

Würzburger Stift — Doppelschleife aus feuerroter Seide mit silbernen Seiten- und feuerroten Kantenstreifen.
Beide Ordenszeichen wurden bei festlichen Anlässen an Schärpenbändern getragen.

Braunschweig

Herzoglich (Braunschweigischer) Orden Heinrichs des Löwen

Stifter:	Wilhelm, Herzog zu Braunschweig und Lüneburg
Stiftung:	25. April 1834
Gattung:	Zivil- und Militärverdienstorden
Wahlspruch:	IMMOTA FIDES
Klassen:	Großkreuz, Kommandeur 1. Klasse, Kommandeur 2. Klasse, Ritter, dazu Verdienstkreuz 1. und 2. Klasse
Hinzufügungen/ Änderungen:	1870 Stiftung der gekreuzten goldenen Schwerter für alle vier Klassen
	1877 Einfügung des Ritterkreuzes 2. Klasse
	1879 Stiftung der Schwerter zum Verdienstkreuz 1. Klasse (golden) und zum Verdienstkreuz 2. Klasse (silbern)
	Stiftung eines goldenen Kriegs-Verdienstkreuzes am (Ritter-)Band des Herzogl. Braunschweigischen Ordens Heinrich des Löwen
	1903 Stiftung eines Ehrenzeichens (silberne Medaille)

1908 Stiftung einer 1. Klasse, einzuordnen zwischen dem Großkreuz und dem Kommandeurkreuz 1. Klasse

Stiftung eines Offizierkreuzes, einzuordnen zwischen dem Kommandeurkreuz 2. Klasse und dem Ritter 1. Klasse

Stiftung einer 4. Klasse, einzuordnen nach dem Ritterkreuz 2. Klasse und vor dem Verdienstkreuz 1. Klasse

Alle Neustiftungen wurden zugleich auch mit Schwertern gestiftet.

Erweiterung des Ehrenzeichens in eine 1. Klasse (Silber) und eine 2. Klasse (Bronze)

Stiftung einer »ovalen Schaumünze« als Verdienstzeichen für Kunst und Wissenschaft, 1. Klasse (Gold), 2. Klasse (Silber)

1909 Verfügung über die Schwerter durch die Mitte, und zwar in Gold für Großkreuz, Kommandeurkreuz und Ritter 1. Klasse, alle übrigen in Silber

1912 das Verdienstzeichen wird in zwei Abteilungen mit und ohne Krone verliehen

Dekorationen:

154 Goldene Kette

Zwei verschiedene Kettenglieder, a)—b), die sich wiederholen und durch ovale Kettenglieder miteinander verbunden sind, bilden die Kette.

a) Chiffreglieder, rund mit einem weiß emaillierten Medaillon, darauf golden aufgelegt die verzierte und gekrönte Chiffre »W«, eingefaßt von einem Ring kleiner goldener Perlen. Darum ein rot emaillierter Schriftreif, darin in goldenen Buchstaben der Wahlspruch IMMOTA FIDES. Äußerer Abschluß wiederum ein Ring kleiner goldener Perlen

Herzoglich (Braunschweigischer) Orden Heinrichs des Löwen:

Goldene Kette und Großkreuz

b) Agraffenglieder, gebildet aus einer Fahnengruppe mit vorgesetz-
  tem Wappenschild, Löwenkopf mit Krone sowie einem links- und
  rechtsseitig schreitenden Löwen mit erhobener Pranke
  Fahnengruppe: Emailmalerei. Rote Fahnen mit goldenen Löwen
  und gelbe Fahne mit blauen Löwen
  Wappenschild: Emailmalerei. Längs geteilt, links rot mit gelben
  Löwen, rechts gelb mit blauen Löwen
  Löwenkopf mit Krone: golden.
Aufhängung: Mittelschild ist stets ein Agraffenglied. Das die einzel-
nen Glieder zusammenhaltende Kettchen wird mit verkleinerten
Gliedern unten um das Agraffenglied herumgeführt. In der Mitte
des Kettchens ist eine Öse zum Einhängen für das Großkreuz.

155 Großkreuz, Gold

90 × 62 mm
Krone: golden, die Purpurhalbmütze rot gefüttert.
Ordenszeichen ist ein blau emailliertes Kreuz mit goldbordierten
Armen und goldenen Kugelspitzen. Auf dem oberen sowie dem linken und rechten Kreuzarm Pfauenfedern in naturalistischer Emailmalerei. Auf dem unteren Kreuzarm der Helm des braunschweigischen Stammwappens mit Krone, dessen Zier sich im Medaillon
fortsetzt. In den Winkeln der Kreuzarme goldene, verzierte Chiffre
»W« unter der Herzogskrone.
Im Einschnitt des oberen Kreuzarmes ein auf goldenem Boden
schreitender, zurückblickender goldener Löwe, flankiert von zwei
bis zur Krone reichenden, grün emaillierten Lorbeerzweigen, diese
sitzen auf den Kugelspitzen.
Medaillon VS: über dem Helm des unteren Kreuzarmes erhebt sich
aus dem Medaillon eine weiße Säule, davor ein nach links springendes weißes Pferd in Emailmalerei. Der Hintergrund ist rot. Auf der
Säule eine goldene Krone und ein ebensolcher Stern. (Übergang
zum oberen Kreuzarm.) Im Medaillon rechts und links je eine silberne Sichel, ebenfalls gemalt.
Medaillonring VS: golden, glatt.

Medaillon RS: auf rot emailliertem Grund in goldenen Buchstaben der Wahlspruch IMMOTA FIDES. Darum ein goldener Reif mit dem Stiftungsjahr MDCCCXXXIV.

156   Stern zum Großkreuz, Silber
88 mm
Strahlen: acht, jeder Strahl fünfteilig, die kleineren Außenstrahlen verdeckt durch die Kugelspitzen des Kreuzes.
Kreuz: aufgelegt, Kreuzarme hellblau emailliert, goldbordiert mit goldenen Kugelspitzen.

Medaillon: rot emailliert, Umschrift IMMOTA FIDES, golden, aufgelegt, Buchstaben glatt. Chiffre mit Krone aufgelegt, golden auf silbernem Grund.
Medaillonring: golden, verziert, innerer Ring ebenso.
Sterne zum Großkreuz gibt es auch brillantiert und in Brillanten.

157   Großkreuz mit Schwertern unter dem Kreuz, Gold
Kreuz wie Nr. 155, jedoch mit gekreuzten goldenen Schwertern, mit geraden Parierstangen, angelötet an den Kugelspitzen des unteren Kreuzarmes, Schwerter: 55 mm.

158 Großkreuz mit Schwertern durch die Mitte, Gold
Kreuz wie Nr. 155
Schwerter wie Nr. 157, jedoch durch die Mitte, diese 75 mm.

159 Großkreuz mit Schwertern am Ring, Gold
Kreuz wie Nr. 155
Schwerter wie Nr. 157, jedoch zwischen den Bändern der Krone und den Lorbeerzweigen am oberen Kreuzarm eingelötet. Schwerter: 55 mm.

160 Bruststern zum Großkreuz mit Schwertern, Silber
Stern wie Nr. 156, jedoch mit gekreuzten goldenen Schwertern, diese aufgelegt auf den beiden Diagonalstrahlen. Schwerter: 75 mm. Der Bruststern mit Schwertern wurde verliehen zu den Nr. 157 bis 159.

161 Kreuz 1. Klasse, Gold
67 mm
Ordenszeichen ist ein blau emailliertes Kreuz mit goldbordierten Armen.
Medaillon VS: auf silbernem, gestrahltem Grund die goldene Chiffre »W« mit ebensolcher Herzogskrone. Die Chiffre verziert.
Medaillonring VS: golden, glatt.
Medaillon RS: auf silbernem Grund der Wahlspruch IMMOTA FIDES in goldenen Buchstaben.

162   Bruststern zum Kreuz 1. Klasse, Silber
90 mm
Strahlen: acht, jeder Strahl fünfteilig mit zwei kurzen Zwischenstrahlen. Strahlen abwechselnd konkav und konvex.
Medaillon: durchgehend über das Medaillon das Braunschweiger
Wappen, emailliert. Auf blauem Grund der Wahlspruch IMMOTA
FIDES in goldenen Buchstaben aufgelegt. Im oberen Teil des
Schriftbandes der Pfauenschweif mit dem Stern, im unteren Teil
der gekrönte Helm. Farben wie bei Nr. 155. Im Zentrum auf rot
emailliertem Grund die golden gekrönte, weiße Säule mit dem weißen springenden braunschweigischen Pferd, neben den rechts und
links angeordneten Sicheln.

163   Kreuz 1. Klasse mit Schwertern, Gold
Kreuz wie Nr. 161, Schwerter wie Nr. 157, jedoch durch die Mitte
gekreuzt, diese 70 mm.

164   Kreuz 1. Klasse mit Schwertern am Ring, Gold
Kreuz wie Nr. 161, Schwerter wie Nr. 157, jedoch an den Spitzen
des oberen Kreuzarmes, durch den Bandring gehend, angelötet.
Schwerter: 55 mm.

**165   Bruststern mit Schwer-
         tern zum Kreuz 1. Klasse,
         Silber**

90 mm
Stern wie Nr. 162
Schwerter wie Nr. 157, jedoch
gekreuzt, aufliegend auf den
beiden Diagonalstrahlen.
Schwerter: 80 mm

166　Kommandeurkreuz, Gold

Kreuz wie Nr. 155, jedoch in den Abmessungen 65 × 62 mm.

167　Bruststern zum Kommandeurkreuz, Silber

75 mm

Der Stern ist ein silbernes Kreuz mit erhöhten Kanten und silbernen Kugelspitzen. Die Kreuzarme sind durch fünf aufgewölbte Strahlen verziert, dabei ist der mittlere Strahl der kürzeste. In den Winkeln der Kreuzarme die goldene Chiffre »W« mit ebensolcher Krone. Die Chiffre verziert.

Medaillon: auf rot emailliertem, gestrahltem Grund in goldenen Buchstaben der Wahlspruch IMMOTA/FIDES.

Medaillonring: ein geteilter Lorbeer- und Eichenlaubkranz, golden, ebenso golden das Schildchen mit der Jahreszahl.

168　Kommandeurkreuz mit Schwertern unter dem Kreuz, Gold

Kreuz wie Nr. 157, jedoch in den Abmessungen 90 × 60 mm.

169　Kommandeurkreuz mit Schwertern durch die Mitte, Gold

Kreuz wie Nr. 158, jedoch in den Abmessungen 90 × 60 mm.

170　Kommandeurkreuz mit Schwertern am Ring, Gold

Kreuz wie Nr. 159, jedoch in den Abmessungen 90 × 60 mm.

168   169

171 Bruststern zum Kommandeurkreuz mit Schwertern, Silber

Stern wie Nr. 167, jedoch mit gekreuzten goldenen Schwertern durch die Mitte, diese 75 mm.

Der Bruststern zum Kommandeurkreuz mit Schwertern wurde verliehen zu den Nr. 168 bis 170.

172 Offiziersteckkreuz, Gold

60 mm

Ordenszeichen ist ein hellblau emailliertes Kreuz mit goldbordierten Armen.

Medaillon: auf rot emailliertem gestrahlten Grund, die Säule mit goldener Krone und dem weißen springenden braunschweigischen Pferd.

Medaillonring: golden, glatt, auch weiß emaillierte Medaillonringe sind bekannt.

173 Offiziersteckkreuz mit Schwertern, Silber
Kreuz wie Nr. 172, jedoch mit gekreuzten goldenen Schwertern durch die Mitte, diese 65 mm.

174 Ritterkreuz 1. Klasse, Gold
Kreuz wie Nr. 155, jedoch in den Abmessungen 60 × 40 mm.

175 Ritterkreuz 1. Klasse mit Schwertern unter dem Kreuz, Gold
Kreuz wie Nr. 174, Schwerter wie Nr. 157, jedoch in den Abmessungen 38 mm.

176 Ritterkreuz 1. Klasse mit Schwertern durch die Mitte, Gold
Kreuz wie Nr. 174
Schwerter wie Nr. 158, jedoch in den Abmessungen 38 mm.

177 Ritterkreuz 1. Klasse mit Schwertern am Ring, Gold
Kreuz wie Nr. 174
Schwerter wie Nr. 159, jedoch in den Abmessungen 38 mm.

178 Ritterkreuz 2. Klasse, Silber
Kreuz wie Nr. 174, jedoch alle dort goldenen Teile hier in Silber.

**179   Ritterkreuz 2. Klasse mit Schwertern unter dem Kreuz,
          Silber**
Kreuz wie Nr. 175, jedoch alle dort goldenen Teile hier in Silber,
Schwerter ebenfalls in Silber.

180   Ritterkreuz 2. Klasse mit Schwertern durch die Mitte, Silber
Kreuz wie Nr. 176, jedoch alle dort goldenen Teile hier in Silber,
Schwerter ebenfalls in Silber.

181   Ritterkreuz 2. Klasse mit Schwertern am Ring, Silber
Kreuz wie Nr. 177, jedoch alle dort goldenen Teile hier in Silber,
Schwerter ebenfalls in Silber.

182   Kreuz 4. Klasse, Silber
40 mm
Ordenszeichen ist ein mattsilbernes Kreuz
mit erhöhter glatter Einfassung und gekörnten Armen. Im Einschnitt des oberen
Kreuzarmes befindet sich ein halbkreisför-
miges Schildchen mit durchbrochener Öse
für die Aufhängung.
Medaillon VS: auf rot emailliertem, gestrahltem Grund die golden
gekrönte weiße Säule, davor das weiße, springende braunschweigische Pferd.
Medaillonring VS: golden, glatt.
Medaillon RS: auf rot emailliertem, gestrahltem Grund der Wahlspruch IMMOTA/FIDES in goldenen Buchstaben.

183   Kreuz 4. Klasse mit Schwertern, Silber
Kreuz wie Nr. 182, jedoch mit gekreuzten silbernen Schwertern,
diese 40 mm.

Band: hochrot mit je einem gelben Seitenstreifen.

Hannover

St.-Georgs-Orden

Stifter:	König Ernst August von Hannover
Stiftung:	23. April 1839
Gattung:	Haus- und Verdienstorden
Wahlspruch:	NUNQUAM RETRORSUM
Klassen:	einklassig, Ritter
Hinzufügungen/ Änderungen:	Bei der Stiftung wurde der Orden zugleich zum Hausorden der Krone von Hannover erklärt. Erloschen 1866 bei der Übernahme Hannovers durch Preußen
Dekorationen:	

184 Goldene Kette

a)   b)   a)

Zwei verschiedenartige Kettenglieder, a)—b), die sich wiederholen, verbunden durch Kettchen mit eckigen Gliedern, bilden die Kette.

a) Kronenglieder, golden, rund, gekörnt, mit vier angesetzten Kronen. Innerhalb eines durch erhöhte Kanten abgesetzten Ringes der Wahlspruch NUNQUAM RETRORSUM. Im Mittelfeld die verschlungene Chiffre E(RNST) A(UGUST) R(EX)

b) Löwenglieder, rund, jedoch nur zwei angesetzte Kronen oben
   und unten. Im Mittelfeld die Darstellung des hl. Georg mit dem
   Drachen. Das runde Kettenglied wird gehalten von zwei goldenen Löwen mit aufgehobener Pranke.
Aufhängung: nicht bekannt, da dem Autor kein Exemplar vorlag.

185 Großkreuz, Gold
94 × 66 mm

Krone: golden, Reif mit grünem und rotem Email besetzt.
Ordenszeichen ist ein blau emailliertes Kreuz mit breiter Einfassung, goldener Bordierung und goldenen Kugelspitzen. In den Winkeln der Kreuzarme goldene, vorwärtssehende Löwen mit erhobener Pranke.
Medaillon VS: auf hellem Grund in Emailmalerei der hl. Georg auf
einem weißen Hengst in altrömischer Rüstung, diese stahlfarben,
mit wehendem roten Mantel. Der Heilige reitet heraldisch nach
links (d. h. nach rechts), mit seiner Lanze einen grünen Drachen be-
kämpfend.

Medaillonring VS: golden, mit erhöhten Querrippen als Verzierung.

Medaillon RS: golden, glatt, darauf erhaben ausgearbeitet die verschlungene Chiffre »EAR« (Ernst August Rex).

Medaillonring RS: wie auf der VS.

186   Bruststern zum Großkreuz, Silber
75 mm

Strahlen: acht, jeder Strahl fünfteilig mit zwei kurzen Zwischenstrahlen.

Medaillon: wie das des Ordenszeichens. Darum ein rot emaillierter Schriftring mit dem Wahlspruch NUNQUAM RETRORSUM. Die Buchstaben golden und aufgelegt. Darunter ein aufgelegtes gebundenes Eichenlaub.

Medaillonring: außen golden glatt, innen golden gewendelt.

Bruststerne zum Großkreuz gibt es auch brillantiert.

<u>Band:</u> dunkelrot.

Guelphenorden

Stifter:	Georg, Prinzregent von Hannover im Namen seines Vaters König Georg III. von Großbritannien und Hannover
Stiftung:	12. August 1815
Gattung:	Zivil- und Militärverdienstorden
Wahlspruch:	NEC ASPERA TERRENT
Klassen:	Großkreuze, Kommandeure
	Ritter, jeweils in einer zivilen und einer militärischen Abteilung, dazu eine Medaille
Hinzufügungen/ Änderungen:	1841 Erweiterung der Kommandeure 1. und 2. Klasse
	Hinzufügung eines silbernen (Verdienst-)Kreuzes
	1842 Rücknahme des Ordens auf vier Klassen: Großkreuze, Kommandeure 1. und 2. Klasse, Ritter, Mitglieder der 4. Klasse
	1849 Stiftung einer Bandschleife als »besondere Auszeichnung«
	1866 bei der Übernahme Hannovers durch Preußen erloschen
Dekorationen:	

187   Goldene Kette

a)   b)

Zwei verschiedenartige Kettenglieder, a)—b), die sich wiederholen und durch Kettenringe miteinander verbunden sind, bilden die Kette.

a) Kronenglieder, golden (die Königskrone von Hannover), bestehend aus einem goldenen Reif mit ringsum 16 Zinken, von denen beidseitig die mittlere mit einem breiten Kreuz, die anderen mit Fleurons besetzt sind. Acht goldene Bögen ruhen darauf und schließen die Krone, deren Spitze ein Reichsapfel bildet. Die Krone wird von zwei goldenen Löwen mit erhobener Pranke flankiert

b) Chiffreglieder, golden, verschlungene und reich verzierte Chiffre G(EORGIUS) R(EX) in Spiegelschrift.

Aufhängung: Keine besonders ausgebildete Agraffe. Mittelstück ist stets eine Krone, in deren Reif eine Aufhängung mit aufklappbarer runder Öse ist, um das Großkreuz zu befestigen.

188 Großkreuz zivile Abteilung

90 × 58 mm

Krone: golden

Ordenszeichen ist ein goldenes Kreuz mit gekörnten Armen, breiter Bordierung und goldenen Kugelspitzen. Im Einschnitt des oberen Kreuzarmes ein goldenes Blattornament für die Aufhängung der Krone. In den Winkeln der Kreuzarme einander gegenüberstehende goldene Löwen mit erhobener Pranke.

Medaillon VS: auf rot emailliertem Grund ein nach links springendes weißes Roß über grünem Blattwerk. Dazu ein blau emaillierter Schriftreif, beidseitig goldbordiert mit dem Wahlspruch NEC ASPERA TERRENT in goldenen Buchstaben.

Medaillonring VS: ein goldener, grün emaillierter Eichenlaubkranz (für zivile Verdienste).

Medaillon RS: auf rot emailliertem Grund die verschlungene, verzierte Chiffre G(EORGIUS) R(EX), darüber, erhaben aufgelegt, die goldene Königskrone. Um die Chiffre läuft ein matt gearbeiteter goldener Reif mit polierter Einfassung, darin das Stiftungsjahr des Ordens MDCCCXV, golden und erhaben ausgeführt.

Medaillonring RS: Eichenlaubkranz wie auf der VS.

189   Stern zum Großkreuz zivile Abteilung, Silber
90 mm
Strahlen acht, jeder Strahl fünfteilig,
brillantiert.
Medaillon: wie Nr. 188
Medaillonring: goldener, grün emaillierter
Eichenlaubkranz.

**190   Großkreuz militärische
        Abteilung (mit Schwertern),
        Gold**
Wie Nr. 188, jedoch mit einem goldenen, grün emaillierten Lorbeerkranz (für militärische Verdienste) als Medaillonring.
Zwischen der Krone und den Kugelspitzen des oberen Kreuzarmes gekreuzte, goldene Schwerter, diese 40 mm.

191 Stern zum Großkreuz militärische Abteilung (mit Schwertern), Silber

Stern wie Nr. 189, jedoch mit gekreuzten goldenen Schwertern durch die Mitte, diese 88 mm.

192 Kommandeurkreuz zivile Abteilung, Gold

Kreuz wie Nr. 188, jedoch in den Abmessungen 68 × 44 mm.

193 Bruststern zum Kommandeurkreuz zivile Abteilung, Silber

70 mm

Stern in Form eines Ordenskreuzes mit Kugelspitzen, brillantiert.
Medaillon: wie Nr. 188
Medaillonring: goldener, grün emaillierter Eichenlaubkranz.

**194   Kommandeurkreuz militärische Abteilung (mit
         Schwertern), Gold**
74 mm
Kreuz wie Nr. 188, jedoch mit einem goldenen, grün emaillierten
Lorbeerkranz (für militärische Verdienste) als Medaillonring. Zwischen der Krone und den Kugelspitzen des oberen Kreuzarmes goldene gekreuzte Schwerter, diese 30 mm.

**195   Bruststern zum Kommandeurkreuz militärische Abteilung
         (mit Schwertern), Silber**
70 mm
Stern wie Nr. 193, jedoch mit goldenen Schwertern durch die Mitte,
diese 85 mm.
Medaillonring: ein goldener, grün emaillierter Lorbeerkranz (für
militärische Verdienste).

196   Ritterkreuz 1. Klasse zivile Abteilung, Gold
Kreuz wie Nr. 188, jedoch in den Abmessungen 50 × 33 mm.

**197   Ritterkreuz 1. Klasse militärische Abteilung (mit
         Schwertern), Gold**
Kreuz wie Nr. 190, jedoch in den Abmessungen 58 × 33 mm.

198   Ritterkreuz 2. Klasse zivile Abteilung, Silber
Kreuz wie Nr. 196, jedoch in Silber.

**199   Ritterkreuz 2. Klasse militärische Abteilung (mit
         Schwertern), Silber**
Kreuz wie Nr. 197, jedoch in Silber.
Band: hellblau.

Ernst-August-Orden

Stifter: König Georg V. von Hannover
Stiftung: 15. Dezember 1865
Gattung: Militär- und Zivilverdienstorden (insbesondere
                    für Wissenschaft und Kunst)
Wahlspruch: SUSCIPERE ET FINIRE
Klassen: Großkreuz, Komtur 1. und 2. Klasse
                    Ritter 1. und 2. Klasse, dazu ein Verdienstkreuz
                    1. Klasse (golden) und 2. Klasse (silbern)
Hinzufügungen/
Änderungen: —
Dekorationen:

200 Großkreuz, Gold
75 mm

Ordenszeichen ist ein weiß emailliertes Kreuz mit goldbordierten Armen und goldenen Kugelspitzen. In den Winkeln der Kreuzarme befinden sich abwechselnd die Königliche Krone und der Churhut, beide golden.

Medaillon VS: auf rot emailliertem Grund die goldene verschlungene und verzierte Chiffre E(RNST) A(UGUST).

Medaillonring VS: dunkelblau emailliert mit goldener Bordierung, darin in goldenen Buchstaben der Wahlspruch SUSCIPERE ET FINIRE.

Medaillon RS: die goldene verschlungene und verzierte Chiffre König Georg V.

Medaillonring RS: mit dem Datum der Stiftung DEN XV DECEMBER MDCCCLXV, Email wie auf der VS.

201   Stern zum Großkreuz, Silber
88 mm

Strahlen: acht, jeder Strahl fünfteilig mit je einem kurzen
Zwischenstrahl.
Medaillon: wie Nr. 200.

202   Komturkreuz, Gold
Kreuz wie Nr. 200, jedoch in den Abmessungen 60 × 60 mm.

**203   Bruststern zum
        Komturkreuz 1. Klasse,
        Silber**
70 mm
Strahlen: vier, in Form des Ordenskreuzes angeordnet, dabei
jeder Kreuzarm aus acht Strahlen bestehend, von denen der
mittlere der kürzeste ist, brillantiert.
Medaillon: wie Nr. 200.

204

204   Ritterkreuz 1. Klasse, Gold
Kreuz wie Nr. 200, jedoch in den Abmessungen 35 × 35 mm.

205   Ritterkreuz 2. Klasse, Silber
Kreuz wie Nr. 204, jedoch gänzlich in Silber.
<u>Band:</u> scharlachrot mit dunkelblauen Seitenstreifen.

Hessen-Kassel

Hausorden vom Goldenen Löwen

Stifter: Landgraf Friedrich II. von Hessen-Kassel
Stiftung: 14. August 1770
Gattung: Hausorden für zivile und militärische Verdienste
Wahlspruch: VIRTUTE ET FIDELITATE
Klassen: einklassig
Hinzufügungen/   1816 Erweiterung auf eine zweite Klasse, also
Änderungen: Kommandeure 1. und 2. Klasse
                     1818 Erweiterung auf vier Klassen: Großkreuze,
                     Kommandeure 1. und 2. Klasse, Ritter
                     1851 wird aus den Klassen des Jahres 1818 der
                     separate Wilhelms-Orden gestiftet (siehe dort)
                     1866 wird der Orden von Preußen übernommen
                     1875 wird der Orden durch Preußen als Orden
                     gestrichen und erlischt damit
                     1876 Neueinsetzung als Hessen-Darmstädtische Auszeichnung (siehe dort)

Dekorationen: **206   Goldene Kette, Silber vergoldet**

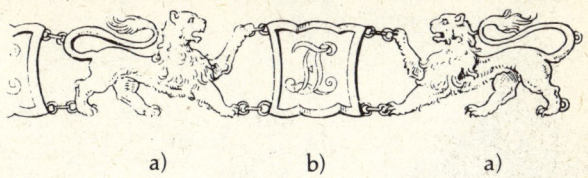

a)   b)   a)

Zwei verschiedenartige Kettenglieder, a)—b), die sich wiederholen und durch Ringlein verbunden sind, bilden die Kette.

a) Löwenglieder, einander zugewandt mit erhobener Pranke, golden

b) Chiffreglieder, Schilde mit der Chiffre F(RIDERICUS) L(AND-GRAVIUS) (ab 1803 mit Krone), golden.

Aufhängung: einfacher gebogener Haken auf der RS des in der Mitte liegenden Schildchens oder fest verlöteter Halbring an der Unterseite des Schildchens zum Einhängen des Großkreuzes.

207   Kleinod, Gold

53 × 40 mm

Ordenszeichen ist ein ovaler goldener Ring, darin steht ein aufrechter gekrönter, nach links gewendeter, goldener Löwe. Die Aufhängung ist als Agraffe mit runder Öse ausgearbeitet. Im ovalen Ring der umlaufende Wahlspruch VIRTUTE ET FIDELITATE in erhabenen goldenen Buchstaben. Gegenüber der Agraffe ein (im goldenen Ring unten) leeres Schildchen. Die RS trägt im ovalen goldenen Ring die Umschrift FRIDERICUS II. D. G. HASSIAE LANDGRAVIUS INSTITUIT 1770 in erhabenen goldenen Buchstaben.

RS-Varianten kommen vor mit den Inschriften FRIDERICUS II. D. G. HASSIAE LANDGRAVIUS INSTITUIT 1772 und WILHELMUS I. HASSIAE ELECTOR 1803.

208   Bruststern zum Kleinod, Silber

83 mm

Strahlen: acht, jeder Strahl fünfteilig mit je zwei kürzeren Zwischenstrahlen.

Medaillon: auf blau emailliertem Grund ein aufgelegter hessischer Löwe mit goldener Krone. Der Löwe weiß und rot emailliert, 10fach quergestreift.

Medaillonring: karmoisinrot emailliert mit goldener Bordierung. Im Schriftreif der Wahlspruch VIRTUTE ET FIDELITATE in aufgelegten silbernen Buchstaben. Die äußere goldene Bordierung häufig verziert.

Bruststerne zum Kleinod gibt es auch in brillantierter Ausführung.

<u>Band:</u> karmoisinrot.

Wilhelms-Orden

Stifter:	Kurfürst Friedrich Wilhelm I. von Hessen-Kassel
Stiftung:	20. August 1851
Gattung:	Zivil- und Militärverdienstorden
Wahlspruch:	VIRTUTE ET FIDELITATE
Klassen:	Großkreuz, Kommandeur 1. und 2. Klasse, Ritter, Orden 4. Klasse (Inhaberkreuz)

Hinzufügungen/   Für militärische Taten konnte der Wilhelms-Or-
Änderungen: den mit Schwertern verliehen werden.
                  1866 erloschen
Dekorationen:

209   Großkreuz, Gold
95 × 57 mm
Krone: golden
Ordenszeichen ist ein karmoisinrot emailliertes Kreuz mit breiten
weiß emaillierten Kanten und goldener Bordierung. Das rote und
weiße Email der Kreuzarme ebenfalls durch eine goldene Kante getrennt. Auf den Kreuzarmen aufgelegt ein achtstrahliger silberner
Stern.
Medaillon VS: auf blau emailliertem Grund ein gekrönter goldener hessischer Löwe, nach links
schreitend.
Medaillonring VS: rot emailliert
mit goldener Bordierung, darin in
goldenen Buchstaben der Wahlspruch des Ordens VIRTUTE ET
FIDELITATE.
Medaillon RS: auf blau emailliertem Grund die Chiffre W(IL-
HELM) K(URFÜRST), darum ein breiter goldener Ring.

210   Bruststern zum Großkreuz, Silber
86 mm
Strahlen: acht, jeder Strahl fünfteilig mit je einem kurzen Zwischenstrahl.

Ordenskreuz: silbern mit breiter verzierter Bordierung und glatten Armen.

Medaillon: auf blau emailliertem Grund ein gekrönter goldener hessischer Löwe, nach links schreitend.

Medaillonring: golden, glatt.

211 Komturkreuz, Gold
Kreuz wie Nr. 209.

212 Bruststern zum Komturkreuz 1. Klasse, Silber
67 mm

Den Stern bildet das Ordenskreuz in Silber mit glatten Armen und verzierter Bordierung.

Medaillon: wie Nr. 210.

Medaillonring: golden, gewendelt.

Bruststerne zum Komturkreuz 1. Klasse kommen auch brillantiert vor.

213 Komturkreuz mit Schwertern, Gold
Kreuz wie Nr. 209.

Nur eine Verleihung nachweisbar, die goldenen gekreuzten Schwerter durch die Mitte, Maße nicht bekannt.

214 Komturkreuz mit Schwertern am Ring, Gold
Kreuz wie Nr. 209.

Nur zwei Verleihungen nachweisbar, die goldenen gekreuzten Schwerter unterhalb der Krone, Maße nicht bekannt.

215   Ritterkreuz 1. Klasse, Gold

46 × 41 mm

Kreuz wie Nr. 209, jedoch mit einem etwas verlängerten senkrechten Kreuzarm.

Medaillon VS: oval, auf blau emailliertem Grund ein gekrönter goldener hessischer Löwe, nach links schreitend.

Medaillonring VS: rot emailliert, darauf in goldenen Buchstaben der Wahlspruch VIRTUTE ET FIDELITATE.

Medaillon RS: auf blau emailliertem Grund die Chiffre »WK« in Gold mit ebensolcher Krone.

Medaillonring RS: golden, glatt.

216   Wilhelms-Orden 4. Klasse
      (Inhaberkreuz), Silber

46 × 41 mm

Kreuz wie Nr. 215, jedoch gänzlich in Silber.

<u>Band:</u> karmoisinrot mit je einem weißen Seitenstreifen.

Militär-Verdienst-Orden

L'Ordre pour la **Vertu Militaire**

Stifter:	Landgraf Friedrich II. von Hessen-Kassel
Stiftung:	25. Februar 1769
Gattung:	Militär-Verdienstorden
Wahlspruch:	VIRTUTE
Klassen:	einklassig
Hinzufügungen/	1820 Umbenennung in Militär-Verdienst-Orden
Änderungen:	1866 erloschen

Dekorationen:

217   Kreuz der Ritter, 1. Modell, Gold
58 × 40 mm
Kurhut: golden
Ordenszeichen ist ein rosafarben emailliertes Kreuz mit goldbordierten Armen. In den Winkeln der Kreuzarme
einander gegenüberstehende goldene
gekrönte hessische Löwen. Auf den
Kreuzarmen in goldener Emailmalerei
F(RIEDRICH) L(ANDGRAF) VIR/TV/
TE.
RS glatt emailliert mit goldener Bordierung.

218   Kreuz der Ritter 2. Modell, Gold
55 × 38 mm
Kreuz wie Nr. 217, jedoch mit goldener
Krone (ab 1803) und der Chiffre W(IL-
HELM) K(URFÜRST) auf dem oberen
Kreuzarm.

Band: himmelblau mit je einem silber-
durchwirkten Seitenstreifen.

Orden vom Eisernen Helm

Stifter:	Kurfürst Wilhelm I. von Hessen-Kassel
Stiftung:	18. März 1814
Gattung:	Militärverdienstorden
Wahlspruch:	—

Klassen:	Großkreuz, Eiserner Helm 1. und 2. Klasse (Verleihungen nur als eine Klasse nachweisbar)
Hinzufügungen/	1815 statt des Brabanter Kreuzes
Änderungen:	Fertigung auf dem Deutschen Kreuz
Dekorationen:	

219   Eiserner Helm, Brabanter Kreuz, Eisen

62 × 46 mm

Ordenszeichen ist ein (Kleeblatt-) Kreuz aus geschwärztem Gußeisen mit silberner Bordierung. Auf der Längsachse des Kreuzes liegt der Eiserne Helm auf. Auf den Kreuzarmen die in Silber eingelegte Chiffre W(IL-HELM) K(URFÜRST), im unteren Kreuzarm klein die gegossene schwarze Jahreszahl 1814.
RS glatt.

220   Eiserner Helm, Deutsches Kreuz, Eisen

61 × 40 mm

Ordenszeichen wie Nr. 219, der Helm jedoch auf einem Deutschen Kreuz mit leicht ausgestellten Armen aufgelegt.
Entgegen den Bestimmungen der Statuten tragen die bekanntgewordenen Exemplare keine Initialen auf den Kreuzarmen, sondern unterhalb des Helmes ein silbernes Schildchen mit der Chiffre »WK«.
Band: karmoisinrot mit je einem weißen Seitenstreifen und karmoisinroter Kante.

Hessen-Darmstadt

Orden vom Goldenen Löwen

Der Orden wurde nach dem Tode des letzten Kurfürsten von Hessen-Kassel am 6. Juni 1876 als Großherzoglich Hessischer Goldener Löwenorden übernommen. Die Dekorationen bleiben gleich, vgl. Nr. 206—208.

Lud(e)wigsorden

Stifter:	Großherzog Ludwig II. von Hessen und bei Rhein
Stiftung:	14. Dezember 1831 (zurückgehend auf den seit 1807 bestehenden Verdienstorden von Hessen)
Gattung:	Haus- und Verdienstorden
Wahlspruch:	GOTT EHRE VATERLAND
Klassen:	Großkreuz, Kommandeur 1. und 2. Klasse, Ritter 1. und 2. Klasse, dazu eine goldene und silberne Verdienstmedaille
Hinzufügungen/ Änderungen:	1912 Das Ritterkreuz 1. Klasse wird zum Ehrenkreuz, das Ritterkreuz 2. Klasse zum Ritterkreuz
Dekorationen:	

221 Goldene Kette

a)

b)

Zwei verschiedenartige Kettenglieder, a)—b), die sich wiederholen und durch Ringe und Ösen miteinander verbunden sind, bilden die Kette

a) Chiffreglieder mit Krone, golden, bestehend aus zwei spiegelverkehrten L(UDWIG), die eine römische II halten, diese in Zierschnitt

b) Medaillonglieder, rund, auf schwarz emailliertem Grund in goldenen Buchstaben der Wahlspruch GOTT/EHRE/VATER/LAND, das Medaillon eingefaßt von einer goldenen Bordierung.

Medaillonring: auf weiß emailliertem Grund ein goldener, grün emaillierter Kranz, links zur Hälfte aus Lorbeer — rechts zur Hälfte aus Eichenlaub bestehend.

Medaillonring: golden, gewendelt.

Aufhängung: Mittelschild ist stets ein Chiffreglied. An diesem befindet sich eine angelötete kleine Öse mit einem Einhängering für das Kleinod. Von der Kette sind drei voneinander abweichende Typen bekannt.

222 Großkreuz, Gold
110 × 71 mm
Krone: golden
Ordenszeichen ist ein schwarz emailliertes Kreuz mit breiter, rot emaillierter Einfassung und goldener Bordierung.

Medaillon VS: auf rot emailliertem Grund die goldene Chiffre »L«, umrahmt von goldenen Lorbeerzweigen.

Medaillonring VS: golden, innen und außen glatt, weiß emailliert, darauf in goldenen Buchstaben FÜR VERDIENSTE.

Medaillon RS: auf schwarz emailliertem Grund in goldenen Buchstaben der Wahlspruch GOTT/EHRE/VATER/LAND.
Medaillonring RS: golden, glatt, weiß emailliert, darauf ein goldener, grün emaillierter Kranz, je zur Hälfte aus Lorbeer- und Eichenlaub bestehend.

223 Bruststern zum Großkreuz, Silber
85 mm
Strahlen: acht, jeder Strahl fünfteilig mit je zwei kurzen Zwischenstrahlen, aufgelegt das RS-Medaillon des Ordenszeichens, jedoch

der Medaillonring nicht weiß emailliert sondern silbern. Sterne in
brillantierter Ausführung kommen vor.

224 Komturkreuz, Gold
Kreuz wie Nr. 222, jedoch in den Abmessungen 90 × 60 mm.

225 Bruststern zum Komturkreuz 1. Klasse, Silber
70 mm
Strahlen: vier, jeder Strahl fünfteilig, brillantiert oder glatt.

Ordenskreuz: wie Nr. 222, jedoch mit dem Medaillon der RS (dieses wesentlich größer), sowie goldenen Kugelspitzen.

226   Ritterkreuz 1. Klasse, Gold
Kreuz wie Nr. 222, jedoch in den Abmessungen 60 × 37 mm.

227   Ritterkreuz 2. Klasse, Gold
Kreuz wie Nr. 226, jedoch in den Abmessungen 50 × 28 mm.

<u>Band</u>: schwarz, mit je einem roten Seitenstreifen.

Orden Philipp des Großmütigen

Stifter:	Großherzog Ludwig II. von Hessen und bei Rhein
Stiftung:	1. Mai 1840
Gattung:	Verdienstorden
Wahlspruch:	SI DEUS NOBISCUM QUIS CONTRA NOS
Klassen:	Großkreuz, Komtur 1. und 2. Klasse, Ritter

| Hinzufügungen/ Änderungen: | 1849 Hinzufügung des silbernen Kreuzes als 5. Klasse, Einführung der gekreuzten goldenen Schwerter, lediglich die 5. Klasse mit silbernen Schwertern |

Hinzufügungen/ Änderungen:

1849 Hinzufügung des silbernen Kreuzes als 5. Klasse, Einführung der gekreuzten goldenen Schwerter, lediglich die 5. Klasse mit silbernen Schwertern

1859 Erweiterung in Ritter 1. und 2. Klasse Silberne Schwerter zur 2. Klasse, jedoch mit goldenen Griffen

1876 Umbenennung in Großherzoglich Hessischer Philipps-Orden

1881 Hinzufügung der Krone

1893 die Verleihung der Schwerter wird begrenzt auf »hervorragende Leistungen *im Verlaufe* eines Krieges« sowohl an Militär- als auch an Zivilpersonen

1900 Stiftung eines Ehrenkreuzes

1911 der Bruststern der Komture 1. Klasse erhält goldene Strahlen in den Winkeln der Kreuzarme

Dekorationen:

228 Großkreuz, 1. Modell 1840—1849, Gold

60 mm

Ordenszeichen ist ein einwärts geschweiftes weiß emailliertes Kreuz mit schmaler goldener Bordierung.

Medaillon VS: ovaler Schild mit blau emailliertem Grund, darauf in Emailmalerei das Bild des Landgrafen Philipp des Großmütigen in Kniehosen.

Medaillonring VS: auf weiß emailliertem Grund und mit schmaler goldener Bordierung eingefaßt, der Wahlspruch SI DEUS NOBISCUM QUIS CONTRA NOS in goldenen Buchstaben.

Medaillon RS: auf blau emailliertem Grund ein silbern und rot,

zehnfach quergestreifter, gekrönter hessischer Löwe, in der rechten Pranke ein aufwärts gerichtetes Schwert haltend.
Medaillonring RS: auf weiß emailliertem Grund die Umschrift LUDOVICUS II. MAGNUS DUX HASSIAE INSTITUIT in goldenen Buchstaben.

229   Bruststern zum Großkreuz, 1. Modell 1840—1849, Silber
81 mm

Strahlen: acht, jeder Strahl fünfteilig mit je zwei kurzen Zwischenstrahlen, glatt oder auch
brillantiert.
Medaillon: wie Nr. 228, jedoch
rund, eingefaßt von einer goldenen Bordierung, diese gewendelt.
Medaillonring VS: auf weiß
emailliertem Grund in goldenen
aufgelegten   Buchstaben   der
Wahlspruch SI DEUS NOBISCUM QUIS CONTRA NOS.
Die Buchstaben in Zierschrift.
Medaillonring: golden, gewendet, nach außen mit einem Zierring
abgeschlossen.

230   Komtur, 1. Modell 1840—1849, Gold
Kreuz wie Nr. 228, jedoch in kleineren Abmessungen. (Ein Exemplar lag dem Autor nicht vor.)

231   Bruststern zum Komtur 1. Klasse, 1. Modell 1840—1849, Gold
Der Stern ist ein einwärts geschweiftes, weiß emailliertes Kreuz mit brillantierter oder goldener glatter Bordierung.

Medaillon: wie Nr. 229, jedoch entgegen den Statuten ohne den umlaufenden Wahlspruch.

(Ein Exemplar lag dem Autor nicht vor.)

232 Ritterkreuz, 1. Modell 1840—1849, Gold

Kreuz wie Nr. 228, jedoch in kleineren Abmessungen. (Ein Exemplar lag dem Autor nicht vor.)

233 Großkreuz ab 1849, Gold

90 mm

Kreuz wie Nr. 228, jedoch im runden Medaillon der VS aufgelegt das goldene nach links gewendete Brustbild Philipps des Großmütigen.

Medaillonring: golden, glatt.

Medaillon RS: der hessische Löwe nicht silbern, sondern weiß-rot emailliert, zehnfach gestreift.

234 Bruststern zum Großkreuz ab 1849, Silber

85 mm

Strahlen: acht, jeder Strahl fünfteilig mit je zwei kurzen Zwischenstrahlen.

Medaillon: wie Nr. 233.

235 Großkreuz mit Schwertern, ab 1849, Gold

Kreuz wie Nr. 233, jedoch mit gekreuzten goldenen Schwertern durch die Mitte, diese 60 mm.

236   Bruststern zum Großkreuz mit Schwertern, ab 1849, Silber
Stern wie Nr. 234, jedoch mit goldenen Schwertern durch die
Mitte, diese aufgelegt, 70 mm.

237   Großkreuz, ab 1849 mit der Krone, Gold
Kreuz wie Nr. 233, jedoch auf dem oberen Kreuzarm eine aufgelötete goldene Krone, diese 28 × 25 mm.

238   Bruststern ab 1849
**   zum Großkreuz mit der**
**   Krone, Silber**
Stern wie Nr. 234, jedoch auf
dem oberen Strahl des Sterns
eine aufgelegte goldene Krone,
diese 20 × 18 mm.

239   Großkreuz ab 1849 mit Schwertern und Krone, Gold
Kreuz wie Nr. 233,
Schwerter wie Nr. 235,
Krone wie Nr. 237.

240   Bruststern ab 1849 zum Großkreuz mit Schwertern und Krone, Silber
Stern wie Nr. 234,
Schwerter wie Nr. 236,
Krone wie Nr. 238.

241   Komtur, ab 1849, Gold
Kreuz wie Nr. 233, jedoch in den Abmessungen 50 × 50 mm.

242   Brustkreuz zum Komtur 1. Klasse, ab 1849, Gold
59 mm
Der Stern ist ein leicht auswärts geschweiftes, weiß emailliertes Kreuz mit goldener Bordierung. In den Winkeln der Kreuzarme goldene Strahlen.
Medaillon wie Nr. 233.

243   Komtur ab 1849 mit Schwertern, Gold
Kreuz wie Nr. 241, jedoch mit gekreuzten goldenen Schwertern durch die Mitte, diese 54 mm.

244   Brustkreuz zum Komtur 1. Klasse, ab 1849, mit Schwertern, Silber
Stern wie Nr. 242, jedoch mit gekreuzten goldenen Schwertern durch die Mitte, diese 60 mm.

245   Komtur ab 1849, mit der Krone, Gold
Kreuz wie Nr. 241, in den Abmessungen 80 × 50 mm, jedoch mit einer goldenen Krone über dem oberen Kreuzarm.

246 Bruststern zum Komtur 1. Klasse, ab 1849, mit der Krone, Silber

90 mm

Strahlen: sechzig Einzelstrahlen bilden einen auf der Spitze stehen-den, viereckigen Stern. Darauf aufgelegt das Ordenskreuz wie Nr. 237, jedoch in den Abmessungen 65 × 45 mm. Die goldene Krone in den Abmessungen 20 × 20 mm.

247 Komtur ab 1849 mit Schwertern und Krone, Gold

Kreuz wie Nr. 241,
Schwerter wie Nr. 243,
Krone wie Nr. 245.

248 Bruststern zum Komtur 1. Klasse, ab 1849 mit Schwertern und Krone

Stern wie Nr. 246, jedoch mit gekreuzten goldenen Schwertern durch die Mitte, diese 45 mm. Schwerter aufgelegt.

249 Ehrenkreuz

55 mm

VS wie der Komtur 2. Klasse, vgl. Nr. 241, jedoch der Medaillonring nicht emailliert sondern golden. Darauf in erhaben geprägten Buchstaben der Wahlspruch SI DEUS NOBISCUM QUIS CONTRA NOS. RS gänzlich glatt, silbern.

250 Ehrenkreuz mit Schwertern
Kreuz wie Nr. 249, jedoch mit gekreuzten goldenen Schwertern durch die Mitte, diese 54 mm.

251 Ehrenkreuz mit der Krone
Kreuz wie Nr. 249, jedoch mit einer aufgelöteten goldenen Krone auf dem oberen Kreuzarm.

252 Ehrenkreuz mit Schwertern und Krone
79 × 52 mm
Kreuz wie Nr. 249,
Schwerter wie Nr. 250,
Krone wie Nr. 251.

253 Ritterkreuz 1. Klasse, Gold
Kreuz wie Nr. 233, jedoch in den Abmessungen 35 × 35 mm.

254 Ritterkreuz 1. Klasse mit Schwertern, Gold
Kreuz wie Nr. 253, jedoch mit gekreuzten goldenen Schwertern durch die Mitte, diese 38 mm.

255   Ritterkreuz 1. Klasse mit der Krone, Gold
Kreuz wie Nr. 253, jedoch mit einer goldenen Krone über dem oberen Kreuzarm, mit diesem durch Ring und Öse verbunden.
Krone: 20 × 18 mm

256   Ritterkreuz 1. Klasse mit Schwertern und Krone, Gold
Kreuz wie Nr. 253,
Schwerter wie Nr. 254,
Krone wie Nr. 255.

257   Ritterkreuz 2. Klasse, Silber
Kreuz wie Nr. 253, jedoch die Kreuzarme mit silberner Bordierung und in den Abmessungen 30 × 30 mm.

258   Ritterkreuz 2. Klasse mit Schwertern, Silber
Kreuz wie Nr. 257, jedoch mit gekreuzten silbernen Schwertern durch die Mitte, deren Griffe golden. Schwerter: 33 mm.

259   Ritterkreuz 2. Klasse mit der Krone, Silber
Kreuz wie Nr. 257,
Krone wie Nr. 255,
jedoch in Silber.

260   Ritterkreuz 2. Klasse mit Schwertern und Krone, Silber
Kreuz wie Nr. 257,
Schwerter wie Nr. 258,
Krone wie Nr. 259.

261   Silbernes Kreuz, Silber
Kreuz wie Nr. 253, jedoch gänzlich in Silber, die Kreuzarme glatt mit einer erhöhten glatten Einfassung.
Medaillon VS: blau emailliert, darauf das silberne Brustbild Philipps des Großmütigen.

Medaillonring VS: silbern, darin der Wahlspruch in erhabenen Buchstaben.

Medaillon RS: auf blau emailliertem Grund der gekrönte hessische Löwe, dieser silbern.

Medaillonring RS: silbern, mit der Umschrift LUDOVICUS III. MAGNUS DUX HASSIAE INSTITUIT, ebenfalls silbern.

262 Silbernes Kreuz mit Schwertern, Silber
Kreuz wie Nr. 261, jedoch mit gekreuzten silbernen Schwertern durch die Mitte, diese 35 mm.

263 Silbernes Kreuz mit der Krone, Silber
Kreuz wie Nr. 261, jedoch mit einer silbernen Krone über dem oberen Kreuzarm, mit diesen verbunden durch Ring und Öse.
Krone: 20 × 18 mm.

264 Silbernes Kreuz mit Schwertern und Krone, Silber
Kreuz wie Nr. 261,
Schwerter wie Nr. 262,
Krone wie Nr. 263.

<u>Band:</u> hochrot mit je einem schmalen hellblauen Seitenstreifen und roten Kanten.

Orden Stern von Brabant

Stifter:	Großherzog Ernst Ludwig von Hessen und bei Rhein
Stiftung:	24. Juni 1914
Gattung:	Zivilverdienstorden
Wahlspruch:	—
Klassen:	Großkreuz, Großkomtur mit Türkisen, Großkomtur 1. und 2. Klasse, Komtur 1. und 2. Klas-

se, Ehrenkreuz 1. und 2. Klasse, Ritterkreuz
1. und 2. Klasse, Silbernes Kreuz 1. und 2. Klasse.
Mit Ausnahme des Großkreuzes, des Großkomtur mit Türkisen und des Großkomtur 1. Klasse,
konnte zu allen Klassen auch eine Krone verliehen werden. Dazu eine silberne Medaille
Dazu der *Damenorden des Sterns von Brabant* mit
Ehrenkreuzdame,
Dame des Sterns von Brabant 1. Klasse und
2. Klasse,
Dame des Silbernen Kreuzes,
Dame der silbernen Medaille des Sterns von Brabant

Hinzufügungen/
Änderungen: —
Dekorationen:

265 Großkreuz
72 mm

Ordenszeichen ist ein Kreuz aus
schwarzgrauem Schmelzwerk mit
goldener Bordierung. Auf dem
Kreuz ist ein achtspitziger goldener Stern aufgelegt. In den Winkeln der Kreuzarme ein goldener
Doppelring mit je zwei goldenen
Kugeln, diese jeweils durch eine
Sternspitze getrennt. Eine weitere
goldene Kugel befindet sich im
Zentrum des Sterns.

Medaillon VS: unter dem goldenen Stern gelegen, golden, strahlen-
förmig verziert.
Medaillonring VS: türkisfarben emailliert, glatt.
Medaillon RS: auf schwarzgrauem Grund ein aufgelegtes goldenes

lateinisches H(EINRICH), darüber eine goldene Kugel ohne Bügel.
Medaillonring RS: golden, glatt.

266 Bruststern zum Großkreuz, Silber

Brillantierter Stern 80 mm
Aufgelegter goldener Stern 85 mm
Strahlen: acht, jeder Strahl fünfteilig, brillantiert.
Kreuz: ein aufgelegter, goldener achtstrahliger Stern, dessen Spitzen zwischen den silbernen Strahlenbündeln liegen. Ein türkisfarben emailliertes Band durchzieht die Strahlen des Sterns. Auf dem

Band vier schwarze Buchstaben in großer lateinischer Schrift »FVNW« (Verdienste um den FÜRSTEN, und das VOLK, durch Werke der NÄCHSTENLIEBE, um die WOHLFAHRT des Volkes).
Medaillon: auf schwarzgrauem Grund ein aufgelegtes lateinisches H(EINRICH), darüber eine goldene Krone ohne Bügel.
Medaillonring: golden, glatt.

267 Großkomturkreuz mit Türkisen

60 mm
Kreuz wie Nr. 265, jedoch statt der goldenen Kugeln solche aus Türkisen.

268   Bruststern zum Großkomturkreuz mit Türkisen, Gold
Stern wie Nr. 266, jedoch die RS golden. In den Winkeln der Kreuz-
arme je ein goldener, spitzzulaufender Strahl. Statt der goldenen
Kugeln insgesamt solche aus Türkisen. Drei flache gezackte Silber-
strahlen gehen von den Kreuzarmen zum Sternstrahl.
Medaillonring: golden, glatt.

269   Großkomturkreuz 1. Klasse
Kreuz wie Nr. 265, jedoch in den Abmessungen 57 × 57 mm.

270   Bruststern zum Großkomturkreuz 1. Klasse
Stern wie Nr. 268, jedoch sämtliche Kugeln nicht aus Türkisen,
sondern aus Gold.

271   Großkomturkreuz 2. Klasse
Kreuz wie Nr. 269, jedoch ohne den goldenen Doppelring in den
Winkeln der Kreuzarme und ohne goldene Kugeln, in den Abmes-
sungen 57 × 57 mm.

272   Großkomturkreuz 2. Klasse mit der Krone
Kreuz wie Nr. 271, jedoch auf dem oberen Kreuzarm eine Krone
ohne Bügel, diese golden, 15 × 35 mm. Die Krone ist durch eine Öse
mit dem Kreuzarm verbunden.

273   Bruststern zum Großkomturkreuz 2. Klasse mit der Krone
Stern wie Nr. 270, jedoch ohne den goldenen Doppelring in den
Winkeln der Kreuzarme und ohne goldene Kugeln. Auf dem obe-
ren Kreuzarm eine angelötete Krone ohne Bügel, diese golden.
Krone: 15 × 35 mm.

272   273

274   Komturkreuz 1. Klasse

Kreuz wie Nr. 265, jedoch ohne den aufgelegten goldenen Stern
und die goldene Kugel in dessen Zentrum, in den Abmessungen
55 × 55 mm.

275   Komturkreuz 1. Klasse mit der Krone

Kreuz wie Nr. 274, jedoch mit einer goldenen Krone ohne Bügel
über dem oberen Kreuzarm, mit diesem durch eine Öse verbunden.
Krone: 18 × 28 mm.

276   Komturkreuz 2. Klasse

Kreuz wie Nr. 274, jedoch statt des goldenen Doppelrings mit den
goldenen Kugeln in den Winkeln der Kreuzarme ein glatter, in der
Mitte gekehlter goldener Ring.

277   Komturkreuz 2. Klasse mit der Krone

Kreuz wie Nr. 276, jedoch mit einer goldenen Krone ohne Bügel
über dem oberen Kreuzarm, mit diesem durch eine Öse verbunden.
Krone: 18 × 28 mm.

278   Ehrenkreuz 1. Klasse

55 mm

Ordenszeichen ist ein Kreuz aus schwarzgrauem Schmelzwerk mit
goldener Bordierung. In den Winkeln der Kreuzarme kurze goldene
Strahlen. Aufgelegt ein goldener Stern mit vier langen Strahlen,
diese auf den Kreuzarmen, und vier kurzen Strahlen, diese diagonal
liegend im Medaillon.

Medaillon VS: schwarzgrau, glatt.
Medaillonring VS: golden, glatt.
RS golden.

279   Ehrenkreuz 1. Klasse mit der Krone

Kreuz wie Nr. 278, jedoch mit einer angelöteten goldenen Krone
ohne Bügel auf dem oberen Kreuzarm.
Krone: 18 × 28 mm.

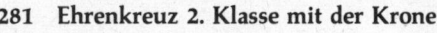

280   Ehrenkreuz 2. Klasse

55 mm

Kreuz wie Nr. 278, jedoch ohne goldene Strahlen in den Kreuzwinkeln.

281   Ehrenkreuz 2. Klasse mit der Krone

70 × 55 mm

Kreuz wie Nr. 280, jedoch mit einer angelöteten goldenen Krone
ohne Bügel auf dem oberen Kreuzarm. Krone: 18 × 28 mm.

282   Ritterkreuz 1. Klasse

Kreuz wie Nr. 278, jedoch in den Abmessungen 44 × 44 mm.
Medaillon RS: auf schwarzgrauem Grund ein goldenes, großes
lateinisches H(EINRICH), darüber eine goldene Krone ohne Bügel.
Medaillonring: golden, glatt.

283 Ritterkreuz 1. Klasse mit der Krone

Kreuz wie Nr. 282, jedoch über dem oberen Kreuzarm eine goldene Krone ohne Bügel, mit dem Kreuzarm durch eine Öse verbunden. Krone: 18 × 28 mm.

284 Ritterkreuz 2. Klasse

Kreuz wie Nr. 282, jedoch ohne goldene Strahlen in den Winkeln der Kreuzarme.

285 Ritterkreuz 2. Klasse mit der Krone

Kreuz wie Nr. 284, jedoch über dem oberen Kreuzarm eine goldene Krone ohne Bügel, mit dem Kreuzarm durch eine Öse verbunden. Krone: 18 × 28 mm.

286 Silbernes Kreuz 1. Klasse

45 mm

Ordenszeichen ist ein silbernes Kreuz mit gekörnten Armen und erhöhter glatter Einfassung. Das Kreuz ist dunkel oxydiert. Auf dem Kreuz ein aufgelegter goldener Stern in der Form wie bei den Ritterkreuzen.

Medaillon VS: auf gekörntem silbernen Grund die vier kurzen, goldenen diagonalen Strahlen des aufgelegten Sterns.

Medaillonring VS: silbern, glatt.

Medaillon RS: auf gekörntem silbernen Grund ein großes lateinisches H(EINRICH), darüber eine silberne Krone ohne Bügel.

Medaillonring RS: silbern, glatt.

287 Silbernes Kreuz 1. Klasse mit der Krone

Kreuz wie Nr. 286, jedoch über dem oberen Kreuzarm eine silberne Krone ohne Bügel, mit dem Kreuzarm durch eine Öse verbunden. Krone: 15 × 25 mm.

288   Silbernes Kreuz 2. Klasse
Kreuz wie Nr. 286, jedoch hellfarbig und der aufgelegte Stern silbern, in den Abmessungen 33 × 32 mm.

289   Silbernes Kreuz 2. Klasse mit der Krone
50 × 33 mm
Kreuz wie Nr. 288, jedoch über dem oberen Kreuzarm eine silberne Krone ohne Bügel, mit dem Kreuzarm durch eine Öse verbunden. Krone: 15 × 25 mm.

Damenorden des Sterns von Brabant
290   Ehrenkreuzdame
45 mm

Kreuz wie Nr. 267

291   Damen des Sterns von Brabant 1. Klasse
45 mm
Kreuz wie Nr. 271

292 Damen des Sterns von Brabant 2. Klasse
45 mm
Kreuz wie Nr. 284

293 Damen des Silbernen Kreuzes des Sterns von Brabant
45 mm
Kreuz wie Nr. 286

<u>Band</u>: schwarz moisiert mit je zwei goldgelben Seitenstreifen, davon der äußere schmaler, mit schwarzer Kante.

Hohenlohe

(Fürstlich Hohenlohe'scher Haus- und)
Phoenix-Orden

Stifter:	Reichsfürst Philipp Ernst I. zu Hohenlohe-Waldenburg-Schillingsfürst
Stiftung:	29. Dezember 1751 (als Orden der goldenen Flamme)
Gattung:	Hausorden
Wahlspruch:	IN SENIO
Klassen:	einklassig
Hinzufügungen/ Änderungen:	1770 Hinzufügung einer 2. Klasse als Ritterorden vom Phoenix
	1795 Statuierung der Zweiklassigkeit
	a) Hausorden
	b) an adelige Diener und auswärtige Standespersonen
	1829 Einstellung der Verleihung der 2. Klasse

Dekorationen:

294 Kleinod des Hausordens
(1. Klasse), Kupfer vergoldet

44 × 41 mm

Ordenszeichen ist ein weiß emailliertes
Kreuz mit goldener Bordierung. Auf den
Kreuzarmen je drei goldene Flammen.
Im Einschnitt des oberen Kreuzarmes
eine goldene Agraffe mit einer Bandöse.
In den Winkeln der Kreuzarme goldene
Strahlen, insgesamt einen quadratischen
Stern bildend.

Medaillon VS: auf blau emailliertem Grund in Emailmalerei ein silberner (weißer) Phoenix, der aus der Asche (einem Scheiterhaufen)
aufsteigt. Zwischen den Flügeln des Phoenix in goldenen Buchstaben der Wahlspruch IN SENIO.

Medaillonring VS: rot emailliert, mit goldener Einfassung.

RS: auf dem goldenen Stern in Rot die Chiffre des Stifters P(HI-
LIPP) E(RNST). Darüber ein blauer Fürstenhut mit weißer Hermelinstulpe.

295 Bruststern zum Kleinod des Hausordens 1. Klasse, Silber

70 mm

Strahlen: acht, jeder Strahl fünfteilig mit einem kurzen Zwischenstrahl, brillantiert.

Ordenskreuz: golden aufgelegt, mit glatter polierter Bordierung, in
den Winkeln der Kreuzarme goldene »sprühende« Flammen.

Medaillon: auf blau emailliertem Grund in goldenen Buchstaben
der Wahlspruch IN SENIO aufgelegt.

Medaillonring: golden, gewendet, mit glatter Einfassung.

296 Kommandeurkreuz (2. Klasse), Gold

60 × 50 mm

Ordenszeichen ist ein weiß emailliertes Kreuz von antiker Form mit
schmaler goldener Bordierung. Auf dem oberen Kreuzarm eine goldene bourbonische Lilie als Agraffe für die Aufhängung. Auf den
Kreuzarmen in Gold die Inschrift EX/FLAM(MIS)/CLA/RIOR. Auf
dem Kreuz aufgelegt ein goldener Stern aus Flammen gebildet.

Medaillon VS: auf blau emailliertem Grund der sich aus den Flammen erhebende Phoenix in Emailmalerei.
Medaillonring: rot emailliert, glatt, innen mit einer goldenen Linie
abgegrenzt.
RS: auf blauem Grund die Chiffre des Stifters P(HILIPP) E(RNST)
in goldenen Buchstaben.

297 Bruststern zum Kommandeurkreuz (2. Klasse), Silber vergoldet

74 mm

Strahlen: acht, jeder Strahl dreiteilig mit geradem Mittelstrahl, jeweils zu beiden Seiten drei kurze Zwischenstrahlen, alle Strahlen jeweils abwechselnd glatt oder als Blätter ausgebildet.

Medaillon: auf blauem Grund der sich über den Scheiterhaufen erhebende Phoenix in Emailmalerei. Abgrenzung zum Medaillonring silbern, gekörnt.

Medaillonring: auf weiß emailliertem Grund in goldenen Buchstaben EX FLAMMIS CLARIOR, abgeschlossen durch zwei gebundene goldene Zweige. Begrenzung nach außen ein silberner, gekörnter Ring.

298 Ritterkreuz (zur 3. Klasse zählend), Gold

Kreuz wie Nr. 296, jedoch in den Abmessungen 50 × 41 mm. (Der Flammenstern mehr zu einem Flammenring um das Medaillon ausgebildet.)

Band: 1. Klasse karmoisinrot mit je zwei goldenen Seitenstreifen, diese getrennt durch perlfarbige Kanten.

Band: 2. Klasse ponceaurot, mit je einem schwarzen und weißen Seitenstreifen und roter Kante.

Hohenzollern

Hausorden von Hohenzollern

Stifter:	Fürst Friedrich Wilhelm von Hohenzollern-Hechingen
	Fürst Carl Anton von Hohenzollern-Sigmaringen
Stiftung:	5. Dezember 1841
Gattung:	Hausorden
Wahlspruch:	FÜR TREUE UND VERDIENST
Klassen:	Ehrenkreuz 1. und 2. Klasse, dazu eine goldene Ehrenmedaille und eine silberne Verdienstmedaille
Hinzufügungen/ Änderungen:	1844 Einführung eines Ehrenkreuzes 3. Klasse
	1851 Aufnahme unter die preußischen Orden
	1866 Stiftung der Schwerter
	1891 Stiftung eines Ehrenkomturkreuzes zwischen Ehrenkreuz 1. und 2. Klasse, Stiftung des Eichenlaubes sowie des goldenen und silbernen Verdienstkreuzes

Dekorationen:

299 Ordenskette, Silber vergoldet
Zwei verschiedenartige Kettenglieder, a)—b), die sich wiederholen, und durch dünne Kettchen miteinander verbunden sind, bilden die Kette.
a) Wappenglieder, schwarz-weiß emaillierte Schilde mit goldener Krone.
b) Chiffreglieder, »CF«, die Chiffre der beiden Stifter, in Gold.
Aufhängung: Die Kette ist direkt mit der Krone des Ordenskreuzes durch angelötete Ösen verbunden. Die Ordenskette wurde von

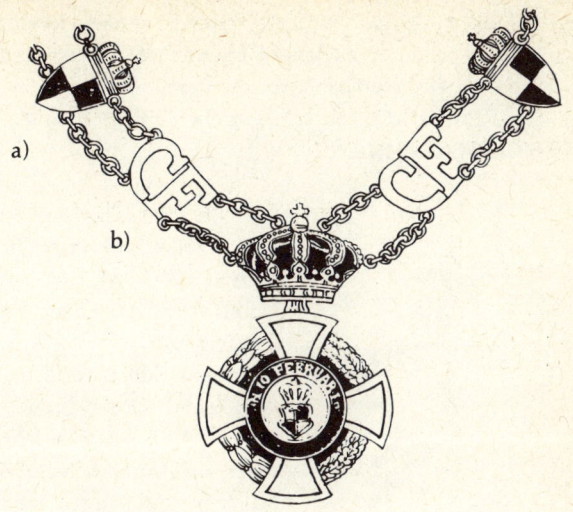

den Ordensstiftern als Abzeichen ihrer Würde als Ordensgroßmei-
ster getragen.

300 Ordenskreuz zur Kette, Gold

56 × 37 mm

Krone: golden, rot gefüttert.

Ordenszeichen ist ein weiß emailliertes Kreuz mit breiter schwarz-
emaillierter Einfassung und beidseitiger goldener Bordierung. In
den Winkeln der Kreuzarme ein umlaufender, grün emaillierter
Lorbeer- und Eichenkranz.

Medaillon VS: auf weiß emailliertem Grund das goldgefaßte,
schwarz-weiße Wappenschild der Hohenzollern, darüber die goldene, rot gefütterte Fürstenkrone.

Medaillonring VS: hellblau emailliert mit beidseitiger schmaler, goldener Bordierung, darin in goldenen Buchstaben die Inschrift NI-
HIL SINE DEO, nach unten abgeschlossen mit zwei goldenen, grün
emaillierten, gebundenen Zweigen.

Medaillon RS: auf weißem Grund die Darstellung des Hohenzollern'schen Stammschildes in goldener Fassung und schwarz-weißer Emaillierung, darüber die goldene, rot gefütterte Fürstenkrone.
Medaillonring RS: wie VS, jedoch in goldenen Buchstaben die Inschrift DEN 10. FEBRUAR 1851.

301 Großehrenkreuz, Silber
65 mm
Strahlen: acht, jeder Strahl dreiteilig mit je zwei kurzen Zwischenstrahlen, brillantiert. Aufgelegtes Ordenskreuz wie Nr. 300 (VS). Das Großehrenkreuz wird nur an Mitglieder des Hauses und an Könige verliehen.

302 Ehrenkreuz 1. Klasse, Gold
52 mm
(Steck-)Kreuz wie Nr. 300, jedoch im Medaillonring mit der Inschrift FÜR TREUE UND VERDIENST.
Ehrenkreuze 1. Klasse gibt es auch in Brillanten.

303 Ehrenkreuz 1. Klasse mit Schwertern, Gold
Kreuz wie Nr. 302, jedoch mit gekreuzten goldenen Schwertern durch die Mitte, diese 57 mm.

304   Ehrenkomturkreuz, Gold

Kreuz wie Nr. 302, jedoch in den Abmessungen 42 × 42 mm. Medaillonring verbreitert, Inschrift in diesem größer. Am oberen Kreuzarm Öse für den Bandring.

305   Ehrenkomturkreuz mit Schwertern, Gold

Kreuz wie Nr. 304, jedoch mit gekreuzten goldenen Schwertern durch die Mitte, diese 50 mm.

307

306   Ehrenkomturkreuz mit der Krone, Gold

Kreuz wie Nr. 304, jedoch mit einer goldenen, rot gefütterten Krone über dem oberen Kreuzarm, mit diesem durch eine Öse verbunden.
Krone: 25 × 20 mm.

307   Ehrenkomturkreuz mit der Krone und Schwertern, Gold

Kreuz wie Nr. 304
Krone wie Nr. 306
Schwerter wie Nr. 305

308 Bruststern zum Ehrenkomturkreuz, Silber
75 mm
Der Stern wird gebildet aus einem Rhomboid mit vier angedeuteten
Hauptstrahlen (senkrecht und waagerecht) sowie vier kleineren
Diagonalstrahlen. Dazwischen liegen jeweils 14 Einzelstrahlen.

Medaillon: wie das VS-Medaillon des Ordenszeichens.
Medaillonring: wie der Medaillonring der VS des Ordenszeichens.

309 Bruststern zum Ehrenkomturkreuz mit Schwertern, Silber
Stern wie Nr. 308, jedoch mit gekreuzten goldenen Schwertern
durch die Mitte. (Ein Exemplar lag dem Autor nicht vor.)

310 Ehrenkreuz 2. Klasse Gold
Kreuz wie Nr. 302, jedoch in den Abmessungen 40 × 40 mm.
Medaillon RS: auf weiß emailliertem Grund die verschlungene
goldene Chiffre der Stifter F(RIEDRICH) C(ARL) unter einer
goldenen Fürstenkrone.
Medaillonring: auf blau emailliertem Grund mit beidseitiger goldener Bordierung das Datum des Stiftungstages DEN 5. DECEMBER
1841 in goldenen Buchstaben. Unten im Medaillonring als Abschluß zwei goldene, grün emaillierte, gebundene Zweige.

311   Ehrenkreuz 2. Klasse mit Schwertern, Gold

Kreuz wie Nr. 310, jedoch mit gekreuzten goldenen Schwertern durch die Mitte, diese 42 mm.

312   Ehrenkreuz 2. Klasse mit der Krone, Gold

Kreuz wie Nr. 310, jedoch mit einer goldenen, rot gefütterten Krone über dem oberen Kreuzarm, mit diesem durch eine Öse verbunden. Krone: 25 × 20 mm.

313   Ehrenkreuz 2. Klasse mit Schwertern und Krone

Kreuz wie Nr. 310
Schwerter wie Nr. 311
Krone wie Nr. 312

314   Ehrenkreuz 3. Klasse, Silber

Ordenszeichen ist ein silbernes, gekörntes Kreuz mit breiter, schwarz emaillierter Einfassung und erhöhten, glatt polierten Rändern. Zwischen den Kreuzarmen umlaufend ein goldgefaßter, grün emaillierter Lorbeer- und Eichenlaubkranz.
Medaillon VS: wie Nr. 302.
Medaillon RS: wie Nr. 302.
Medaillonring: wie Nr. 302, jedoch mit dem Datum des Stiftungstages DEN 8TEN APRIL 1844.

315   Ehrenkreuz 3. Klasse mit Schwertern, Silber

Kreuz wie Nr. 314, jedoch mit
gekreuzten silbernen Schwertern
durch die Mitte, diese 42 mm.

**316   Ehrenkreuz 3. Klasse mit der Krone,
          Silber**

Kreuz wie Nr. 314, jedoch mit einer silbernen, rot gefütterten Krone über dem oberen Kreuzarm, mit diesem durch eine Öse
verbunden. Krone: 20 × 22 mm.

317 Ehrenkreuz 3. Klasse mit Schwertern und Krone, Silber
Kreuz wie Nr. 314
Schwerter wie Nr. 315
Krone wie Nr. 316

**318 Ehrenkreuz 3. Klasse mit
      Eichenlaub, Silber**
Kreuz wie Nr. 314, jedoch über dem
oberen Kreuzarm ein dreiblättriges
goldenes Eichenlaub, mit diesem
durch eine Öse verbunden. Eichenlaub: 23 × 27 mm.

319 Ehrenkreuz 3. Klasse mit Eichenlaub und Schwertern, Silber
Kreuz wie Nr. 318
Schwerter wie Nr. 315
<u>Band:</u> weiß, dreimal schwarz gestreift, dabei der mittlere schwarze
Streifen schmaler, Kanten weiß.

Lippe-Detmold

Fürstlich Lippesches Ehrenkreuz
(Orden des Ehrenkreuzes des Fürstlich Lippeschen Gesamthauses)

Stifter: Fürst Paul Friedrich Emil Leopold zur Lippe und
                  Adolf Georg von Schaumburg-Lippe
Stiftung: 25. Oktober 1869

Gattung:	Hausorden, später Zivil- und Militärverdienst-orden
Wahlspruch:	FÜR TREUE UND VERDIENST
Klassen:	Ehrenkreuz 1., 2. und 3. Klasse dazu eine goldene und silberne Verdienstme-daille
Hinzufügungen/ Änderungen:	1887 Hinzufügung eines Ehrenkreuzes 4. Klas-se sowie ein goldenes und silbernes Verdienst-kreuz Hinzufügung des Eichenlaubes zum Ehrenkreuz 2. Klasse als besondere Auszeichnung Stiftung der gekreuzten Schwerter für Kriegs-verdienst 1890 Abtrennung des Schaumburg-Lippeschen Hausordens 1906 Stiftung der Schwerter auf dem Band für Kriegstaten 1870/71 für das goldene und silber-ne Verdienstkreuz (keine Verleihungen nachweisbar) 1913 das Offizierehrenkreuz tritt an die Stelle der 3. Klasse Bei Verleihungen höherer Klassen im Frieden werden die Schwerter am Ring getragen.

Dekorationen:
1. Form Chiffre »LA«
2. Form Chiffre »L«

320   Großkreuz, Gold

Abmessungen nicht bekannt. Bis 30. 5. 1911 trug nur der Landes-herr, sodann in verkleinerten Abmessungen die Fürsten und die Fürstinwitwe diese Klasse. Ab 1911 erfolgte die Verleihung auch an fremde Souveräne und Prinzen regierender Häuser.

Das Großkreuz wurde am »Cordon« mit Stern angelegt.

321 Bruststern zum Großkreuz, Silber

87 mm

Es gilt das unter Nr. 320 Gesagte.

Strahlen: acht, jeder Strahl fünfteilig mit einem kurzen Zwischen-strahl.

Medaillon: auf weißem Grund die Lippe'sche Rose in rotem und grünem Email, golden gefaßt.

Medaillonring: beidseitig goldbordiert, gewendelt, auf blau emailliertem Grund der Wahlspruch FÜR TREUE UND VERDIENST in goldenen Buchstaben.

322 Großkreuz mit Schwertern, Gold

Kreuz wie Nr. 320, jedoch mit gekreuzten Schwertern durch die Mitte, diese 70 mm.

323 Bruststern zum Großkreuz mit Schwertern, Silber

Stern wie Nr. 321, jedoch mit gekreuzten Schwertern durch die Mitte, diese 82 mm.

324 Ehrenkreuz 1. Klasse, Gold

90 × 69 mm

Krone: golden

Ordenszeichen ist ein weiß emailliertes Kreuz mit goldener Bordie-rung und goldenen Kugelspitzen.

Auf dem Kreuz aufgelegt der achtstrahlige goldene Stern (von Schwalenberg und Sternberg).

Medaillon VS: auf weißem Grund die Lippe'sche Rose, rot emailliert mit goldgesäumten, grün emaillierten Kelchblättern.

Medaillonring VS: beidseitig goldbordiert, auf blauem Email in goldenen Buchstaben der Wahlspruch FÜR TREUE UND VERDIENST.

Medaillon RS: auf rot emailliertem Grund die goldene verschlungene Chiffre der Stifter L(EOPOLD) A(DOLF), darüber eine goldene Krone.

Medaillonring RS: golden, glatt.

325   Ehrenkreuz 1. Klasse mit Schwertern, Gold

Kreuz wie Nr. 324, jedoch mit goldenen Schwertern durch die Mitte. Maße nicht bekannt.

326   Ehrenkreuz 1. Klasse mit Schwertern am Ring, Gold

Kreuz wie Nr. 324, jedoch mit kurzen goldenen Schwertern auf dem oberen Kreuzarm, diese angelötet. Maße nicht bekannt.

327   Ehrenkreuz 2. Klasse, Gold

Kreuz wie Nr. 324, jedoch ohne Krone und ohne Kugelspitzen an den Kreuzarmen, in den Abmessungen 69 × 69 mm.

328   Ehrenkreuz 2. Klasse mit Eichenlaub, Gold

Kreuz wie Nr. 327, jedoch mit einem goldenen Eichenlaub über dem oberen Kreuzarm. Maße nicht bekannt.

329 Ehrenkreuz 2. Klasse mit Schwertern, Gold
Kreuz wie Nr. 327, jedoch mit gekreuzten goldenen Schwertern
durch die Mitte. Maße nicht bekannt.

330 Ehrenkreuz 2. Klasse mit Schwertern am Ring, Gold
Kreuz wie Nr. 327, jedoch mit kurzen, goldenen gekreuzten
Schwertern auf dem oberen Kreuzarm. Schwerter: 37 mm.

331 Ehrenkreuz 2. Klasse mit Eichenlaub und Schwertern, Gold
Kreuz wie Nr. 327
Eichenlaub wie Nr. 328
Schwerter wie Nr. 329

**332 Ehrenkreuz 2. Klasse mit Eichenlaub und Schwertern
 am Ring, Gold**
Kreuz wie Nr. 327
Eichenlaub wie Nr. 328
Schwerter am Ring wie Nr. 330

333 Ehrenkreuz 3. Klasse, Gold
Kreuz wie Nr. 327, jedoch in den
Abmessungen 50 × 50 mm.

334 Ehrenkreuz 3. Klasse mit Eichenlaub, Gold
Kreuz wie Nr. 333, jedoch mit einem goldenen Eichenlaub über dem
oberen Kreuzarm. Maße nicht bekannt.

335 Ehrenkreuz 3. Klasse mit Schwertern, Gold
Kreuz wie Nr. 333, jedoch mit gekreuzten goldenen Schwertern
durch die Mitte. Maße nicht bekannt.

336   Ehrenkreuz 3. Klasse mit Schwertern am Ring, Gold
Kreuz wie Nr. 333, jedoch mit kurzen goldenen Schwertern auf
dem oberen Kreuzarm. Maße nicht bekannt.

337   Ehrenkreuz 3. Klasse mit Eichenlaub und Schwertern, Gold
Kreuz wie Nr. 333
Eichenlaub wie Nr. 334
Schwerter wie Nr. 335

**338   Ehrenkreuz 3. Klasse mit Eichenlaub und Schwertern
         am Ring, Gold**
Kreuz wie Nr. 333
Eichenlaub wie Nr. 334
Schwerter am Ring wie Nr. 336

339   Offizierehrenkreuz, Gold
wurde ab 1913 für die Nr. 334 verliehen. Kreuz wie Nr. 333, jedoch
mit goldenen Kugelspitzen an den Kreuzarmen. Steckkreuz mit
glatter Rückseite.

**340   Offizierkreuz mit
         Schwertern, Gold**
Steckkreuz wie Nr. 339, jedoch mit
gekreuzten goldenen Schwertern
durch die Mitte. Maße nicht bekannt.

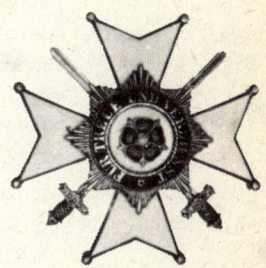

341   Ehrenkreuz 4. Klasse, Silber
Kreuz wie Nr. 333, jedoch mit silbernen Kreuzarmen, Medaillons
emailliert, in den Abmessungen 50 × 50 mm.

342 Ehrenkreuz 4. Klasse mit Schwertern, Silber

Kreuz wie Nr. 341, jedoch mit gekreuzten silbernen Schwertern durch die Mitte. Maße nicht bekannt.

<u>Band:</u> ponceaurot mit je einem goldenen Seitenstreifen.

Leopold-Orden

Stifter:	Fürst Leopold zur Lippe
Stiftung:	24. Juli 1906
Gattung:	Verdienstorden
Wahlspruch:	—
Klassen:	einklassig, wurde mit und ohne Krone verliehen.
Hinzufügungen/ Änderungen:	1908 der Orden mit der Krone wird zum Steckkreuz

Hinzufügung einer silbernen und bronzenen Medaille

1910 Stiftung eines Großehrenkreuzes

Hinzufügung einer silbernen Kette, dazu der Leopold-Orden von 1906

jedoch mit violett emaillierten Armen

Hinzufügung einer goldenen Medaille

1913 das Kreuz des Leopold-Ordens kann mit der Krone als erhöhte Auszeichnung verliehen werden

1916 Einfügung der Schwalbe auf dem goldenen Stern inmitten der Lippe'schen Rose, sowie der Umschrift FIDELITER SINE TIMORE.

Änderung der Kette entsprechend.

Dekorationen:

343 Leopold-Orden, Silber

50 mm

Ordenszeichen ist ein silbernes
Kreuz mit gekörnten Armen, glatter, polierter, erhöhter Einfassung
und silbernen Kugelspitzen. In
den Winkeln der Kreuzarme die
silberne Chiffre L(EOPOLD) des
Stifters.

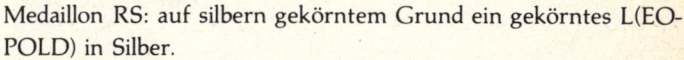

Medaillon VS: auf weiß emailliertem Grund die goldgefaßte, rot
emaillierte Lippe'sche Rose mit
grün emaillierten Kelchblättern.

Medaillonring VS: innen silbern,
glatt, nach außen mit einer Zick-
Zack-Linie verziert.

Medaillon RS: auf silbern gekörntem Grund ein gekörntes L(EO-
POLD) in Silber.

Medaillonring RS: silbern, glatt, bordiert mit der Inschrift FÜR
VERDIENST, diese ebenfalls silbern.

344 Leopold-Orden mit der Krone, Silber

Kreuz wie Nr. 343, jedoch mit einer offenen silbernen Krone über
dem oberen Kreuzarm, mit diesem verbunden durch eine im Einschnitt des oberen Kreuzarmes sitzende Agraffe.

Krone: 23 × 27 mm.

2. Modell 1908—1910

345 Leopold-Orden mit der Krone (Steckkreuz), Silber

Steckkreuz wie die VS-Nr. 343, jedoch mit einem gekrönten L(EO-
POLD) auf der Vorderseite, in den Abmessungen 75 × 50 mm.

346 Leopold-Orden ohne Krone, Silber

50 mm

Ordenszeichen ist ein silbernes Kreuz.

Medaillon VS: Chiffre L(EOPOLD), gekrönt.

Medaillonring VS: silbern, glatt.

Medaillon RS: Inschrift FÜR VERDIENST.

3. Modell 1910—1913

347 Silberne Kette

Drei verschiedenartige Kettenglieder, die sich wiederholen und durch Ösen miteinander verbunden sind, bilden die Kette.

a) Medaillonglieder; auf weiß emailliertem Grund die rot emaillierte Lippe'sche Rose, silbern bordiert

b) Chiffreglieder, gekrönte L(EOPOLD)

c) Chiffreglieder aus gekrönten doppelten L(EOPOLD) (viermal).

Aufhängung: Unter dem vorderen gekrönten Doppel-»L« wird das Ordenszeichen eingehängt; darüber schwebt die Jahreszahl 1906.

348 Ordenskreuz zur silbernen Kette, Silber

Ordenskreuz wie Nr. 344, jedoch die Kreuzarme violett emailliert.

349 Großehrenkreuz (1. Klasse), Silber

70 mm

Ordenszeichen ist ein violett emailliertes Kreuz mit breiter silberner Bordierung und silbernen Kugelspitzen. In den Winkeln der Kreuzarme silberne L(EOPOLD).

Medaillon VS: auf weiß emailliertem Grund die rot emaillierte Lippe'sche Rose.

Medaillonring VS: silbern, glatt, darin die Inschrift FÜR VERDIENST. Das Großehrenkreuz wird als Steckkreuz getragen.

RS: glatt.

350 Leopold-Orden mit der Krone (2. Klasse), Silber

70 × 48 mm

Kreuz wie Nr. 344, jedoch mit violett emaillierten Armen und geändertem VS-Medaillon: auf weiß emailliertem Grund die rot
emaillierte Lippe'sche Rose.

Medaillonring VS: silbern, glatt, darin die Umschrift FÜR VER-
DIENST.

351 Leopold-Orden ohne Krone (3. Klasse), Silber

Kreuz wie Nr. 350, vorderseitig violett emailliert, jedoch in den Abmessungen 48 × 48 mm.

4. Modell 1913—1916

352 Silberne Kette

Kette wie Nr. 347, jedoch mit geänderten Medaillongliedern; diese
jetzt:

eine mattsilberne Lippe'sche Rose, in deren Kelchinnern das Wap-
penbild von Schwalenberg dargestellt ist.

Medaillon: auf rotem Grund eine nach links gewendete Schwalbe
mit blauem Gefieder und weißem Bauch, diese auf einem goldenen
Stern stehend.

Medaillonring: golden, schmal bordiert, darauf in silbernen Buchstaben der Wahlspruch FIDELITER SINE TIMORE.

**353 Großehrenkreuz (1. Klasse),
        Silber**

69 mm

Kreuz wie Nr. 349, jedoch mit geändertem Medaillon wie Nr. 352. Das Großehrenkreuz wird als Steckkreuz getragen. RS glatt.

354   Leopold-Orden mit der Krone (2. Klasse), Silber

70 × 47 mm

Kreuz wie Nr. 350, jedoch mit geändertem

VS-Medaillon: dieses wie Nr. 352.

355   Leopold-Orden ohne Krone (3. Klasse), Silber

Kreuz wie Nr. 354, jedoch in den Abmessungen 48 × 48 mm.

<u>Band:</u> weiß mit je einem roten Seitenstreifen und weißer Kante.

Bertha-Orden

Stifter:	Fürst Leopold zur Lippe
Stiftung:	30. Mai 1910
Gattung:	Damenorden (für verdienstvolle Tätigkeit)
Wahlspruch:	—
Klassen:	einklassig, für Damen fürstlichen Standes mit der Krone verliehen
	dazu ein sog. Frauenverdienstkreuz sowie eine Frauenverdienstmedaille
Hinzufügungen/ Änderungen:	—
Dekorationen:	

356   Ordenskreuz, Silber

44 × 39 mm

Ordenszeichen ist ein hellviolett emailliertes Kreuz mit geschweiften Armen, abgerundeten Enden und breiter silberner Bordierung. Der untere Kreuzarm ist verlängert und trägt in Silber eingelassen die Jahreszahl 1910.

Medaillon VS: auf rot emailliertem Grund die verzierte verschlungene Chiffre L(EOPOLD) und B(ERTA) unter einer silbernen Fürstenkrone.

Medaillonring VS: ein silberner gebundener Lorbeerkranz.

Medaillon RS: auf silbernem Grund die Inschrift DEM FRAUENVERDIENST.

Medaillonring RS: ein silberner gebundener Lorbeerkranz wie auf der VS.

Band: weiß gewässert mit rot-weiß-roten Seitenstreifen.

Lippe'sche Rose-Orden für Kunst und Wissenschaft

Stifter:	Graf Ernst Casimir, Regent des Fürstentums Lippe
Stiftung:	9. Juni 1898
Gattung:	Verdienstorden
Wahlspruch:	FÜR KUNST UND WISSENSCHAFT
Klassen:	Lippe'sche Rose am Ring
	Lippe'sche Rose mit Eichenlaub
	Lippe'sche Rose mit der Krone
Hinzufügungen/ Änderungen:	1910 das Ordenszeichen mit der Krone wird als Halsorden getragen
	1916 Umbenennung in Orden für Kunst und Wissenschaft in drei Klassen
	1. Klasse (mit der Krone)
	2. Klasse (mit Eichenlaub)
	3. Klasse (am Ring)
Dekorationen:	

357   Ordenszeichen 1. Klasse (mit der Krone), Silber
55 × 42 mm
Krone: silbern, offen
Ordenszeichen ist eine silbern ausgeführte Lippe'sche Rose, deren Kelchblätter vergoldet sind. Den Übergang zur Krone bilden zwei stilisierte gegeneinandergebogene Rosenzweige.
Medaillon VS: golden mit der erhaben gearbeiteten, sinnbildlichen Darstellung von Kunst und Wissenschaft.
Medaillonring VS: beidseitig schmal golden bordiert, auf blau email-

liertem Grund in goldenen Buchstaben die Inschrift FÜR KUNST
UND WISSENSCHAFT.

Medaillon RS: auf goldenem Grund die goldene Chiffre E(RNST),
darüber golden eine Fürstenkrone.

Das obere Drittel des Medaillons ist frei, daran anschließend die
umlaufende Inschrift GESTIFTET DEN 9. JUNI 1898.

358 Ordenszeichen 2. Klasse (mit Eichenlaub), Silber

Ordenszeichen wie Nr. 357, jedoch über den stilisierten Rosenzwei-
gen ein silbernes Eichenlaub.

Maße nicht bekannt.

**359 Ordenszeichen 3. Klasse
(am Ring), Silber**

Ordenszeichen wie Nr. 357, jedoch
ohne Krone und in den Abmessungen 45 × 40 mm.

<u>Band:</u> weiß mit je einem roten Sei-
tenstreifen und breiter weißer Kante.

Mecklenburg-Schwerin
Mecklenburg-Strelitz

Hausorden der Wendischen Krone

Stifter:	Großherzog Friedrich Franz von Mecklenburg-Schwerin
	Großherzog Friedrich Wilhelm von Mecklenburg-Strelitz
Stiftung:	12. Mai 1864
Gattung:	Haus- und Verdienstorden
Wahlspruch:	PER ASPERA AD ASTRA (Schwerin)
	AVITO VIRET HONORE (Strelitz)
Klassen:	vier:
	Großkreuz mit der Krone in Erz
	Großkreuz mit der Krone in Gold, beide als eine Klasse gezählt
	Großkomture, Komture, Ritter
	dazu ein goldenes und silbernes Verdienstkreuz

Hinzufügungen/ Änderungen:	1864 fürstliche Damen trugen bei Verleihung des Großkreuzes mit der Krone in Erz die Krone und die Devise in Diamanten. Die Verleihung in Diamanten war für die Groß-kreuze möglich. Für Kriegsverdienst konnten Schwerter verlie-hen werden, jedoch nur zum Großkreuz mit der Krone in Gold.

Dekorationen:

360 Goldene Kette, M-Schwerin

Drei verschiedene Kettenglieder, a)—c), die sich wiederholen und durch Kettchen miteinander verbunden sind, bilden die Kette.

a) Chiffreglieder, goldene verschlungene und verzierte Chiffre F(RIEDRICH) F(RANZ) II

b) Greifenglieder, gegeneinanderstehende, goldene, geflügelte Greifen, die die Wendische Krone halten

c) Kronenglieder, eine goldgefaßte, grünemaillierte Wendische Krone, in deren Reif ein Smaragd eingelassen ist.

Aufhängung: Mittelstück ist stets ein Kronenglied, daran hängen zwei goldene Kettchen, die einen goldenen Ring halten. An diesem wird über eine Doppelöse das Großkreuz eingehängt.

361   Goldene Kette, M-Strelitz

Kette wie Nr. 360, jedoch als Chiffreglieder die goldene, verschlungene und verzierte Chiffre F(RIEDRICH) W(ILHELM).

362   Großkreuz mit der Krone in Erz, M-Schwerin, Gold

115 × 80 mm

Krone: golden

Ordenszeichen ist ein weiß emailliertes, goldbordiertes Kreuz mit goldenen Kugelspitzen. In den Winkeln der Kreuzarme je ein schreitender, goldener, ziselierter Greif mit erhobener Pranke. Über dem oberen Kreuzarm unterhalb der Krone die goldene Chiffre des Stifters F(RIEDRICH) F(RANZ) in Spiegelschrift.

Medaillon VS: auf dunkelblau emailliertem Grund eine aufgelegte Wendische Krone aus Erz.

Medaillonring VS: beidseitig golden, gewendet, auf rot emaillier-

tem Grund in goldenen Buchstaben der Wahl
spruch PER ASPERA AD ASTRA.

Medaillon RS: auf dunkelblau emailliertem
Grund die goldene Chiffre des Stifters »FF« in
Spiegelschrift.

Medaillonring RS: golden, schmal, gewendelt.

Medaillon RS

363 Großkreuz mit der Krone in Erz, M-Strelitz, Gold

Kreuz wie Nr. 362, jedoch über dem oberen Kreuzarm unterhalb
der Krone die goldene Chiffre des Stifters F(RIEDRICH) W(IL-
HELM) in Spiegelschrift.

Medaillonring VS: beidseitig golden, gewen-
delt, auf rot emailliertem Grund in goldenen
Buchstaben der Wahlspruch AVITO VIRET
HONORE.

Medaillon RS: wie Nr. 362, jedoch mit der
Chiffre des Stifters »FW«.

Medaillon RS

364 Bruststern zum Großkreuz mit der Krone in Erz, M-Schwerin, Silber

80 mm

Strahlen: acht, jeder Strahl fünfteilig mit je einem kurzen Zwischenstrahl. Das Medaillon wie Nr. 362.

365 Bruststern zum Großkreuz mit der Krone in Erz, M-Strelitz, Silber

Stern wie Nr. 364, jedoch im Medaillonring auf rot emailliertem Grund in goldenen Buchstaben der Wahlspruch AVITO VIRET HONORE.

366 Großkreuz mit der Krone in Erz und mit Schwertern, M-Schwerin, Gold

366

Kreuz wie Nr. 362, jedoch mit gekreuzten goldenen Schwertern durch die Mitte, diese 88 mm.

367 Großkreuz mit der Krone in Erz und mit Schwertern, M-Strelitz, Gold

Kreuz wie Nr. 363, jedoch mit gekreuzten goldenen Schwertern durch die Mitte, diese 88 mm.

368 Bruststern zum Großkreuz mit Schwertern und der Krone in Erz, M-Schwerin, Silber

Stern wie Nr. 364, jedoch mit gekreuzten goldenen Schwertern durch die Mitte, diese 80 mm.

369 Bruststern zum Großkreuz mit Schwertern und der Krone in Erz, M-Strelitz, Silber

Stern wie Nr. 365, jedoch mit gekreuzten goldenen Schwertern durch die Mitte, diese 80 mm.

370   Großkreuz mit der Krone in Gold, M-Schwerin, Gold
115 × 80 mm
Kreuz wie Nr. 362, jedoch im Medaillon der VS die Wendische Krone anstatt aus Erz aus Gold.

371   Großkreuz mit der Krone in Gold, M-Strelitz, Gold
Kreuz wie Nr. 363, jedoch im Medaillon der VS die Wendische Krone anstatt aus Erz aus Gold.

**372   Bruststern zum Großkreuz mit der Krone in Gold,
        M-Schwerin, Silber**
Stern wie Nr. 364, jedoch im Medaillon die Wendische Krone anstatt aus Erz aus Gold.

**373   Bruststern zum Großkreuz mit der Krone in Gold,
        M-Strelitz, Silber**
Stern wie Nr. 365, jedoch im Medaillon die Wendische Krone anstatt aus Erz aus Gold.

**374   Großkreuz mit der Krone in Gold und mit Schwertern,
        M-Schwerin, Gold**
Kreuz wie Nr. 366, jedoch im Medaillon der VS die Wendische Krone anstatt aus Erz aus Gold.

**375   Großkreuz mit der Krone in Gold und mit Schwertern,
        M-Strelitz, Gold**
Kreuz wie Nr. 367, jedoch im Medaillon der VS die Wendische Krone anstatt aus Erz aus Gold.

**376 Bruststern zum Großkreuz mit der Krone in Gold,
       M-Schwerin, Silber**

Stern wie Nr. 368, jedoch im Medaillon die Wendische Krone anstatt aus Erz aus Gold.

**377 Bruststern zum
       Großkreuz mit der Krone
       in Gold, M-Strelitz, Silber**   378

Stern wie Nr. 369, jedoch im Medaillon die Wendische Krone anstatt aus Erz aus Gold.

**378 Komturkreuz
       M-Schwerin, Gold**

Kreuz wie Nr. 370, jedoch in den
Abmessungen 90 × 60 mm.

**379 Komturkreuz M-Strelitz,
       Gold**

Kreuz wie Nr. 371, jedoch in den
Abmessungen 90 × 60 mm.

380 Bruststern zum Großkomturkreuz M-Schwerin, Silber
90 mm

Ein aus 48 Strahlen geformter Rhombus bildet den Stern.
Medaillon wie das des Ordenszeichens.

381   Bruststern zum Großkomturkreuz, M-Strelitz, Silber
Stern wie Nr. 380, jedoch im Medaillonring auf rot emailliertem
Grund in goldenen Buchstaben der Wahlspruch AVITO VIRET
HONORE.

382   Ritterkreuz, M-Schwerin, Gold
Kreuz wie Nr. 370, jedoch in den Abmessungen 65 × 46 mm.

383   Ritterkreuz, M-Strelitz, Gold
Kreuz wie Nr. 371, jedoch in den Abmessungen 65 × 46 mm.
<u>Band:</u> hellblau mit gelben und roten Seitenstreifen (von innen nach
außen) und hellblauer Kante.

Greifen-Orden

Stifter: Großherzog Friedrich Franz III. von Mecklen-
                  burg
Stiftung: 15. September 1884
Gattung: Verdienstorden
Wahlspruch: ALTIOR ADVERSIS

Klassen:	Großkreuz, Großkomturkreuz und Komtur-kreuz, Ehrenkreuz, Ritterkreuz
Hinzufügungen/ Änderungen:	1884 Verleihung der Schwerter zum Großkreuz war möglich Verleihung in Diamanten für das Großkreuz, das Großkomturkreuz und das Komturkreuz war möglich 1904 Stiftung der Krone zum Ritterkreuz 1904 Übernahme als Orden für Mecklenburg-Schwerin und Mecklenburg-Strelitz als Groß-herzoglich Mecklenburgischer Greifen-Orden

Dekorationen:

384 Großkreuz, Gold
75 × 69 mm

Ordenszeichen ist ein rot emailliertes Kreuz mit golde-ner Bordierung. Im Einschnitt des oberen Kreuzarmes befin-det sich ein gekörntes goldenes Kreissegment mit überhöhtem glatten Rand für die Aufhän-gung.
Medaillon VS: auf gekörntem goldenen Grund ein erhabe-ner, nach links schreitender Greif, golden poliert.
Medaillonring VS: golden, glatt.
RS: emailliert, glatt.

385 Großkreuz mit Schwertern, Gold
Kreuz wie Nr. 384, jedoch mit gekreuzten goldenen Schwertern durch die Mitte. Verleihungen nicht bekannt.

386 Bruststern zum Großkreuz, Silber

85 mm

Strahlen: acht, jeder Strahl fünfteilig mit je zwei kurzen Zwischenstrahlen, diese gekehlt.

Medaillon: auf gekörntem goldenen Grund ein nach links schreitender Greif, dieser golden, poliert.

Medaillonring: beidseitig golden, gewendelt.

Auf rot emailliertem Grund der Wahlspruch ALTIOR ADVERSIS
in goldenen Buchstaben aufgelegt, diese in Zierschnitt. Inschrift
unten durch zwei gebundene goldene Zweige abgeschlossen.

387 Bruststern zum Großkreuz mit Schwertern, Silber

Stern wie Nr. 386, jedoch mit gekreuzten goldenen Schwertern
durch die Mitte. Verleihungen nicht bekannt.

388 Komturkreuz, Gold

Kreuz wie Nr. 384, jedoch in den Abmessungen 65 × 58 mm.

389 Bruststern zum Großkomturkreuz, Silber

80 mm

Strahlen: acht, vier lange sowie vier kürzere Diagonalstrahlen. Je-

der Strahl fünfteilig mit je zwei kurzen Zwischenstrahlen, diese gekehlt.
Medaillon: wie Nr. 386.

390   Offiziersteckkreuz, Gold
Kreuz wie Nr. 384, jedoch ohne Aufhängung und in den Abmes-
sungen 58 × 58 mm. Steckkreuz.
RS: glatt.

391   Ritterkreuz, Gold
Kreuz wie Nr. 384, jedoch in den
Abmessungen 45 × 42 mm.

**392   Ritterkreuz mit der Krone,
        Gold**
Kreuz wie Nr. 391, jedoch auf dem
oberen Kreuzarm eine goldene Krone, mit diesem fest verbunden.
Krone: 16 × 21 mm.

<u>Band:</u> goldgelb mit je einem schmalen
roten Seitenstreifen.

Nassau

Landgraf Friedrich II. von Hessen-Kassel stiftete 1770 den Hausorden vom Goldenen Löwen (vgl. Nr. 206 ff.). Diese Stiftung übernahm 1858 Herzog Adolf von Hessen-Nassau ebenfalls als Hausorden für sein Staatsgebiet. Hessen-Nassau wurde 1866 von Preußen annektiert. 1882/92 übernahm König Wilhelm III. der Niederlande den Orden als

Nassauischen Hausorden vom Goldenen Löwen

Stifter:	König Wilhelm III. der Niederlande
	Herzog Adolph von Nassau
Stiftung:	29. Januar/16. März 1858
Gattung:	Hausorden
Wahlspruch:	JE MAINTIEN DRAI
Klassen:	einklassig
Hinzufügungen/	1873 Erweiterung durch eine 2., 3. und 4. Klasse
Änderungen:	1882 Hinzufügung der 5. Klasse (Ritter)
	(Sämtliche Erweiterungen durch den König der Niederlande als Großherzog von Luxemburg wurden späterhin nicht anerkannt)
Dekorationen:	

393 Ordenskreuz, Gold
65 × 60 mm

Ordenszeichen ist ein weiß emailliertes Kreuz mit schmaler goldener Bordierung. In den Winkeln der Kreuzarme goldene verzierte N(ASSAU). Im Einschnitt des oberen Kreuzarmes eine goldene Agraffe mit starrer Öse für den Bandring.

Medaillon VS: auf blau emailliertem Grund ein aufrechter, nach links schreitender, goldener nassauischer Löwe, umgeben von sechs goldenen Schindeln.

Medaillonring VS: golden, doppelt, gewendelt.

Medaillon RS: auf blau emailliertem Grund in goldenen Buchstaben der Wahlspruch JE/MAINTIEN/DRAI.

Medaillonring RS: golden, glatt.

394   Bruststern zum Ordenskreuz, Silber
80 mm

Strahlen: acht, je ein Hauptstrahl umgeben von je 12 kleineren und 10 Zwischenstrahlen.

Medaillon: wie Nr. 393.

Medaillonring: beidseitig eine verzierte goldene Bordierung, auf weiß emailliertem Grund in goldenen Buchstaben der Wahlspruch JE MAINTIEN DRAI.

Band: orange mit je einem schmalen dunkelblauen Seitenstreifen.

Herzoglich Nassauischer Verdienstorden (Adolphs von Nassau)

Stifter:	Herzog Adolph von Nassau
Stiftung:	8. Mai 1858
Gattung:	Militär- und Zivilverdienstorden
Wahlspruch:	VIRTUTE
Klassen:	Großkreuz, Komtur 1. und 2. Klasse, Ritter (als 4. Klasse), dazu ein silbernes Verdienstkreuz mit Schwertern sowie eine goldene und silberne Medaille für Kunst und Wissenschaft
Hinzufügungen/ Änderungen:	1866 nach der Annexion von Hessen-Nassau als Großherzoglich *Luxemburgischer* Militär- und Zivilverdienstorden Adolphs von Nassau dort weitergeführt

Dekorationen:

395 Großkreuz, Gold

90 × 78 mm

Krone: golden

Ordenszeichen ist ein weiß emailliertes Kreuz mit goldener Bordierung und goldenen Kugelspitzen. Im Einschnitt des oberen Kreuzarmes befindet sich eine kleine goldene Agraffe mit Kugelöse für den beweglichen Ring, an dem die Krone befestigt ist.

Medaillon VS: auf weiß emailliertem Grund die goldene Chiffre A(DOLPH), darüber eine goldene Kaiserkrone.

Medaillonring VS: beidseitig golden, glatt, bordiert, auf blau emailliertem Grund zwei goldene Lorbeerzweige, nach unten abgeschlossen durch den Wahlspruch VIRTUTE.

Medaillon RS: auf weiß emailliertem Grund die goldenen Jahreszahlen 1292
1858

396 Großkreuz mit Schwertern, Gold

Kreuz wie Nr. 395, jedoch mit gekreuzten silbernen Schwertern und goldenen Griffen, durch die Mitte, diese 78 mm.

397 Bruststern zum Großkreuz, Silber

80 mm

Strahlen: acht, jeder Strahl fünfteilig mit je einem Zwischenstrahl.

Medaillon: wie Nr. 395.

Medaillonring: beidseitig golden, brillantiert.

398 Bruststern zum Großkreuz mit Schwertern, Silber

Stern wie Nr. 397, jedoch mit gekreuzten silbernen Schwertern und goldenen Griffen, durch die Mitte, diese 75 mm.

399   Komturkreuz, Gold
Kreuz wie Nr. 395, jedoch in den Abmessungen 75 × 55 mm.

400   Bruststern zum Komturkreuz 1. Klasse, Silber
70 mm
Stern in Form des Ordenskreuzes, Kreuzarme brillantiert, mit gol-
dener Bordierung und goldenen Kugelspitzen. In den Winkeln der
Kreuzarme kurze silberne Strahlen.
Medaillon: wie Nr. 395.
Medaillonring: innen golden, geperlt, außen golden, glatt.

401   Komturkreuz mit Schwertern, Gold
Kreuz wie Nr. 399, jedoch mit gekreuzten silbernen Schwertern,
mit goldenen Griffen, durch die Mitte, diese 55 mm.

**402   Bruststern zum Komturkreuz 1. Klasse, mit Schwertern,
         Gold**
Stern wie Nr. 400, jedoch mit gekreuzten silbernen Schwertern,
mit goldenen Griffen, durch die Mitte, diese 70 mm.

403   Ritterkreuz, Gold
Kreuz wie Nr. 395, jedoch ohne Krone und in den Abmessungen
45 × 42 mm.

404   Ritterkreuz mit Schwertern, Gold
Kreuz wie Nr. 403, jedoch mit gekreuzten silbernen Schwertern,
mit goldenen Griffen, durch die Mitte, diese 40 mm.

405   Kreuz 4. Klasse, Silber
Kreuz wie Nr. 403, jedoch gänzlich in Silber.

406   Kreuz 4. Klasse mit Schwertern, Silber
Kreuz wie Nr. 404, jedoch gänzlich in Silber.
Band: dunkelblau mit je einem schmalen, orangefarbenen Seiten-
streifen und blauer Kante.

Oldenburg

Haus- und Verdienstorden von Herzog Peter Friedrich Ludwig

Stifter:	Großherzog Paul Friedrich August von Oldenburg
Stiftung:	27. November 1838
Gattung:	Haus- und Verdienstorden
Wahlspruch:	EIN GOTT, EIN RECHT, EINE WAHRHEIT
Klassen:	Abteilung der Kapitulare: Großkreuze, Großkomture, Komture, Kleinkreuze
	Abteilung der Ehrenmitglieder: Großkreuze, Großkomture, Komture, Kleinkreuze
	Beide Abteilungen im Range gleich
	Dazu ein Allgemeines Ehrenzeichen (Kreuz) in Gold, Silber und Eisen
	Verleihungen mit Diamanten (Brillanten) haben stattgefunden
Hinzufügungen/ Änderungen:	1841, die Großkreuze werden erweitert in Großkreuze mit der goldenen Krone und Großkreuze
	Großkreuze mit der Krone in Gold, golden gefaßt, Großkreuze mit Ausnahme des Wappens nur in Silber
	1856 Hinzufügung der Schwerter für Auszeichnung im Kriege, durch die Mitte gekreuzt für Auszeichnung im Frieden, Schwerter am Ring
	Das Allgemeine Ehrenzeichen 1. Klasse kann mit einer goldenen Krone verliehen werden
	1860, die Kleinkreuze werden Ritterkreuze genannt

Die Ritterkreuze werden in 1. und 2. Klasse unterteilt, wobei die 1. Klasse aus Kapitular-Ritterkreuzen besteht

Die Ritter 2. Klasse tragen das Ordenszeichen in Silber

1863 Stiftung der Ordenskette

1903 Einfügung des Offizierkreuzes zwischen dem Komtur und dem Ritterkreuz

1906 Abstufung der Ehrenritterkreuze 2. Klasse: jetzt auch Verleihungen ohne Krone. Die bisherigen Ehrenritterkreuze werden zu Ehrenritterkreuzen 2. Klasse mit der silbernen Krone

1910 Stiftung einer dem Orden affiliierten Medaille in Gold, Silber und Bronze

1918 Stiftung der Lorbeerzweige über den Schwertern

Dekorationen:

407   Goldene Kette

Drei verschiedenartige Kettenglieder, a)—c), mit einer Mittelagraffe und einem Verschlußglied, die sich wiederholen und durch innen offene, kleine (Doppel-)Kettenglieder miteinander verbunden sind, bilden die Kette.

a) Wappenglieder, rund, in Email mit dem oldenburgischen Hauswappen in farbiger Malerei und einem sie umgebenden, grün emaillierten Eichenlaubkranz in goldener Fassung

b) Chiffreglieder, mattgolden, fassoniert, mit den verzierten Buchstaben P(ETER) F(RIEDRICH) L(UDWIG)

c) Medaillonglieder, auf blauem emaillierten Grund die goldene, gekrönte Chiffre »PFL«, umgeben von einer beidseitig schmalen, glattgoldenen Bordierung. Darin auf rot emailliertem Grund in goldenen Buchstaben der Wahlspruch EIN GOTT EIN RECHT EINE WAHRHEIT, insgesamt umgeben von einem grün emaillierten Eichenlaubkranz in goldener Fassung.

Verschlußglied

Aufhängung: Die Mitte der Kette bildet eine doppelte Chiffre mit einer vergrößerten Krone, sämtlich golden. Daran zwei nach innen offene goldene Doppelglieder, die in einem Blattornament enden. Dieses wird gebildet aus fünf goldenen Eichenlaubblättern und drei aufliegenden goldenen Eicheln. Darunter ein einfacher Ring zum Einhängen des Großkreuzes.

408   Großkreuz mit der goldenen Krone, Gold

95 × 60 mm

Krone: golden

Ordenszeichen ist ein weiß emailliertes lateinisches Kreuz mit breiter, nach innen schmal zulaufender, goldener Bordierung.

Medaillon VS: auf dunkelblau emailliertem Grund die goldene Chiffre P(ETER) F(RIEDRICH) L(UDWIG), verschlungen, unter einer goldenen Krone.

Medaillonring VS: beidseitig goldbordiert, glatt. Auf dunkelrot emailliertem Grund in goldenen Buchstaben der Wahlspruch des Herzogs Peter Friedrich Ludwig EIN GOTT, EIN RECHT, EINE WAHRHEIT.

Medaillon RS: auf weißem Grund das kleine oldenburgische Hauswappen (Oldenburg und Delmenhorst), mit rotem, hermelingefüttertem Mantel und goldener Krone, in Emailmalerei.

Medaillonring RS: golden, glatt.

Auf den Kreuzarmen der RS die Daten:

oben   — 17. Jän.   1755 als Geburtstag des Herzogs

rechts — 6. Jul.   1785 der Tag, an welchem der Herzog die Verwaltung der Oldenburgischen Lande antrat

links — 21. Mai   1829 der Todestag des Herzogs

unten — 27. Nov.   1838 der Stiftungstag des Ordens

409 Bruststern zum Großkreuz mit der goldenen Krone, Silber
90 mm

Strahlen: acht, jeder Strahl fünfteilig mit einem kurzen Zwischen-strahl.

Medaillon: auf dunkelblau emailliertem Grund die goldene ver-schlungene Chiffre P(ETER) F(RIEDRICH) L(UDWIG) unter einer goldenen Krone.

Medaillonring: innen golden, außen silbern fassoniert, gewendelt, auf dunkelrot emailliertem Grund in goldenen Buchstaben der Wahlspruch EIN GOTT. EIN RECHT. EINE WAHRHEIT.

410 Großkreuz mit der goldenen Krone und mit Schwertern, Gold

Kreuz wie Nr. 408, jedoch mit ge-kreuzten goldenen Schwertern durch die Mitte, diese 68 mm.

**411   Bruststern zum Großkreuz mit der goldenen Krone und mit
        Schwertern, Silber**

Stern wie Nr. 409, jedoch mit gekreuzten goldenen Schwertern
durch die Mitte, diese 78 mm.

**412   Großkreuz mit der goldenen Krone und mit Schwertern am
        Ring, Gold**

Kreuz wie Nr. 408, jedoch mit kurzen, gekreuzten goldenen
Schwertern unter der Krone, diese durch die Verbindungsöse zur
Krone laufend. Schwerter 35 mm.

**413   Bruststern zum Großkreuz mit der goldenen Krone und
        Schwertern am Ring, Silber**

Stern wie Nr. 409, jedoch mit kurzen, gekreuzten goldenen
Schwertern, diese 25 mm.

414

414 Großkreuz mit der goldenen Krone, Schwertern und Lorbeer, Gold

Kreuz wie Nr. 410, jedoch um das Medaillon zwei golden gefaßte, grün emaillierte Lorbeerzweige, diese je 48 mm.

415 Bruststern zum Großkreuz mit der goldenen Krone, Schwertern und Lorbeer, Silber

Stern wie Nr. 411, jedoch um das Medaillon zwei golden gefaßte, grün emaillierte Lorbeerzweige, diese je 55 mm.

416 Großkreuz mit der silbernen Krone, Silber

Kreuz wie Nr. 408, jedoch mit Ausnahme des Wappens, alle dort goldenen Teile und Fassungen hier silbern.

417 Bruststern zum Großkreuz mit der silbernen Krone, Silber

Stern wie Nr. 409, jedoch alle dort goldenen Teile und Fassungen hier silbern.

**418   Großkreuz mit der
      silbernen Krone und
      Schwertern, Silber**

Kreuz wie Nr. 410, jedoch alle
dort goldenen Teile und Fassungen hier silbern.

418
RS

**419   Bruststern zum
      Großkreuz mit der
      silbernen Krone und
      Schwertern, Silber**

Stern wie Nr. 411, jedoch alle
dort goldenen Teile und Fassungen hier silbern.

**420   Großkreuz mit der silbernen Krone und Schwertern am
      Ring, Silber**

Kreuz wie Nr. 412, jedoch alle dort goldenen Teile und Fassungen
hier silbern.

**421   Bruststern zum Großkreuz mit der silbernen Krone und
      Schwertern am Ring, Silber**

Stern wie Nr. 413, jedoch alle dort goldenen Teile und Fassungen
hier silbern.

**422   Großkreuz mit der silbernen Krone, Schwertern und
      Lorbeer, Silber**

Kreuz wie Nr. 414, jedoch alle dort goldenen Teile und Fassungen
hier silbern.

**423 Bruststern zum Großkreuz mit der silbernen Krone,
Schwertern und Lorbeer, Silber**

Stern wie Nr. 415, jedoch alle dort goldenen Teile und Fassungen
hier silbern.

424 Großkomturkreuz, Gold

Kreuz wie Nr. 408, jedoch in den Abmessungen 82 × 50 mm.

425 Bruststern zum Großkomturkreuz, Silber

Stern wie Nr. 409, jedoch auf der rechten Brust zu tragen.

426 Großkomturkreuz mit Schwertern, Gold

Kreuz wie Nr. 424, jedoch mit gekreuzten goldenen Schwertern
durch die Mitte, diese 55 mm.

427 Bruststern zum Großkomturkreuz mit Schwertern, Silber

Stern wie Nr. 410, jedoch auf der rechten Brust zu tragen.

428 Großkomturkreuz mit Schwertern am Ring, Gold

Kreuz wie Nr. 424, jedoch mit kurzen, gekreuzten goldenen
Schwertern unter der Krone, durch die Verbindungsöse zur Krone
laufend. Schwerter: 28 mm.

**429 Bruststern zum Großkomturkreuz mit Schwertern am
Ring, Silber**

Stern wie Nr. 413, jedoch auf der rechten Brust zu tragen.

430 Komturkreuz, Gold

Kreuz wie Nr. 408, jedoch in den Abmessungen 68 × 44 mm.

431 Komturkreuz mit Schwertern, Gold

Kreuz wie Nr. 430, jedoch mit gekreuzten goldenen Schwertern
durch die Mitte, diese 45 mm.

432   Komturkreuz mit Schwertern am Ring, Gold
Kreuz wie Nr. 430, jedoch mit gekreuzten goldenen Schwertern
unter der Krone, durch die Verbindungsöse zur Krone laufend.
Schwerter: 39 mm

433   Komturkreuz mit Schwertern und Lorbeer, Gold
Kreuz wie Nr. 431, jedoch um das Medaillon zwei golden gefaßte,
grün emaillierte Lorbeerzweige, diese je 30 mm.

434   Offizierkreuz, Gold
Kreuz wie Nr. 430, jedoch ohne Krone und Ring mit glatter Rückseite als Steckkreuz, in den Abmessungen 45 × 45 mm.

**435   Offizierkreuz mit Schwertern,
           Gold**
Kreuz wie Nr. 434, jedoch mit gekreuzten goldenen Schwertern durch
die Mitte, diese 55 mm.

**436   Offizierkreuz mit Schwertern
           am Ring, Gold**
Kreuz wie Nr. 434, jedoch auf dem
oberen Kreuzarm angelötete, kurze
gekreuzte, goldene Schwerter, diese
25 mm.

437   Offizierkreuz mit Schwertern und Lorbeer, Gold
Kreuz wie Nr. 435, jedoch um das Medaillon zwei golden gefaßte,
grün emaillierte Lorbeerzweige, diese je 28 mm.

438 Ritterkreuz 1. Klasse, Gold

Kreuz wie Nr. 408, jedoch in den Abmessungen 64 × 41 mm.

439 Ritterkreuz 1. Klasse mit Schwertern, Gold

Kreuz wie Nr. 438, jedoch mit gekreuzten goldenen Schwertern durch die Mitte, diese 49 mm.

440 Ritterkreuz 1. Klasse mit Schwertern am Ring, Gold

Kreuz wie Nr. 438, jedoch mit kurzen, gekreuzten goldenen Schwertern unter der Krone, durch die Verbindungsöse zur Krone laufend. Schwerter 20 mm.

441 Ritterkreuz 1. Klasse mit Schwertern und Lorbeer, Gold

Kreuz wie Nr. 439, jedoch um das Medaillon zwei golden gefaßte, grün emaillierte Lorbeerzweige, diese je 28 mm.

442 Ritterkreuz 2. Klasse mit der Krone, Silber

Kreuz wie Nr. 438, jedoch alle Teile und Fassungen, mit Ausnahme des Wappens auf der RS silbern.

443 Ritterkreuz 2. Klasse mit der Krone und Schwertern, Silber

Kreuz wie Nr. 439, jedoch alle Teile und Fassungen, mit Ausnahme des Wappens auf der RS silbern.

444 Ritterkreuz 2. Klasse mit der Krone und Schwertern am Ring, Silber

Kreuz wie Nr. 440, jedoch alle Teile und Fassungen, mit Ausnahme des Wappens auf der RS silbern.

445 Ritterkreuz 2. Klasse, Silber

Kreuz wie Nr. 442, jedoch ohne Krone, in den Abmessungen 40 × 40 mm.

446   Ritterkreuz 2. Klasse mit Schwertern, Silber
Kreuz wie Nr. 445, jedoch mit gekreuzten silbernen Schwertern
durch die Mitte, diese 49 mm.

**447   Kapitel-Ordenszeichen für
           Großkreuze, Gold**
52 × 30 mm
Krone: golden
Das Ordenszeichen besteht beidseitig aus
dem Medaillon des Ordenszeichens mit
einem Durchmesser von 20 mm, umgeben von einem golden gefaßten, grün
emaillierten Eichenlaubkranz.
Medaillonring: beidseitig golden, gewendelt.

448   Kapitel-Ordenszeichen für Großkomture, Gold
Ordenszeichen wie Nr. 447, jedoch mit einer silbernen Krone.

449   Kapitel-Ordenszeichen für Komture, Gold
Ordenszeichen wie Nr. 447, jedoch ohne Krone.

**450   Kapitel-Ordenszeichen für Kleinkreuze (Ritter 1. Klasse),
           Silber**
Ordenszeichen wie Nr. 449, jedoch silbern.

Band: dunkelblau mit je einem dunkelroten Seitenstreifen und dunkelblauer Kante.

Preußen

Hoher Orden vom Schwarzen Adler

Stifter:	König Friedrich I. von Preußen
Stiftung:	17. Januar 1701
Gattung:	Verdienstorden
Wahlspruch:	SUUM CUIQUE
Klassen:	einklassig
Hinzufügungen/	
Änderungen:	—
Dekorationen:	

451   Goldene Kette

a)

b)

Zwei verschiedenartige Kettenglieder, a)—b), die sich wiederholen und durch zwei Ösen miteinander verbunden sind, bilden die Kette.
a) Chiffreglieder, F(RIDERICUS) R(EX). Um ein weiß emailliertes Medaillon mit glatter, goldener Bordierung, mit dem Wahlspruch

SUUM CUIQUE, in goldenen Buchstaben, ist die Chiffre »FR« viermal angeordnet, zuzüglich viermal einem »F« in Spiegelschrift. Die
Chiffren sind glatt, goldbordiert und hellgrün emailliert
Medaillonring: glatt goldbordiert, schmal, hellblau emailliert mit
vier aufgesetzten goldenen Kronen
b) Adlerglieder, die Adler goldbewehrt und schwarz emailliert, je
zwei von ihnen innen einem Chiffreglied zugewandt. In den Fängen der Adler goldene Donnerkeile.
Aufhängung: Mittelglied ist stets ein Chiffreglied, an dessen beiden
waagerechten Kronen im Reichsapfel je ein Kettchen mit zehn Gliedern und ein Endring eingehängt sind. An beiden Endringen wird
das Ordenszeichen eingehängt.

452 Ordenskreuz, Gold
82 mm

Ordenszeichen ist ein dunkelblau emailliertes Kreuz mit schmaler
goldener Bordierung. Im Einschnitt des oberen Kreuzarmes ein
kreisförmiges Segment mit glattem erhöhten Rand für die Aufhän-

gung. In den Winkeln der Kreuzarme gegenständige, gekrönte, golden bewehrte Adler in schwarzer Emaille.

Medaillon VS: auf golden gekörntem Grund die Chiffre F(RIDERICUS) R(EX).

Medaillonring VS: golden, glatt.

453 Bruststern zum Ordenskreuz, Silber
95 mm

Strahlen: acht, jeder Strahl fünfteilig mit zwei kurzen Zwischenstrahlen.

Medaillon: auf orangefarben emailliertem Grund ein gekrönter, golden bewehrter, schwarz emaillierter Adler. Dieser hält im rechten Fang goldene Donnerkeile und im linken einen grün emaillierten Lorbeerkranz.

Auf weiß emailliertem Grund die golden aufgelegten Buchstaben des Wahlspruchs SUUM CUIQUE. Buchstaben in Zierschnitt. Darunter zwei gebundene, goldgefaßte Lorbeerzweige mit grün emaillierten Blättern, roten Früchten und goldener Schleife.

Verleihungen fanden auch in brillantiertem Stern und mit Brillanten statt. Frauen konnten ab 1740 den Hohen Orden vom Schwarzen Adler ebenfalls erhalten. (Katharina II., Kaiserin von Rußland, erhielt 1762 ein Exemplar mit Perlen besetzt.)

<u>Band</u>: orangefarben.

Verdienstorden der Preußischen Krone

Stifter: König Wilhelm II. von Preußen
Stiftung: 18. Januar 1901
Gattung: Verdienstorden
Wahlspruch: GOTT MIT UNS
Klassen: einklassig
Hinzufügungen/
Änderungen: —
Dekorationen:

454   Ordenskreuz, Gold
64 mm
Ordenszeichen ist ein dunkelblau emailliertes Kreuz mit breiter, gekörnter, goldener Einfassung sowie innen und außen mit einer glatten, goldenen Bordierung. In den Winkeln der Kreuzarme goldene,

rot gefütterte Kronen, darunter die goldene Chiffre W(ILHELM) II.

Medaillon VS: auf gekörntem goldenen Grund eine kleine, rot gefütterte, goldene Krone.

Medaillonring VS: innen und außen golden, glatt, auf blau emailliertem Grund in goldenen Buchstaben der Wahlspruch GOTT MIT UNS.

455   Bruststern zum Ordenskreuz, Gold

77 mm

Strahlen: acht, jeder Strahl fünfteilig mit je einem Zwischenstrahl.
Medaillon: wie Nr. 454.
Medaillonring: innen und außen golden gewendelt.

456   Ordenskreuz mit Schwertern, Gold

Kreuz wie Nr. 454, jedoch mit gekreuzten goldenen Schwertern durch die Mitte, diese 64 mm.

457   Bruststern zum Ordenskreuz mit Schwertern, Gold

Stern wie Nr. 455, jedoch mit gekreuzten goldenen Schwertern durch die Mitte, diese 77 mm.

Band: blau mit breiten gelben Seitenstreifen und schmalen blauen Kanten.

Wilhelm-Orden

Stifter:	König Wilhelm II. von Preußen
Stiftung:	18. Januar 1896
Gattung:	Verdienstorden
Wahlspruch:	WIRKE IM ANDENKEN AN KAISER WILHELM DEN GROSSEN
Klassen:	einklassig
Hinzufügungen/ Änderungen:	—
Dekorationen:	

458   Goldene Kette

Kette: starr, zweiteilig, golden. Innerhalb einer Einfassung aus ge-

wundenen, goldenen Girlanden in goldenen Versalien WILHEL-MUS REX. Das Verschluß- und Mittelglied wird aus je zwei stilisierten goldenen Adlerköpfen gebildet.

Aufhängung: In den Schnäbeln der Adler zwei Ringe, die eine verzierte Öse für das Ordenszeichen halten.

Ordenszeichen: in einem verzierten, ovalen, goldenen Eichenlaubkranz, dieser 60 × 40 mm, eine an vier Punkten befestigte goldene Medaille, diese 30 mm.

VS: auf glattem goldenen Grund der erhaben gearbeitete, nach rechts gewendete Kopf Kaiser Wilhelms I. Umschrift WILHELM KOENIG VON PREUSSEN. Rand glatt, überhöht.

RS: auf glattem goldenen Grund die gekrönte Chiffre W(ILHELM) R(EX) II. Neben der Krone das Stiftungsdatum 18. 1./1896. Um die Chiffre der Wahlspruch WIRKE IM ANDENKEN AN KAISER WILHELM DEN GROSSEN.

Pour le Mérite

Stifter:	König Friedrich II. von Preußen
Stiftung:	1740 (Statuten und Einführungsbestimmungen wurden nicht erlassen)
Gattung:	Zivil- und Militärverdienstorden
Wahlspruch:	POUR LE MÉRITE
Klassen:	einklassig
Hinzufügungen/ Änderungen:	1810 ausschließlich für Militärverdienst bestimmt 1817 Hinzufügung des goldenen Eichenlaubes und des schwarzen Bandes mit den drei silbernen Streifen

1844 Hinzufügung der goldenen Krone für 50-jährigen Besitz des Ordens
1866 Stiftung eines Großkreuzes mit Stern

Dekorationen:

459 Großkreuz, Gold
67 mm

Ordenszeichen ist ein hellblau emailliertes Kreuz mit schmaler goldener Bordierung. Im Einschnitt des oberen Kreuzarmes ein kreisförmiges Segment, golden, gekörnt, mit überhöhter glatter Kante, für den Bandring. In den Winkeln der Kreuzarme goldene gekrönte Adler. Auf dem oberen Kreuzarm die gekrönte goldene Chiffre F(RIEDRICH), des weiteren links »Pour«, rechts »le Mé«, unten »rite«, in goldenen Buchstaben.

Medaillon VS: golden, glatt, mit dem erhaben gearbeiteten Kopf Friedrichs II., nach links gewendet.
Medaillonring VS: golden, glatt.

460 Bruststern zum Großkreuz, Gold
94 mm

Strahlen: 56 Einzelstrahlen bilden ein Rhomboid, zu jedem Hauptstrahl je ein kleiner Zwischenstrahl.
Medaillon: wie Nr. 459.
Medaillonring: innen und außen golden, geperlt. Auf blau emailliertem Grund in goldenen Buchstaben der Wahlspruch POUR LE ME-

RITE, darunter zwei goldgefaßte, gebundene, grün emaillierte Lorbeerzweige.

461   Großkreuz mit Eichenlaub, Gold

Kreuz wie Nr. 459, jedoch mit einem goldenen Eichenlaub auf dem oberen Bandring, dieses 20 mm.

462   Bruststern zum Großkreuz mit Eichenlaub, Gold

Stern wie Nr. 460, jedoch mit einem goldenen Eichenlaub über dem Medaillon, dieses 20 mm.

463   Ordenskreuz, Ausführung A, Gold

54 × 52 mm
Kreuz wie Nr. 459, jedoch ohne Medaillon.

464   Ordenskreuz, Ausführung B, Gold

Kreuz wie Nr. 463, die Adler in den Winkeln der Kreuzarme jedoch ungekrönt.

465   Ordenskreuz mit Eichenlaub, Gold
Kreuz wie Nr. 463, jedoch mit einem goldenen Eichenlaub auf dem
Bandring, dieses 20 mm.

**466   Ordenskreuz mit der
        Krone, Gold**
Kreuz wie Nr. 463, jedoch auf den
Spitzen des oberen Kreuzarmes
eine goldene Krone mit rückwärti-
gem aufgelöteten Bandring oder
eingehängt in das kreisförmige
Segment. Maße nicht bekannt.

467 Ordenskreuz mit Eichenlaub und Krone, Gold
Kreuz wie Nr. 463,
Eichenlaub wie Nr. 465,
Krone wie Nr. 466.
Einzige Verleihung an Graf Moltke. Die Krone war mit Brillanten
besetzt, ebenso die Adler in den Winkeln der Kreuzarme.
<u>Band</u>: schwarz mit einem silbernen Seitenstreifen und schwarzer
Kante, für zwei- und mehrmalige Verleihung wie vor, jedoch zu-
sätzlich mit einem silbernen Mittelstreifen von gleicher Breite wie
die Seitenstreifen.

Pour le Mérite für Wissenschaften und Künste

Stifter: König Friedrich Wilhelm IV. von Preußen
Stiftung: 31. Mai 1842
Gattung: Verdienstorden für Künste und Wissenschaften
Wahlspruch: POUR LE MERITE
Klassen: einklassig
Hinzufügungen/   —
Änderungen:
Dekorationen:

468 Ordenszeichen, Gold

Um ein goldenes Mittelmedaillon
mit einem goldenen Adler und gewendelter, goldener Bordierung
die goldene Chiffre FF(RIDERI-
CUS) II je viermal, die Initialen
»FF« jeweils spiegelbildlich.
Medaillonring: glatt, goldbordiert,
auf blau emailliertem Grund in
goldenen Buchstaben der Wahlspruch POUR LE MERITE.

Band: schwarz mit je einem silbernen Seitenstreifen und schwarzer Kante.

Rote-Adler-Orden

Stifter:	König Friedrich Wilhelm II. von Preußen (durch Übernahme des von Erbprinz Georg Wilhelm von Brandenburg-Bayreuth 1705 gestifteten Ordens de la Sincérité)
Stiftung:	12. Juni 1792
Gattung:	Militär- und Zivilverdienstorden
Wahlspruch:	SINCERE ET CONSTANTER
Klassen:	zunächst einklassig, dann zahlreiche Erweiterungen
Hinzufügungen/ Änderungen:	1810 Hinzufügung einer 2. und 3. Klasse sowie der goldenen und silbernen Medaille
	1811 Stiftung des Eichenlaubes zur 1. und 2. Klasse für Ritter, die die vorangegangene Klasse besaßen
	1818, das Ordenskreuz 3. Klasse wird kleiner als die 2. Klasse
	1830 Stiftung des Sterns zur 2. Klasse, Einsetzung einer 4. Klasse (ehemalige goldene Medaille)
	1832 Hinzufügung der *Schleife* zur 3. Klasse
	1848 Stiftung der *Schwerter* als Auszeichnung für Kriegsverdienst
	1849 Hinzufügung der *Krone* mit zwei übereinanderliegenden *Szeptern* in Gold
	1852 Ergänzung durch die Form für *Nichtchristen* 1.—4. Klasse
	1861 Stiftung des *Großkreuzes* mit *Stern* und *Kette*
	1864 Hinzufügung des Johanniterkreuzes zur Dekoration

1865 Hinzufügung des *Emailbandes* des Kronenordens für das Großkreuz und die 1. Klasse
1878 Hinzufügung der *Krone* mit *Szepter* und
Schwert in Gold. Einzelverleihung an Fürst v. Bis-
marck
1892 Stiftung der Königlichen *Krone* zum Orden
in allen seinen Klassen

Dekorationen:

Der Rote-Adler-Orden ist die vielgestaltigste deutsche Auszeichnung. Die Kombinationsmöglichkeiten gehen in die Hunderte. Um
die Darstellung überschaubar zu halten, werden hier nur jene Klassen aufgeführt, die in der Rangliste der Königlich Preußischen Ar-
mee ausgewiesen sind. Dabei handelt es sich dann in jedem Fall um
verabfolgte Stücke. Weitere, hauptsächlich Varianten sind im Anschluß aufgelistet.

469   Goldene Kette

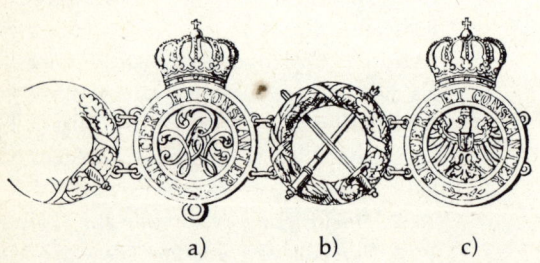

a)   b)   c)

Drei verschiedenartige Kettenglieder, a)—c), die sich wiederholen
und durch Ring und Öse miteinander verbunden sind, bilden die
Kette.

a) Chiffreglieder W(ILHELM) R(EX), goldene verschlungene Chiffre umgeben von einem goldbordierten Schriftreif. Auf blau
emailliertem Grund der Wahlspruch SINCERE ET CONSTAN-
TER in goldenen Buchstaben, darunter zwei gebundene goldene

Zweige. Über dem Medaillon eine goldene durchbrochene Königskrone

b) Kranzglieder, goldener gebundener Eichenlaub- und Lorbeerkranz mit gekreuztem Szepter und Schwert, ebenfalls golden

c) Adlerglieder, ein rot emaillierter, brandenburgischer, golden gefaßter Adler mit blauem Brustschild, umgeben von einem goldbordierten Schriftreif. Auf blau emailliertem Grund der Wahlspruch und die weitere Gestaltung wie unter a).

Aufhängung: Mittelglied ist stets ein Chiffreglied mit angeprägter Öse zum Einhängen des Großkreuzes.

470   Großkreuz, Gold
80 mm

Ordenszeichen ist ein weiß emailliertes Kreuz mit schmaler goldener Bordierung. Im Einschnitt des oberen Kreuzarmes eine Öse für den Bandring. In den Winkeln der Kreuzarme, diese ausfüllend, goldgefaßte, rot emaillierte, brandenburgische Adler mit Kurhut.

Medaillon VS: auf goldenem Grund die verzierte verschlungene Initiale W(ILHELM) R(EX).

Medaillonring VS: innen und außen schmal goldbordiert, auf blau emailliertem Grund in goldenen Buchstaben der Wahlspruch SINCERE ET CONSTANTER, unten mit gebundenen goldenen Zweigen abgeschlossen.

Medaillon RS: auf goldenem Grund das Stiftungsdatum DEN/18. OCTBR/1861, ebenfalls golden.

Medaillonring RS: ein gebundener goldener Kranz aus Eichenlaub (links) und Lorbeerzweigen (rechts).

471   Stern zum Großkreuz, Gold
90 mm

Strahlen: acht, jeder Strahl fünfteilig mit einem kurzen Zwischenstrahl.

Medaillon: auf weiß emailliertem Grund ein goldgefaßter, rot emaillierter brandenburgischer, mit Kleestengeln besteckter Adler mit blauem Brustschild, rotem Kurhut sowie Schwert und Szepter in den Fängen.

Medaillonring: innen und außen golden, gewendelt. Auf blau emailliertem Grund in goldenen Buchstaben der Wahlspruch SINCERE ET CONSTANTER, darunter zwei goldgefaßte, grün emaillierte, gebundene Zweige.

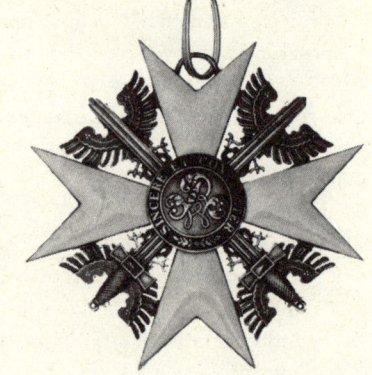

**472   Großkreuz mit
      Schwertern, Gold**

Kreuz wie Nr. 470, jedoch mit gekreuzten goldenen Schwertern durch die Mitte, diese 75 mm.

473   Bruststern zum Großkreuz mit Schwertern, Gold

Stern wie Nr. 471, jedoch mit gekreuzten goldenen Schwertern durch die Mitte, diese 78 mm.

474   Großkreuz mit Eichenlaub, Gold
Kreuz wie Nr. 470, jedoch mit einem dreiblättrigen, goldenen
Eichenlaub auf dem Bandring, dieses 18 × 20 mm.

475   Bruststern zum Großkreuz mit Eichenlaub, Gold
Stern wie Nr. 471, jedoch mit einem dreiblättrigen, goldenen
Eichenlaub auf dem oberen Strahl des Sterns, dieses 18 × 20 mm.

476   Großkreuz mit Schwertern am Ring, Gold
Kreuz wie Nr. 470, jedoch mit gekreuzten goldenen Schwertern am
Ring über dem oberen Kreuzarm, diese 42 mm.

477   Bruststern zum Großkreuz mit Schwertern am Ring, Gold
Stern wie Nr. 471, jedoch mit gekreuzten goldenen Schwertern
über dem Medaillon des Sterns, diese 38 mm.

478   Großkreuz mit Eichenlaub und Schwertern, Gold
Kreuz wie Nr. 470,
Eichenlaub wie Nr. 474,
Schwerter wie Nr. 472.

**479   Bruststern zum Großkreuz mit Eichenlaub und Schwertern,
        Gold**
Stern wie Nr. 471,
Eichenlaub wie Nr. 475,
Schwerter wie Nr. 473.

480   Großkreuz mit Eichenlaub und Schwertern am Ring, Gold
Kreuz wie Nr. 470,
Eichenlaub wie Nr. 474,
Schwerter am Ring wie Nr. 476.

**481 Bruststern zum Großkreuz mit Eichenlaub und Schwertern
am Ring, Gold**

Stern wie Nr. 471,

Eichenlaub wie Nr. 475,

Schwerter am Ring wie Nr. 477.

**482 Großkreuz mit Eichenlaub und Schwertern und
Schwertern am Ring, Gold**

Kreuz wie Nr. 470,

Eichenlaub wie Nr. 474,

Schwerter wie Nr. 472,

Schwerter am Ring wie Nr. 476.

**483 Bruststern zum Großkreuz mit Eichenlaub und Schwertern
und Schwertern am Ring, Gold**

Stern wie Nr. 471,

Eichenlaub wie Nr. 475,

Schwerter wie Nr. 473,

Schwerter am Ring wie Nr. 477.

484 Kreuz 1. Klasse, Gold

60 mm

Ordenszeichen ist ein weiß emailliertes Kreuz mit geraden Armen
und schmaler goldener Bordierung.

Medaillon VS: auf weiß emailliertem Grund ein rot emaillierter
Adler mit goldener Krone, Brustschild und grün emailliertem Lorbeerkranz in den Fängen.

Medaillonring VS: golden, glatt.

Medaillon RS: auf weiß emailliertem Grund die goldene, verzierte
verschlungene Chiffre F(RIEDRICH) W(ILHELM), darüber eine
goldene Krone.

Medaillonring RS: golden, glatt.

485   Bruststern zum Kreuz 1. Klasse, Silber

85 mm

Strahlen: acht, jeder Strahl fünfteilig mit einem kurzen Zwischenstrahl.

Medaillon: auf weiß emailliertem Grund ein rot emaillierter Adler
mit goldener Krone, Brustschild und grün emailliertem Lorbeerkranz in den Fängen.

Medaillonring: innen und außen silbern gewendelt, außen zusätzlich geperlt. Auf weiß emailliertem Grund in goldenen Buchstaben
der Wahlspruch SINCERE ET CONSTANTER, darunter golden
gefaßte, grün emaillierte, gebundene Zweige.

486   Kreuz 1. Klasse mit Schwertern, Gold

Kreuz wie Nr. 484, jedoch mit gekreuzten goldenen Schwertern
durch die Mitte, diese 58 mm.

487   Bruststern zum Kreuz 1. Klasse mit Schwertern, Silber

Stern wie Nr. 485, jedoch mit gekreuzten goldenen Schwertern,
diese 75 mm.

488   Kreuz 1. Klasse mit Eichenlaub, Gold

Kreuz wie Nr. 484, jedoch mit einem goldenen Eichenlaub auf dem
Bandring über dem oberen Kreuzarm, dieses 16 × 20 mm.

489   Bruststern zum Kreuz 1. Klasse mit Eichenlaub, Silber

Stern wie Nr. 485, jedoch mit einem goldenen Eichenlaub auf dem
oberen Strahl des Sterns (vgl. Nr. 475), dieses 16 × 20 mm.

490   Kreuz 1. Klasse mit Schwertern am Ring, Gold

Kreuz wie Nr. 484, jedoch mit gekreuzten goldenen Schwertern auf
dem oberen Kreuzarm (mit zwei goldenen Lötpunkten befestigt),
durch den Bandring gehend. Schwerter: 50 mm.

491 Bruststern zum Kreuz 1. Klasse mit Schwertern am Ring, Silber

Stern wie Nr. 485, jedoch mit gekreuzten goldenen Schwertern über dem Medaillon des Sterns, diese 35 mm.

492 Kreuz 1. Klasse mit Eichenlaub und Schwertern, Gold

Kreuz wie Nr. 484,
Eichenlaub wie Nr. 488,
Schwerter wie Nr. 486.

493 Bruststern zum Kreuz 1. Klasse mit Eichenlaub und Schwertern, Silber

Stern wie Nr. 485,
Eichenlaub wie Nr. 489,
Schwerter wie Nr. 487.

494 Kreuz 1. Klasse mit Eichenlaub und Schwertern am Ring, Gold

Kreuz wie Nr. 484,
Eichenlaub wie Nr. 488,
Schwerter am Ring wie Nr. 490.

495 Bruststern zum Kreuz 1. Klasse mit Eichenlaub und Schwertern am Ring, Silber

Stern wie Nr. 485,
Eichenlaub wie Nr. 489,
Schwerter am Ring wie Nr. 491.

**496 Kreuz 1. Klasse mit Eichenlaub, Schwertern und Schwertern
     am Ring, Gold**

Kreuz wie Nr. 484,

Eichenlaub wie Nr. 488,

Schwerter wie Nr. 486,

Schwerter am Ring wie Nr. 490.

**497 Bruststern zum Kreuz 1. Klasse mit Eichenlaub, Schwertern
     und Schwertern am Ring, Silber**

Stern wie Nr. 485,

Eichenlaub wie Nr. 489,

Schwerter wie Nr. 487,

Schwerter am Ring wie Nr. 491.

**498 Kreuz 1. Klasse mit Eichenlaub und dem Emailleband des
     Kronenordens mit Schwertern am Ring, Gold**

Kreuz wie Nr. 484,

Eichenlaub wie Nr. 488,

Schwerter am Ring wie Nr. 490,

dazu um die Kreuzarme (oben und unten aufliegend, links und
rechts darunterliegend) ein blau emailliertes Band mit schmaler goldener Bordierung. Auf dem unteren Kreuzarm die gekreuzten Bänder mit einer goldenen glatten Spange gehalten.

**499 Bruststern zum Kreuz 1. Klasse mit Eichenlaub und dem
     Emailleband des Kronenordens mit Schwertern am Ring,
     Silber**

Stern wie Nr. 485,

Eichenlaub wie Nr. 489,

Schwerter am Ring wie Nr. 491,

dazu das Emailleband des Kronenordens wie Nr. 498.

500 Kreuz 2. Klasse, Gold

Kreuz wie Nr. 484, jedoch in den Abmessungen 50 × 50 mm.

501   Bruststern zum Kreuz 2. Klasse, Silber

78 mm

Strahlen: vierzig silberne Einzelstrahlen bilden einen Rhombus, darauf aufgelegt das Ordenskreuz.

Medaillon: auf weiß emailliertem Grund ein rot emaillierter Adler mit Brustschild und goldener Krone, in den Fängen einen grün emaillierten Lorbeerkranz haltend.

Medaillonring: innen und außen silbern, gewendelt. Auf weißem Grund in goldenen Buchstaben der Wahlspruch SINCERE ET CONSTANTER, darunter zwei golden gefaßte, grün emaillierte, gebundene Zweige.

502   Kreuz 2. Klasse mit Schwertern, Gold

Kreuz wie Nr. 500, jedoch mit gekreuzten goldenen Schwertern durch die Mitte, diese 55 mm.

503   Bruststern zum Kreuz 2. Klasse mit Schwertern, Silber

Stern wie Nr. 501, jedoch mit gekreuzten goldenen Schwertern durch die Mitte, diese 63 mm.

504   Kreuz 2. Klasse mit Eichenlaub, Gold

Kreuz wie Nr. 500, jedoch mit einem goldenen, dreiblättrigen Eichenlaub auf dem Bandring, dieses 18 × 20 mm.

505   Bruststern zum Kreuz 2. Klasse mit Eichenlaub, Silber

Stern wie Nr. 501, jedoch auf den obersten drei Strahlen des Rhombus ein goldenes, dreiblättriges Eichenlaub, dieses 15 × 15 mm.

506   Kreuz 2. Klasse mit Schwertern am Ring, Gold

Kreuz wie Nr. 500, jedoch mit zwei gekreuzten goldenen Schwertern über dem oberen Kreuzarm, mit diesem durch zwei goldene Lötpunkte verbunden. Schwerter: 48 mm.

**507   Bruststern zum Kreuz 2. Klasse mit Schwertern am Ring,
        Silber**

Stern wie Nr. 501, jedoch mit gekreuzten goldenen Schwertern auf
dem oberen Kreuzarm des aufgelegten Kreuzes. Schwerter: 48 mm.

508   Kreuz 2. Klasse mit Eichenlaub und Schwertern, Gold

Kreuz wie Nr. 500,
Eichenlaub wie Nr. 504,
Schwerter wie Nr. 502.

**509   Bruststern zum Kreuz 2. Klasse mit Eichenlaub und
        Schwertern, Silber**

Stern wie Nr. 501,
Eichenlaub wie Nr. 505,
Schwerter wie Nr. 503.

**510   Kreuz 2. Klasse mit Eichenlaub und Schwertern am Ring,
        Gold**

Kreuz wie Nr. 500,
Eichenlaub wie Nr. 504,
Schwerter am Ring wie Nr. 506.

511 Bruststern zum Kreuz 2. Klasse mit Eichenlaub und Schwertern am Ring, Silber
Stern wie Nr. 501,
Eichenlaub wie Nr. 505,
Schwerter am Ring wie Nr. 507.

512 Kreuz 2. Klasse mit Eichenlaub und Schwertern und Schwertern am Ring, Gold
Kreuz wie Nr. 500,
Eichenlaub wie Nr. 504,
Schwerter wie Nr. 502,
Schwerter am Ring wie Nr. 506.

513 Bruststern zum Kreuz 2. Klasse mit Eichenlaub und Schwertern und Schwertern am Ring, Silber
Stern wie Nr. 501,
Eichenlaub wie Nr. 505,
Schwerter wie Nr. 503,
Schwerter am Ring wie Nr. 507.

514 Kreuz 3. Klasse, Gold
Kreuz wie Nr. 484, jedoch in den Abmessungen 38 × 38 mm.

515 Kreuz 3. Klasse mit Schwertern, Gold
Kreuz wie Nr. 514, jedoch mit gekreuzten goldenen Schwertern durch die Mitte, diese 40 mm.

516 Kreuz 3. Klasse mit Schwertern am Ring, Gold
Kreuz wie Nr. 514, jedoch mit gekreuzten goldenen Schwertern über dem oberen Kreuzarm, diese 36 mm.

517 Kreuz 3. Klasse mit der Schleife, Gold
Kreuz wie Nr. 514, jedoch mit einer Bandschleife in der Farbe des Ordensbandes mit goldener Schlaufe oberhalb des Trageringes, Schleife nicht breiter als das Band der 3. Klasse.

**518   Kreuz 3. Klasse mit der Schleife
        und Schwertern am Ring, Gold**

Kreuz wie Nr. 514,
Schleife wie Nr. 517,
Schwerter am Ring wie Nr. 516.

**519   Kreuz 3. Klasse mit der Schleife und Schwertern und
        Schwertern am Ring, Gold**

Kreuz wie Nr. 514,
Schleife wie Nr. 517,
Schwerter wie Nr. 515,
Schwerter am Ring wie Nr. 516.

520   Kreuz 4. Klasse, Silber

38 mm

Ordenszeichen ist ein silbernes Kreuz mit glatten Armen (1. Modell), später gekörnten Armen (2. Modell) mit glatter erhöhter Einfassung.

Medaillon VS: auf weiß emailliertem Grund ein rot emaillierter Adler mit goldener Krone, Brustschild und einem grün emaillierten Lorbeerkranz in den Fängen.

Medaillonring VS: silbern, glatt.

Medaillon RS: auf silbernem Grund die verschlungene Chiffre F(RIEDRICH) W(ILHELM), darüber eine Krone.

Medaillonring RS: silbern, glatt.

521 Kreuz 4. Klasse mit Schwertern, Silber

Kreuz wie Nr. 520, jedoch mit gekreuzten goldenen Schwertern durch die Mitte, diese 45 mm.

Weitere Kombinationen sind möglich mit:

Krone und Szepter (nur Großkreuz)

Emailleband des Kronenordens (1. und 2. Klasse)

Brillanten (1. und 2. Klasse)

Krone

Jubiläumszahl 50

Jubiläumszahl 60

Jubiläumszahl 65

Jubiläumszahl 70

Johanniterkreuz

Roter-Adler-Orden für Nichtchristen

522 1. Klasse für Nichtchristen, Silber

75 mm

Strahlen: acht, jeder Strahl fünfteilig mit einem kurzen Zwischenstrahl.

Medaillon: auf weiß emailliertem Grund ein rot emaillierter Adler mit Brustschild und goldener Krone, in den Fängen ein grün emaillierter Lorbeerkranz.

Medaillonring: innen und außen golden glatt, auf weiß emailliertem Grund der Wahlspruch SINCERE ET CONSTANTER in goldenen Buchstaben, darunter zwei golden gefaßte, gebundene, grün emaillierte Zweige.

523   2. Klasse für Nichtchristen, Silber
75 mm
Strahlen: 40 Strahlen bilden einen Rhombus, darauf das Medaillon
des Ordenszeichens. Tragering golden.
Medaillonring: golden, glatt.

524   3. Klasse für Nichtchristen, Silber
Stern wie Nr. 523, jedoch in den Abmessungen 54 × 54 mm.
Medaillon RS: silbern, mit der Chiffre F(RIEDRICH) W(ILHELM)
unter einer Krone.
Medaillonring: silbern, glatt.

525   4. Klasse für Nichtchristen, Silber
41 mm
Strahlen: 35 Strahlen bilden einen kreis-
förmigen Stern. Tragering silbern.
Medaillon VS: wie Nr. 522.
Medaillonring VS: silbern, glatt.
Medaillon RS: wie Nr. 524.
Medaillonring RS: silbern, glatt.

Band:
Großkreuz: orangefarben mit vier weißen Seitenstreifen, sonst
weiß mit je einem orangefarbenen Seitenstreifen mit weißer Kante.
Schleife zur III. Klasse mit Schleife und Schwertern: schwarz mit
weißen Seitenstreifen und schwarzer Kante.
Schleife: weiß mit je einem orangefarbenen Seitenstreifen und weißer Kante.
Kriegsdekoration: schwarz mit zwei weißen Seitenstreifen und
schwarzer Kante.

Verleihung einer höheren Klasse eines bereits innehabenden Kriegsordens: zweimal schwarz und dreimal weiß gestreiftes Band. Verleihungen an Militäroberbeamte mit Schwertern »im feindlichen Feuer«: weiß mit zwei schwarzen Seitenstreifen und weißer Kante wie vor, jedoch »nicht im feindlichen Feuer« erworben: gleiches Band, jedoch wird der Orden dann ohne Schwerter getragen.
Gelegentliche Verleihungen am Band des Hohenzollern'schen Hausordens sind nachweisbar.

Kronen-Orden

Stifter:	König Wilhelm I. von Preußen
Stiftung:	18. Oktober 1861
Gattung:	Zivil- und Militärverdienstorden (vor allem für langjährige Verdienste im Staatsdienst)
Wahlspruch:	GOTT MIT UNS
Klassen:	1.—4. Klasse
Hinzufügungen/ Änderungen:	1863 Verfügung über die Jubiläumszahl »50« und »60«, später »65« und »70«
	1864 Hinzufügung der Schwerter am Ring (analog den Bestimmungen des Rote-Adler-Ordens von 1848), bei erneuter Schwerterstiftung solche durch die Mitte
	Hinzufügung der Johanniter-Dekoration en miniature
	1865 Hinzufügung der Emailleschleife des Rote-Adler-Ordens zum Großkreuz und Großkreuzstern
	1871 Hinzufügung des roten Genfer Kreuzes für die 3. und 4. Klasse für freiwillige Kranken-

pflege auf einem Kriegsschauplatz an einem besonderen Band, dieses »Erinnerungsband« wird
auch für Heimatverdienste im Krieg 1870/71
verliehen
1888 Abschaffung der Emailleschleifen
Stiftung einer affiliierten goldenen Kronen-
Orden-Medaille
ab 1888 größere Krone im Medaillon

526   Kreuz 1. Klasse, Gold

62 mm

Ordenszeichen ist ein weiß emailliertes Kreuz mit geschweiften
breiten, geraden Armen und goldener Bordierung. Auf den Kreuzarmen eine feine goldene, parallele Einfassung.

Medaillon VS: auf mattgoldenem (später gekörntem) Grund eine
goldene Königskrone.

Medaillonring VS: innen und außen golden, glatt, auf blau emailliertem Grund in goldenen Buchstaben der Wahlspruch GOTT MIT
UNS, darunter stilisiertes, goldenes Blattwerk.

Medaillon RS: auf mattgoldenem (später gekörntem) Grund die
verschlungene goldene Chiffre W(ILHELM) R(EX).

Medaillonring RS: innen und außen golden, glatt, auf blau emailliertem Grund in goldenen Buchstaben das Stiftungsdatum DEN 18
OCTOBER 1881.

527   Bruststern zum Kreuz 1. Klasse, Silber

90 mm

Strahlen: acht, jeder Strahl fünfteilig mit einem kurzen Zwischenstrahl.

Medaillon: auf mattgoldenem (später gekörntem) Grund eine goldene Königskrone.

Medaillonring: innen golden glatt, außen glatt, dann geperlt golden, auf blau emailliertem Grund in goldenen Buchstaben der Wahlspruch GOTT MIT UNS, darunter stilisiertes goldenes Blattwerk.

528   Kreuz 1. Klasse mit Schwertern, Gold
Kreuz wie Nr. 526, jedoch mit gekreuzten goldenen Schwertern durch die Mitte, diese 71 mm.

529   Bruststern zum Kreuz 1. Klasse mit Schwertern, Silber
Stern wie Nr. 527, jedoch mit gekreuzten goldenen Schwertern durch die Mitte, diese 81 mm.

528   529

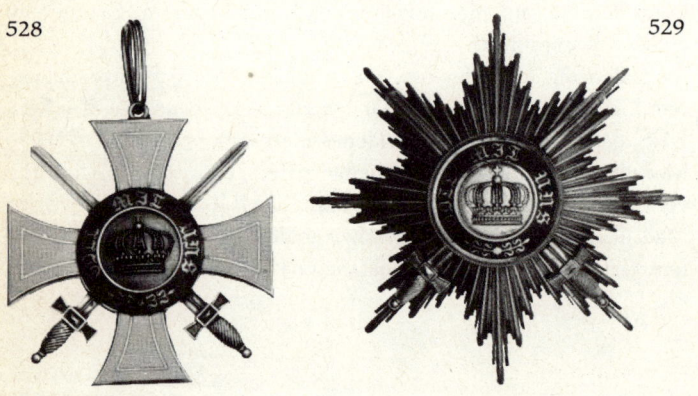

530   Kreuz 1. Klasse mit Schwertern am Ring, Gold
Kreuz wie Nr. 526, jedoch mit gekreuzten goldenen Schwertern auf dem oberen Kreuzarm, mit diesem durch zwei goldene Lötpunkte verbunden, Schwerter am Ring: 54 mm.

530   531

**531   Bruststern zum Kreuz 1. Klasse mit Schwertern am Ring,
        Silber**

Stern wie Nr. 527, jedoch mit gekreuzten goldenen Schwertern
über dem Medaillon, diese 55 mm.

**532   Kreuz 1. Klasse mit Schwertern und Schwerter am Ring,
        Gold**

Kreuz wie Nr. 526,
Schwerter wie Nr. 528,
Schwerter am Ring wie Nr. 530.

**533   Bruststern zum Kreuz 1. Klasse mit Schwertern und
        Schwerter am Ring, Silber**

Stern wie Nr. 527,
Schwerter wie Nr. 529,
Schwerter am Ring wie Nr. 531.

534   Kreuz 2. Klasse, Gold

Kreuz wie Nr. 526, jedoch in den Abmessungen 51 × 51 mm.

535   Bruststern zum Kreuz 2. Klasse, Silber
78 mm
Strahlen: 40 Strahlen bilden einen Rhombus.
Medaillon: auf mattgoldenem Grund eine goldene Königskrone.
Medaillonring: innen golden, glatt, außen glatt, dann geperlt golden, auf blauem Grund in goldenen Buchstaben der Wahlspruch GOTT MIT UNS, darunter stilisiertes goldenes Blattwerk.

536   Kreuz 2. Klasse mit Schwertern, Gold
Kreuz wie Nr. 534, jedoch mit gekreuzten goldenen Schwertern durch die Mitte, diese 58 mm.

537   Bruststern zum Kreuz 2. Klasse mit Schwertern, Silber
Stern wie Nr. 535, jedoch mit gekreuzten goldenen Schwertern durch die Mitte, diese 64 mm.

538   Kreuz 2. Klasse mit Schwertern am Ring, Gold
Kreuz wie Nr. 534, jedoch mit gekreuzten goldenen Schwertern über dem oberen Kreuzarm, mit diesem durch zwei goldene Lötpunkte verbunden. Schwerter am Ring: 51 mm.

**539   Bruststern zum Kreuz 2. Klasse mit Schwertern am Ring,
        Silber**

Stern wie Nr. 535, jedoch mit gekreuzten goldenen Schwertern
über dem Medaillon, diese 42 mm.

**540   Kreuz 2. Klasse mit Schwertern und Schwertern am Ring,
        Gold**

Kreuz wie Nr. 534,
Schwerter wie Nr. 536,
Schwerter am Ring wie Nr. 538.

541 Bruststern zum Kreuz 2. Klasse mit Schwertern und Schwertern am Ring, Silber

Stern wie Nr. 535,

Schwerter wie Nr. 537,

Schwerter am Ring wie Nr. 539.

542 Kreuz 3. Klasse, Gold

Kreuz wie Nr. 526, jedoch in den Abmessungen 41 × 41 mm.

543 Kreuz 3. Klasse mit Schwertern, Gold

Kreuz wie Nr. 542, jedoch mit gekreuzten goldenen Schwertern durch die Mitte, diese 49 mm.

544 Kreuz 3. Klasse mit Schwertern am Ring, Gold

Kreuz wie Nr. 542, jedoch mit gekreuzten goldenen Schwertern auf dem oberen Kreuzarm, mit diesem durch zwei goldene Lötpunkte verbunden, Schwerter am Ring: 36 mm.

545 Kreuz 3. Klasse mit Schwertern und Schwertern am Ring, Gold

Kreuz wie Nr. 542,

Schwerter wie Nr. 543,

Schwerter am Ring wie Nr. 544.

546 Kreuz 2. Klasse mit dem Genfer Kreuz

Kreuz wie Nr. 542, jedoch mit einem rot emaillierten Genfer Kreuz mit weiß emaillierter Einfassung und goldener Bordierung auf dem oberen Kreuzarm aufgelegt, dieses 9 mm.

547 Kreuz 4. Klasse, vergoldet

Kreuz wie Nr. 542, jedoch nur die Medaillon VS und RS emailliert. Kreuzarme golden gekörnt mit glatter Bordierung und erhöhten Kanten, diese ebenfalls glatt.

548   Kreuz 4. Klasse mit Schwertern, vergoldet

Kreuz wie Nr. 547, jedoch mit gekreuzten goldenen Schwertern durch die Mitte, diese 49 mm.

549   Kreuz 4. Klasse mit dem Genfer Kreuz, vergoldet

Kreuz wie Nr. 547,
Genfer Kreuz wie Nr. 546.
Weitere Kombinationen sind möglich mit:
Emailband des Rote-Adler-Ordens (1. Klasse)
Brillanten (1. und 2. Klasse)
Jubiläumszahl 50
Jubiläumszahl 60
Jubiläumszahl 65
Jubiläumszahl 70
Johanniter Kreuz
Band: blau

Kriegsdekoration und Militäroberbeamte: analog dem Roten-Adler-Ordens, vgl. S. 213—214.
Genfer Kreuz: weiß, sechsmal schwarz gestreift mit roter Kante vereinzelt am Band des Hausordens von Hohenzollern und am Band der Rettungsmedaille verliehen.

Hausorden von Hohenzollern

Stifter: König Friedrich Wilhelm IV. von Preußen
Stiftung: 18. Januar 1851 (Aufnahme unter die Königlich Preußischen Orden infolge des Staatsvertrages von 1849), Statuten vom 23. August 1851

Gattung:	Hausorden
Wahlspruch:	VOM FELS ZUM MEER
Klassen:	1. Abteilung
	Großkomtur, für Lehrer, Geistliche, Personen aus Kunst und Wissenschaft, Komtur, Ritter
	2. Abteilung
	Adler der Großkomture, Komture, Ritter
Hinzufügungen/ Änderungen:	1851 Silbernes Kreuz mit der Krone als einmalige Auszeichnung für einige Personen des Kgl. Hofstaates
	1851 Adler in Silber für Leistungen bezüglich der Stiftung des Ordens
	Hinzufügung einer Denkmünze für 1848/49 in der 1. Abteilung
	1861 Stiftung einer 4. Klasse, Kreuz in Silber
	Hinzufügung eines Sterns zum Großkomtur
	Hinzufügung eines Sterns zum Komtur
	Die 4. Klasse wird als »Inhaber« bezeichnet
	1864 analog den Bestimmungen zum Roten-Adler-Orden von 1848 erfolgen Verleihungen auch mit Schwertern und Schwertern am Ring
Dekorationen:	

550 Silberne Kette der Großkomture

Drei verschiedenartige Kettenglieder, a)—c), die sich wiederholen und durch runde Ösen und längliche Kettenglieder miteinander verbunden sind, bilden die Kette.

a)   c)

b)

a) Wappenglieder (Burggräflich-Nürnbergisch) in silberner Wappenschildeinfassung auf goldenem Grund ein schwarzer Löwe, aufrecht, nach links schreitend, innerhalb eines weiß-rot-emaillierten Bordes

b) Agraffenglieder (mit dem Kur-Erzkämmerer-Szepter), in einem golden verzierten Schild auf blau emailliertem Grund ein aufrechtes goldenes Szepter

c) Wappenglieder (von Zollern), in den gleichen silbernen Wappenschildern wie a), in goldener Einfassung ein weiß-schwarz emailliertes Geviert mit goldener Einfassung.

Aufhängung: Mittelglied ist stets eine Agraffe, b), daran ein einfacher goldener Ring, in den das Kreuz der Großkomture eingehängt wird.

551   Silberne Kette der Großkomture des Adlers
Kette wie Nr. 550.

552   Großkomtur, Gold
80 × 50 mm
Krone: golden
Ordenszeichen ist ein weiß emailliertes Kreuz mit nach außen geschweiften und gerundeten Armen. Auf den Kreuzarmen eine schwarz emaillierte, goldgefaßte Einlage. Die Kreuzarme golden bordiert. In den Winkeln der Kreuzarme ein goldgefaßter, grün emaillierter Kranz, links Lorbeer-, rechts Eichenblätter.
Medaillon VS: auf weiß emailliertem Grund ein schwarz emaillierter golden gefaßter Adler mit dem Hohenzollern'schen Wappenschild auf der Brust. In den Fängen hält er Szepter und Reichsapfel, diese golden.

Medaillonring VS: innen und außen golden, glatt, auf blau emailliertem Grund in goldenen Buchstaben der Wahlspruch VOM FELS ZUM MEER, darunter zwei golden gefaßte, grün emaillierte, gebundene Zweige.

Medaillon RS: auf weiß emailliertem Grund die verschlungene und verzierte goldene Chiffre F(RIEDRICH) W(ILHELM) R(EX).

Medaillonring RS: innen und außen golden, glatt, auf blau emailliertem Grund in goldenen Buchstaben das Datum der Neueinsetzung des Ordens DEN 18. JANUAR 1851, darunter zwei golden gefaßte, grün emaillierte, gebundene Zweige.

553   Bruststern zum Großkomtur, Silber

92 mm
Strahlen: acht, jeder Strahl fünfteilig mit einem kurzen Zwischenstrahl. Auf dem Stern aufgelegt die VS des Ordenszeichens wie Nr. 552, jedoch ohne Krone.
Aufgelegtes Kreuz: 49 mm.

554   Komtur, Gold

Kreuz wie Nr. 552.

555   Bruststern zum Komtur, Silber

82 × 72 mm
Strahlen: sechs, jeder Strahl fünfteilig mit einem kurzen Zwischenstrahl. Auf dem Stern aufgelegt die VS des Ordenszeichens wie Nr. 552, jedoch ohne Krone.
Aufgelegtes Kreuz: 49 mm.

556   Großkomtur mit Schwertern, Gold

Kreuz wie Nr. 552, jedoch mit gekreuzten goldenen Schwertern durch die Mitte, diese 55 mm.

557   Bruststern zum Großkomtur mit Schwertern, Silber
Stern wie Nr. 553, jedoch mit gekreuzten goldenen Schwertern
durch die Mitte, diese 55 mm.

558   Komtur mit Schwertern, Gold
Kreuz wie Nr. 556.

559   Bruststern zum Komtur mit Schwertern, Silber
Stern wie Nr. 555, jedoch mit gekreuzten goldenen Schwertern
durch die Mitte, diese 58 mm.

560   Großkomtur mit Schwertern am Ring, Gold
Kreuz wie Nr. 552, jedoch mit gekreuzten goldenen Schwertern auf
dem oberen Kreuzarm, diese 44 mm.

**561   Bruststern zum Großkomtur mit Schwertern am Ring,
        Silber**
Stern wie Nr. 553, jedoch mit gekreuzten goldenen Schwertern auf
dem oberen Kreuzarm des aufgelegten Ordenszeichens. Schwerter
am Ring: 40 mm.

562 Komtur mit Schwertern am Ring, Gold
Kreuz wie Nr. 560.

563 Bruststern zum Komtur mit Schwertern am Ring, Silber
Stern wie Nr. 555, jedoch mit gekreuzten goldenen Schwertern auf dem oberen Kreuzarm des aufgelegten Ordenszeichens. Schwerter am Ring: 36 mm.

564 Großkomtur mit Schwertern und Schwertern am Ring, Gold
Kreuz wie Nr. 552,
Schwerter wie Nr. 556,
Schwerter am Ring wie Nr. 560.

565 Bruststern zum Großkomtur mit Schwertern und Schwertern am Ring, Silber
Stern wie Nr. 553,
Schwerter wie Nr. 557,
Schwerter am Ring wie Nr. 561.

566 Komtur mit Schwertern und Schwertern am Ring, Gold
wie Nr. 564

567 Bruststern zum Komtur mit Schwertern und Schwertern am Ring, Silber
Stern wie Nr. 555,
Schwerter wie Nr. 559,
Schwerter am Ring wie Nr. 563.

568 Kreuz der Ritter, Gold
Kreuz wie Nr. 552, jedoch in den Abmessungen 55 × 37 mm.

569 Kreuz der Ritter mit Schwertern, Gold
Kreuz wie Nr. 568, jedoch mit gekreuzten goldenen Schwertern durch die Mitte, diese 40 mm.

570   Kreuz der Ritter mit Schwertern am Ring, Gold

Kreuz wie Nr. 568, jedoch mit gekreuzten goldenen Schwertern auf dem oberen Kreuzarm, diese 43 mm.

571   Kreuz der Ritter mit Schwertern und Schwertern am Ring, Gold

Kreuz wie Nr. 568,
Schwerter wie Nr. 569,
Schwerter am Ring wie Nr. 570.

572   Kreuz der Inhaber, Silber

Kreuz wie Nr. 568, jedoch alle goldenen Teile hier silbern, Kreuzarme mit schwarz emaillierter, silbern gefaßter Einlage, jedoch ohne weißes Email.

573   Kreuz der Inhaber mit Schwertern, Silber

Kreuz wie Nr. 572, jedoch mit gekreuzten goldenen Schwertern durch die Mitte, diese 40 mm.

574   Adler der Großkomture, Gold

50 × 40 mm

Ordenszeichen ist ein golden gefaßter, schwarz emaillierter Adler mit goldener Krone, nach links gewendet. Auf der Brust das Hohenzollern'sche Wappen, ein weiß-schwarz emailliertes Geviert mit goldener Einfassung. In den goldenen Fängen links ein goldenes Szepter, rechts ein blau emaillierter Reichsapfel mit goldenem Kreuz. Den Kopf des Adlers umgibt ein golden gefaßter, blau emaillierter Schriftreif, darin in gol-

denen Buchstaben der Wahlspruch VOM FELS ZUM MEER.
Auf dem Schriftreif eine einfache Drahtöse für den Bandring.

575   Adler der Komture, Gold
Adler wie Nr. 574.

576   Adler der Ritter, Gold
Adler wie Nr. 574, jedoch in den Abmessungen 35 × 30 mm.

577   Adler der Inhaber, Silber
Adler wie Nr. 576, jedoch gänzlich in Silber, mit dem weiß-schwarz
emaillierten Wappen in silberner Einfassung auf der Brust.
Weitere Kombinationen sind möglich mit:
Brillanten (Großkomtur und Komtur)
Jubiläumszahl 50
Jubiläumszahl 60
Jubiläumszahl 65
Jubiläumszahl 70
Johanniter-Kreuz, dieses auf der Krone

Band: weiß mit drei schwarzen Streifen, davon das mittlere etwas
schmaler.
Kriegsdekoration und Militäroberbeamte analog dem Rote-Adler-
Orden (vgl. S. 213—214).

Königlich-Preußischer St.-Johanniter-Orden

Stifter:	König Friedrich Wilhelm III. von Preußen
Stiftung:	23. Mai 1812
Gattung:	Geistlicher Ritterorden
Wahlspruch:	—
Klassen:	einklassig

Hinzufügungen/   1852 Hinzufügung der Ehrenritter (bei der Wie-
Änderungen: dereinsetzung der Balley Brandenburg), diese
                 sind dem Orden affiliiert
                 1861 Hinzufügung der Krone für die Ehrenrit-
                 terkreuze, wenn diese an fremde Souveräne,
                 deren Frauen oder Witwen und den Frauen der
                 Herrenmeister verliehen werden.

Dekorationen:

578   Kreuz des Herrenmeisters, Gold
160 × 94 mm
Krone: golden
Ordenszeichen ist ein weiß emailliertes Kreuz mit schmaler goldener Bordierung. Die Krone ist mit den Spitzen des oberen Kreuzarmes verbunden. In den Winkeln der Kreuzarme gegenständige,
gekrönte goldene Adler.

579   Kreuz der Kommendatoren, Gold
Kreuz wie Nr. 578, jedoch in den Abmessungen 106 × 63 mm.

580   Kreuz der Rechtsritter, Gold
Kreuz wie Nr. 578, jedoch in den Abmessungen 80 × 50 mm.

581   Kreuz der Ehrenritter, Gold
57 mm
Ordenszeichen ist ein weiß emailliertes Kreuz mit schmaler golde-
ner Bordierung.
Im Einschnitt des oberen Kreuzarmes ein goldenes gekörntes
Segment mit erhöhtem glatten Rand für den Bandring. In den Win-
keln der Kreuzarme gegenständige schwarze Adler mit goldener
Krone und ebensolchen Fängen.

582 Kreuz der Ehrenritter mit der Krone, Gold
Kreuz wie Nr. 581,
Krone wie Nr. 578.
Den Größenabstufungen der Ordenszeichen gemäß trugen die
Johanniterritter ein weißes Kreuz ohne Adler aus Leinen auf der
linken Seite der Uniform.

<u>Band:</u> schwarz, gewässert.

(Der sehr edle) Orden vom Weißen Hirschen Sancti Huberti

Stifter:	Prinz Friedrich Carl von Preußen
Stiftung:	am Hubertustag 1859
Gattung:	Jagdorden (nicht offiziell)
Wahlspruch:	VIVE LE ROY ET SES CHASSEURS
Klassen:	Großmeister, Gebietiger, Ritter 1. und 2. Reihe
Hinzufügungen/ Änderungen:	1889 durch König Wilhelm IV. von Preußen bestätigt und neu statuiert, bis 1930 verliehen
Dekorationen:	

583 Kleinod des Großmeisters
108 × 35 mm
Ordenszeichen ist ein weißer Edelhirsch (Zwölfender), der durch
einen goldenen Eichenbruch und die goldene Königskrone an einem
sogenannten »Hirschhaken« hängt. Auf den Eichenblättern symbolisiert ein Rubin einen Tropfen Schweiß.
Das Kleinod wird um den Hals getragen, darauf ist in goldenen
Buchstaben der Wahlspruch gestickt VIVE LE ROY ET SES
CHASSEURS. Auf dem Band sind mehrere weitere »Hirschhaken«
dargestellt.

583

584 Kleinod der Gebietiger
Ordenszeichen wie Nr. 583, jedoch nur mit zwei »Hirschhaken« im Halsband.

585 Ritter der ersten Reihe
Ordenszeichen wie Nr. 583, jedoch ohne die zusätzlichen »Hirsch-haken« im Halsband.

586 Ritter der zweiten Reihe

Ordenszeichen wie Nr. 585, jedoch ohne »Hirschhaken« und ohne Krone.

<u>Band:</u> dunkelgrün, gewässert.

Luisen-Orden

Stifter:	König Friedrich Wilhelm III. von Preußen
Stiftung:	3. August 1814
Gattung:	Damen(verdienst)orden
Wahlspruch:	—
Klassen:	einklassig, später in 2 Abteilungen gegliedert
Hinzufügungen/ Änderungen:	1850 erneuert für die Ereignisse von 1848/1849
	1865 erneuert in zwei Abteilungen
	1. Abteilung wie 1814 statutenmäßig bestimmt mit geänderten Jahreszahlen auf der RS
	2. Abteilung für Handlungen der Fürsorge und Nächstenliebe in zwei Klassen
	Die 1. Klasse der 2. Abteilung konnte mit goldener und silberner Krone verliehen werden
	2. Klasse Silber
	1890 für den Erwerb der 1. Klasse der 2. Abteilung ist die 2. Klasse derselben Abteilung Voraussetzung
Dekorationen:	

587 Ordenskreuz 1813/1814, Gold

31 mm

Ordenszeichen ist ein schwarz emailliertes Kreuz mit glatten Armen und goldener Bordierung.

Medaillon VS: auf blau emailliertem Grund ein silbernes L(UISE), umgeben von sieben silbernen Sternen, gleich der Zahl der Kinder, die die Königin Luise überlebten.

Medaillonring VS: golden, glatt.

Medaillon RS: auf blau emailliertem Grund die silbernen Jahreszahlen <u>1813</u>
        1814
Medaillonring RS: golden, glatt.

588   Ordenskreuz 1848/1849, Gold
Kreuz wie Nr. 587, jedoch im Medaillon der RS die Jahreszahlen der
Erneuerung <u>1848</u>
              1849

589   Ordenskreuz 1864, 1. Abteilung, 1. Klasse, Gold
Kreuz wie Nr. 587, jedoch im Medaillon der RS die Jahreszahl 1864.

590   Ordenskreuz 1864, 2. Abteilung, 1. Klasse, Silber
Kreuz wie Nr. 589, jedoch alle dort goldenen Teile hier silbern.

591   Ordenskreuz 1864 2. Abteilung,
**   1. Klasse mit der goldenen Krone,**
**   Silber**
Kreuz wie Nr. 590, jedoch mit einer goldenen Königskrone über dem oberen
Kreuzarm, mit diesem durch ein Scharnier im Reif der Krone (nicht sichtbar)
verbunden. Krone: 18 × 21 mm.

592   Ordenskreuz 1864, 2. Abteilung, 1. Klasse mit der
**   silbernen Krone, Silber**
Kreuz wie Nr. 591, jedoch statt der goldenen Krone eine silberne.

593 Ordenskreuz 1864 2. Abteilung, 2. Klasse, Silber

Kreuz wie Nr. 590, jedoch aus Silber mit gekörnten Armen und glatter, erhöhter Bordierung und emailliertem Medaillon.

Die Nummern 589—593 kommen auch mit den Reversdaten 1865 und 1866 vor.

594 Ordenskreuz 1914—1918, 1. Abteilung, 1. Klasse, Gold

Kreuz wie Nr. 587, jedoch im Medaillon der RS die Jahreszahl $\frac{1914}{1918}$

595 Ordenskreuz 1914—1918, 2. Abteilung, 1. Klasse, Silber

Kreuz wie Nr. 594, jedoch alle dort goldenen Teile hier silbern.

596 Ordenskreuz 1914—1918, 2. Abteilung, 1. Klasse mit der goldenen Krone, Silber

Kreuz wie Nr. 595, jedoch mit einer goldenen Königskrone über dem oberen Kreuzarm.

597 Ordenskreuz 1914—1918, 2. Abteilung, 1. Klasse mit der silbernen Krone, Silber

Kreuz wie Nr. 596, jedoch statt der goldenen Krone eine silberne.

598 Ordenskreuz 1914—1918, 2. Abteilung, 2. Klasse, Silber

Kreuz wie Nr. 593, jedoch im Medaillon der RS die Jahreszahlen der Erneuerung $\frac{1914}{1918}$

Band: weiß, mit je einem schwarzen Seitenstreifen und weißer Kante.

2. Abteilung wie vor, jedoch mit einem zusätzlichen schwarzen Mittelstreifen, dieser etwas schmäler.

Eisernes Kreuz*)

Stifter:	König Friedrich Wilhelm III. von Preußen
Stiftung:	10. März 1813
Gattung:	Militärisches Ehrenzeichen
Wahlspruch:	—
Klassen:	Großkreuz, 1. und 2. Klasse
Hinzufügungen/ Änderungen:	1815 Stiftung eines EK's mit goldenen Strahlen (für Feldmarschall Blücher)
	1841 Verfügung an die Ehrensenioren der einzelnen Klassen, einen Ehrensold zu zahlen
	1870 Erneuerung der Stiftung
	1897 Hinzufügung des silbernen Eichenlaubes mit der Jubiläumszahl »25«
	1914 Erneuerung der Stiftung
	1915 Stiftung der Wiederholungsspange zum EK von 1870/71
	Verleihungen an Angehörige verbündeter Mächte werden möglich.

Dekorationen:

599 Eisernes Kreuz 1813 mit goldenen Strahlen, Gold, sogenannter »Blücherstern«

93 mm
Strahlen: acht, jeder Strahl fünfteilig mit einem kurzen Zwischenstrahl. Auf dem Stern aufgelegt ein Eisernes Kreuz,

*) Nach ordenskundlicher Auffassung ist das Eiserne Kreuz kein Orden, sondern ein Ehrenzeichen. Als Orden wurde das EK erst bei seiner Erneuerung im III. Reich bezeichnet. Da das EK durch vier Generationen den deutschen »Orden« schlechthin symbolisiert, wird es an dieser Stelle im Schema der tatsächlichen Orden mit abgehandelt.

geschwärzt, mit silberner, gewendelter, erhöhter Einfassung und glatter silberner Bordierung. Kreuz: 45 mm.

600 Großkreuz zum Eisernen Kreuz, 1813

65 mm

Ordenszeichen ist ein geschweiftes, gußeisernes Kreuz mit geraden Kanten und erhöhter silberner, gewendelter Einfassung sowie breiter silberner Bordierung. Die VS ist glatt.

Auf der RS im oberen Kreuzarm die gekrönte Chiffre F(RIEDRICH) W(ILHELM). Im Zentrum über die drei Kreuzarme verteilt drei Eichenlaubblätter. Im unteren Kreuzarm das Stiftungsjahr 1813.

601 Eisernes Kreuz 1813, 1. Klasse, Eisen

Kreuz wie Nr. 600, jedoch mit glatter, silberner RS und in den Abmessungen 43 × 43 mm.

602 Eisernes Kreuz 1813, 2. Klasse, Eisen

Kreuz wie Nr. 600, jedoch in den Abmessungen 35 × 35 mm.

603   Großkreuz zum Eisernen
Kreuz 1870, Eisen

66 mm
Kreuz VS: im oberen Kreuzarm
eine Krone, im Zentrum die
Chiffre W(ILHELM), im unteren
Kreuzarm das Jahr der erneuerten
Stiftung 1870.
RS wie Nr. 600.

604   Eisernes Kreuz 1870, 1. Klasse, Eisen
Kreuz-VS wie Nr. 603, jedoch in den Abmessungen 42 × 42 mm.
RS: silbern, glatt.

605   Eisernes Kreuz 1870, 2. Klasse, Eisen
Kreuz wie Nr. 603, jedoch in den Abmessungen 35 × 35 mm.

606   Eisernes Kreuz 1870, 2. Klasse,
mit Eichenlaub »25«, Eisen
Kreuz wie Nr. 605, jedoch mit einem silbernen dreiblättrigen Eichenlaub mit der
Jubiläumszahl »25« über der querstehenden Öse. Eichenlaub: 13 × 26 mm.

**607   Eisernes Kreuz 1914 mit goldenen Strahlen, Gold,
sogenannter »Hindenburgstern«**

92 mm

Stern wie Nr. 599, jedoch auf dem oberen Kreuzarm des aufgelegten Kreuzes eine Krone, im Zentrum die Chiffre W(ILHELM) und auf dem unteren Kreuzarm das Jahr der erneuerten Stiftung 1914. Kreuz: 46 mm.

608   Großkreuz zum Eisernen Kreuz 1914, Eisen

Kreuz wie Nr. 603, jedoch im unteren Kreuzarm das Jahr der erneuerten Stiftung 1914.

609   Eisernes Kreuz 1. Klasse, 1914, Eisen

Kreuz wie Nr. 604, jedoch im unteren Kreuzarm das Jahr der erneuerten Stiftung 1914.

610   Eisernes Kreuz 2. Klasse, 1914, Eisen

Kreuz wie Nr. 605, jedoch im unteren Kreuzarm das Jahr der erneuerten Stiftung 1914.

**611　Eisernes Kreuz 2. Klasse, 1870,
　　mit Wiederholungsspange 1914,
　　Eisen**

Kreuz wie Nr. 605, auf dem Band eine silberne gekörnte Wiederholungsspange mit
erhöhten glatten Rändern. Darauf ein
kleines EK von 1914, Spange: 6 × 30 mm.

Band: für Kämpfer: schwarz mit je einem
weißen Seitenstreifen und schwarzer
Kante.
Nichtkämpfer: weiß mit je einem schwarzen Seitenstreifen und weißen Kanten.

Verdienstkreuz für Frauen und Jungfrauen

Stifter:	Kaiser Wilhelm I., König von Preußen
Stiftung:	22. März 1871
Gattung:	Damenorden
Wahlspruch:	—
Klassen:	einklassig
Hinzufügungen/ Änderungen:	Nach dem Krieg 1870/71 nicht mehr verliehen
Dekorationen:	

612　Verdienstkreuz, Silber
35 mm

Ordenszeichen ist ein dem EK nachempfundenes, verkleinertes
Kreuz mit gleicher gewendelter, silberner Randeinfassung und silberner Bordierung. Statt des gußeisernen Kerns ist die Fläche
schwarz emailliert. Im Zentrum auf der VS ein rot emailliertes,
weiß und silbern bordiertes Genfer Kreuz.
Auf der RS im Zentrum die verschlungene lateinische Chiffre

A(UGUSTA) W(ILHELM) in Silber. Im oberen Kreuzarm die Krone, im unteren Kreuzarm die Jahreszahlen <u>1870</u>, in Silber.　　　　　　　　　　　　　　　　1871

<u>Band:</u> Nichtkämpferband des Eisernen Kreuzes.

Reuß — Ältere Linie

Zivil-Ehrenkreuz

Stifter:	Fürst Heinrich XX.
Stiftung:	15. September 1858
Gattung:	Haus-Verdienstorden
Wahlspruch:	FÜR TREUE DIENSTE

Klassen: Ehrenkreuz 1. Klasse (Gold)
                    Ehrenkreuz 2. Klasse (Silber)
Hinzufügungen/   1890 Hinzufügung einer 3. Klasse (Silber), diese
Änderungen: nochmals unterteilt
                    Affiliierung einer silbernen Ehrenmedaille
Dekorationen:

613 Ehrenkreuz 1. Klasse, Gold
38 mm
Ordenszeichen ist ein goldenes Kreuz mit geschweiften Armen und
gewendelter Bordierung.
Medaillon VS: auf weiß emailliertem Grund in goldenen Buchsta-
ben der Wahlspruch FÜR/TREUE/DIENSTE.
Medaillonring VS: ein grün emaillierter Eichenlaubkranz.
Medaillon RS: die spiegelbildliche Chiffre »FR XX« des Stifters in
goldenen Buchstaben.
Medaillonring RS: ein grün emaillierter Eichenlaubkranz.

614 Ehrenkreuz 2. Klasse, Silber
Kreuz wie Nr. 613, jedoch in Silber.

615 Ehrenkreuz 3. Klasse, Abteilung A, Silber
Kreuz wie Nr. 614, jedoch das Medaillon der VS in Glanzsilber, dar-
auf in goldenen Buchstaben der Wahlspruch FÜR TREUE DIEN-
STE.
Medaillonring VS: ein grün emaillierter Eichenlaubkranz.
Medaillon RS: auf Glanzsilber in goldenen Buchstaben die spiegel-
bildliche Chiffre »FR XX«.
Medaillonring RS: ein grün emaillierter Eichenlaubkranz.

616 Ehrenkreuz 3. Klasse, Silber
Kreuz wie Nr. 615, jedoch ohne Email und goldene Auflagen.

Band: ultramarineblau mit je einem amarantroten Seitenstreifen.

Reuß — Jüngere Linie

Zivil-Ehrenkreuz

Stifter: Fürst Heinrich LXVII.
Stiftung: 20. Oktober 1857
Gattung: Haus- und Verdienstorden
Wahlspruch: —
Klassen: Ehrenkreuz 1. Klasse (Gold)
                      Ehrenkreuz 2. Klasse (Silber)
Hinzufügungen/   1859 Affiliierung einer silbernen Verdienst-
Änderungen: medaille
Dekorationen:

617 Ehrenkreuz 1. Klasse, Gold
Kreuz wie Nr. 613, jedoch das Medaillon der RS mit geänderter
fürstlicher Chiffre.

618 Ehrenkreuz 2. Klasse, Silber
Kreuz wie Nr. 614, jedoch das Medaillon der RS mit geänderter
fürstlicher Chiffre.

<u>Band:</u> amarantrot.

Reuß — Ältere und Jüngere Linie gemeinsam

Ehrenkreuz

Stifter: Fürst Heinrich XIV.
Stiftung: 24. Mai 1869

Gattung:	Verdienstorden
Wahlspruch:	—
Klassen:	1.—4. Klasse, dazu eine affiliierte silberne Medaille
Hinzufügungen/ Änderungen:	1885 Erweiterung auf vier Klassen
	1897 Affiliierung einer goldenen Verdienstmedaille
	1902 Übernahme durch das Fürstentum Reuß — Ältere Linie
	1909 Erweiterung auf sechs Klassen
	Neu: 1. Klasse mit Krone, Offizierkreuz
	Hinzufügung der Krone von der 2.—4. Klasse, diese in Gold oder Silber
	Stiftung der Schwerter zu allen Klassen
	1912 Übernahme der erweiterten Klassen durch das Fürstentum Reuß — Ältere Linie
	1915 Stiftung des Kriegsbandes

Dekorationen:

619   Ehrenkreuz 1. Klasse, Gold
54 mm

Ordenszeichen ist ein weiß emailliertes Kreuz mit schmaler goldener Bordierung. Im Einschnitt des oberen Kreuzarmes eine goldene Agraffe mit einer Öse für den Bandring. In den Winkeln der Kreuzarme Strahlen von poliertem Gold.

Medaillon VS: auf schwarz emailliertem Grund golden aufgelegt das Wappen des Hauses Reuß.

Medaillonring VS: golden, glatt.

Medaillon RS: auf schwarz emailliertem Grund die golden aufgelegte Chiffre H(EINRICH) mit einer ebenfalls aufgelegten goldenen Krone.

Medaillonring RS: golden, glatt.

620 Ehrenkreuz 1. Klasse mit der Krone, Gold
Kreuz wie Nr. 619, jedoch mit einer goldenen Krone über dem oberen Kreuzarm, mit diesem durch eine goldene Ausfüllung des oberen Kreuzarmes verbunden. Krone: 30 × 33 mm.

622

**621   Ehrenkreuz 1. Klasse mit
      Schwertern, Gold**
Kreuz wie Nr. 619, jedoch mit gekreuzten goldenen Schwertern durch die Mitte, diese 61 mm.

**622   Ehrenkreuz 1. Klasse mit
      Krone und Schwertern, Gold**
Kreuz wie Nr. 619,
Krone wie Nr. 620,
Schwerter wie Nr. 621.

623 Offizierkreuz, Gold
60 mm
Ordenszeichen ist ein weiß emailliertes (Steck-)Kreuz mit schmaler goldener Bordierung.
Medaillon: auf rot emailliertem, strahlenförmigem Grund das golden aufgelegte Wappen des Hauses Reuß.
Medaillonring: golden, glatt.

624 Offizierkreuz mit der Krone, Gold
Kreuz wie Nr. 623, jedoch mit einer goldenen Krone über dem oberen Kreuzarm, Anbringung wie bei Nr. 620, Krone: 27 × 23 mm.

**625 Offizierkreuz mit
       Schwertern, Gold**
Kreuz wie Nr. 623, jedoch mit
gekreuzten goldenen Schwertern durch die Mitte, diese
58 mm.

**626 Offizierkreuz mit Krone
       und Schwertern, Gold**
Kreuz wie Nr. 623,
Krone wie Nr. 624,
Schwerter wie Nr. 625.

627

627 Ehrenkreuz 2. Klasse, Gold
Kreuz wie Nr. 619, jedoch in den
Abmessungen 48 × 44 mm.

**628 Ehrenkreuz 2. Klasse mit der
       Krone, Gold**
Kreuz wie Nr. 627, jedoch mit einer
goldenen Krone über dem oberen
Kreuzarm, diese 16 × 20 mm.

629 Ehrenkreuz 2. Klasse mit Schwertern, Gold
Kreuz wie Nr. 627, jedoch mit gekreuzten goldenen Schwertern
durch die Mitte, diese 44 mm.

630 Ehrenkreuz 2. Klasse mit Krone und Schwertern, Gold
Kreuz wie Nr. 627,
Krone wie Nr. 628,
Schwerter wie Nr. 629.

631   Ehrenkreuz 3. Klasse, Silber

45 mm

Ordenszeichen ist ein silbernes Kreuz mit gekörnten Armen und breiter, glatter, überhöhter Bordierung. In den Winkeln der Kreuzarme silberne, glänzend geschliffene Strahlen.

Medaillon VS, RS und Medaillonring wie Nr. 627.

632   Ehrenkreuz 3. Klasse mit der Krone, Silber

Kreuz wie Nr. 631, jedoch mit einer silbernen Krone über dem oberen Kreuzarm, mit diesem fest durch eine silberne Ausfüllung verbunden, Krone: 20 mm.

633   Ehrenkreuz 3. Klasse mit Schwertern, Silber

Kreuz wie Nr. 631, jedoch mit gekreuzten silbernen Schwertern durch die Mitte, diese 42 mm.

**634   Ehrenkreuz 3. Klasse mit
        Krone und Schwertern, Silber**

Kreuz wie Nr. 631,
Krone wie Nr. 632,
Schwerter wie Nr. 633.

635   Ehrenkreuz 4. Klasse, Silber

Kreuz wie Nr. 631, jedoch ohne silberne Strahlen in den Winkeln der Kreuzarme.

Medaillon VS und RS silbern, Wappen und Chiffre golden aufgelegt.

636   Ehrenkreuz 4. Klasse mit der Krone, Silber
Kreuz wie Nr. 635, jedoch mit einer silbernen Krone über dem oberen Kreuzarm, mit diesem fest durch eine silberne Ausfüllung verbunden. Krone: 20 mm.

637   Ehrenkreuz 4. Klasse mit Schwertern, Silber
Kreuz wie Nr. 635, jedoch mit gekreuzten silbernen Schwertern durch die Mitte, diese 40 mm.

638   Ehrenkreuz 4. Klasse mit Krone und Schwertern, Silber
Kreuz wie Nr. 635,
Krone wie Nr. 636,
Schwerter wie Nr. 637.

Band: amarantrot, bei der Schwerterdekoration goldgelb mit rotschwarzem, schmalen Seitenstreifen und gelber Kante.

Königreich Sachsen

Hausorden der Rautenkrone

Stifter:	König Friedrich August (der Gerechte) von Sachsen
Stiftung:	20. Juli 1807
Gattung:	Hausorden
Wahlspruch:	PROVIDENTIAE MEMOR
Klassen:	einklassig
Hinzufügungen/ Änderungen:	—

Dekorationen:

639 Goldene Kette

Die Kette besteht nicht aus verschiedenen Gliedern, sondern aus einzelnen Segmenten eines goldenen Schriftbandes, das innen und außen mit Rauten besetzt ist.

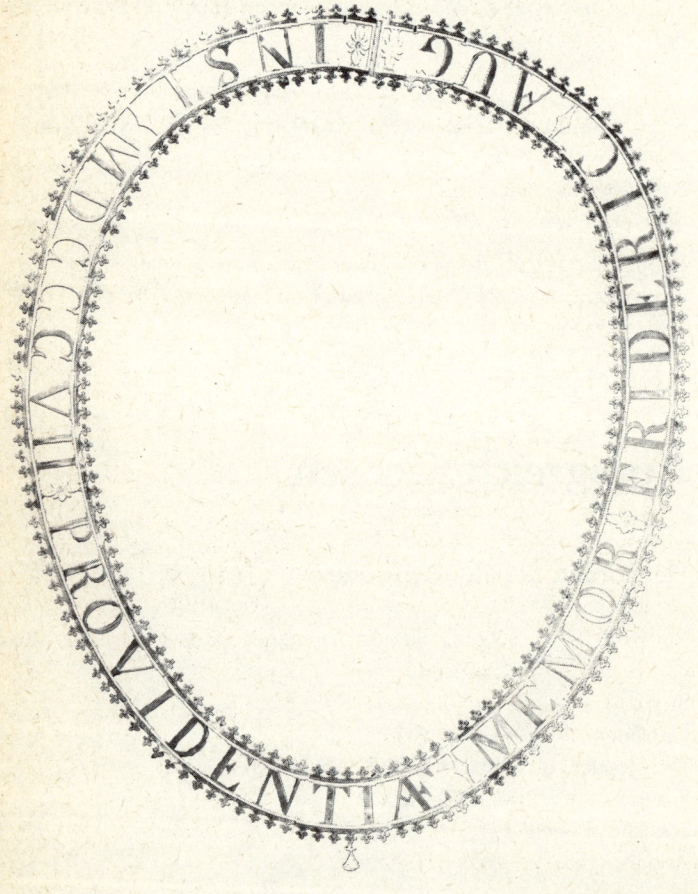

Auf der Kette befinden sich außen 143, innen 125 kleine Rauten.
Die Kette enthält als Umschrift folgenden Text: PROVIDENTIAE /
MEMOR / FRIDERIC(US) / AUG(UST) / INST(ITUIT) / MDCCCVII,
jeweils getrennt durch kleine, goldene stilisierte Elemente (Blüten).
Die Einfassung des Schriftbandes ist schmal weiß emailliert.
Aufhängung: In der gedachten Senkrechten der Kette ist hinter
einer Raute ein dreieckig gestalteter Karabinerhaken angelötet, in
den das Ordenskreuz eingehängt wird.

640   Ordenskreuz, Gold
69 mm

Ordenszeichen ist ein grün
emailliertes Kreuz mit breiter,
weiß emaillierter Einfassung,
diese durch eine goldene Kante
getrennt sowie schmaler goldener Bordierung. In den Winkeln der Kreuzarme befinden
sich goldene Rautenkronen.
Medaillon VS: auf weiß emailliertem Grund die gekrönte
goldene Chiffre des Stifters
F(RIEDRICH) A(UGUST), um-
geben von einer grün emaillierten, sechzehnblättrigen Rautenkrone.
Medaillonring VS: golden, glatt.
Medaillon RS: auf weiß emailliertem Grund in goldenen Buchstaben der Wahlspruch PROVI-/DENTIAE/MEMOR, umgeben von
einer grün emaillierten sechzehnblättrigen Rautenkrone.
Medaillonring RS: golden, glatt.

**641 Bruststern zum
Ordenskreuz, Silber**

95 mm

Strahlen: acht, jeder Strahl
fünfteilig mit einem kurzen
Zwischenstrahl.

Medaillon: auf goldenem ge-
körnten Grund in aufgelegten
Buchstaben der Wahlspruch
PROVI/DENTIAE/MEMOR.

Medaillonring: innen und au-
ßen golden geperlt. Auf weiß emailliertem Grund eine grün emaillierte, sechzehnblättrige Rautenkrone. Der Schriftring stark gewölbt. Sterne kommen auch brillantiert vor.

Band: dunkelgrün.

Militär-St.-Heinrichs-Orden

Stifter:	König Anton (der Gütige) von Sachsen als Er-neuerer*)
Stiftung:	23. Dezember 1829
Gattung:	Militärverdienstorden
Wahlspruch:	VIRTUTE IN BELLO

*) Ohne Unterschied der Grade als Verdienstorden für die Kgl. Sächsischen Offi-
ziere bereits am 7. November 1736, am 40. Geburtstag König Augusts III. von Polen,
Kurfürst von Sachsen, gestiftet. Im Jahre 1768 unter der Vormundschaftsregierung
des Kuradministrators Prinz Xaver neu in drei Klassen errichtet, die Verleihungen
unterblieben jedoch bis 1796. Ab 1807 sind Verleihungen regelmäßig nachweisbar,
bis 1829 die bis 1918 in Kraft gewesenen Statuten vollzogen wurden.

Klassen: Großkreuz, Kommandeure 1. und 2. Klasse, Rit-
                      ter, dazu eine affiliierte goldene und silberne
                      Medaille (als 5. Klasse des Ordens)
Hinzufügungen/
Änderungen: —
Dekorationen:

642   Goldene Kette

Nur eine Verleihung an König Albert von Sachsen anläßlich seines
50jährigen Militärdienst-Jubiläums am 24. Oktober 1893.
Zwei verschiedene Kettenglieder, a)—b), die sich wiederholen und
jeweils durch drei dünne Kettchen miteinander verbunden sind, bilden die Kette.

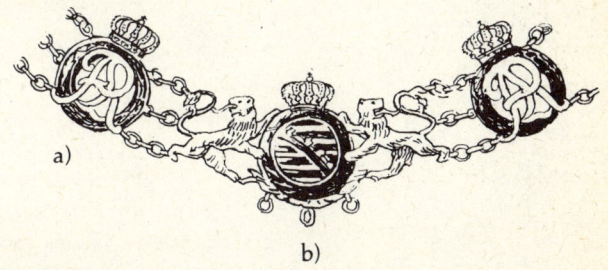

a)Chiffreglieder, A(UGUST) R(EX), golden, durchbrochen gearbeitet, in grün emaillierten Lorbeerkränzen, darüber eine goldene
   Krone
b)Wappenglieder, zwei gegenständige, goldene Löwen mit erhobener Pranke halten das Sächsische Wappen (Rautenstock), umgeben von einem grün emaillierten Lorbeerkranz, darüber eine goldene Krone. Das Wappen schwarz-gelb quergestreift, emailliert.
Aufhängung: Mittelglied ist stets das Sächsische Wappen mit der
Krone. An der Unterseite ist eine gewendelte, goldene Kordel angebracht. An dieser durch drei Kettchen aus Ringen und Ösen eine
Agraffe aus gekreuzten Kanonenrohren und einer gebundenen

Schleife, auf dieser die Jubiläumsdaten 1843—1893. Die Agraffe hat einen querstehenden Doppelring zum Einhängen des Großkreuzes.

643 Großkreuz, Gold
122 × 80 mm
Krone: golden
Ordenszeichen ist ein goldenes Kreuz mit breiter, weiß emaillierter, erhöhter Einfassung und goldener Bordierung. Im Einschnitt des oberen Kreuzarmes ein kleines goldenes Blattornament zur Befestigung der Krone.
In den Winkeln der Kreuzarme golden gefaßte, grün emaillierte Rautenkronen.
Medaillon VS: auf gelb emailliertem Grund in Emailmalerei St. Heinrich im Harnisch mit rotgefütterter Kaiserkrone, hermelingefüttertem Purpurmantel, Szepter und Krone. In kleiner schwarzer Schrift St. HENR, waagerecht verlaufend.

Medaillonring VS: innen und außen golden, glatt, auf blau emailliertem Grund in goldenen Buchstaben die Umschrift FRIDR.(ICH) AUG.(UST) D. G. REX. SAX.(ONIAE) INSTAURAVIT.
Medaillon RS: auf schwarz-gelb gestreiftem, emaillierten Grund eine golden gefaßte, grün emaillierte Rautenkrone, diese aufgelegt.
Medaillonring RS: innen und außen golden, glatt, auf blau emailliertem Grund in goldenen Buchstaben der Wahlspruch VIRTUTE IN BELLO.

644   Bruststern zum Großkreuz, Gold

83 mm

Strahlen: acht, jeder Strahl
fünfteilig mit einem kurzen
Zwischenstrahl, brillantiert.

Medaillon: wie Nr. 643 VS.

Medaillonring: innen und außen golden, geperlt, auf blau
emailliertem Grund der Wahlspruch VIRTUTE IN BELLO in
aufgelegten Buchstaben. Darunter zwei gebundene, golden
gefaßte, grün emaillierte Lorbeerzweige mit roten Früchten.

645   Großkreuz mit Lorbeer, Gold

Nur eine Verleihung an Kaiser Wilhelm I., König von Preußen, im
Jahre 1870.

Kreuz wie Nr. 643, jedoch um das Medaillon der VS zwei golden gefaßte, grün emaillierte Lorbeerzweige.

Maße nicht bekannt.

646   Kommandeurkreuz 2. Klasse, Gold

Kreuz wie Nr. 643, jedoch in den Abmessungen 82 × 55 mm.

647   Bruststern zum Kommandeurkreuz 1. Klasse, Gold

Stern wie Nr. 644, jedoch mit glatten Strahlen und in den Abmessungen 74 × 74 mm.

648   Ritterkreuz, Gold

Kreuz wie Nr. 643, jedoch in den Abmessungen 58 × 40 mm.

Band: himmelblau mit je einem zitronengelben Seitenstreifen und
himmelblauer Kante.

Zivilverdienstorden

Stifter:	König Friedrich August von Sachsen
Stiftung:	7. Juni 1815
Gattung:	(Haus- und) Verdienstorden
Wahlspruch:	FÜR VERDIENST UND TREUE
Klassen:	Großkreuze, Komtur, Ritter, dazu eine Zivil-verdienstmedaille (als 4. Klasse)
Hinzufügungen/ Änderungen:	1849 per Statut zum allgemeinen Verdienst-orden erhoben, Erweiterung auf Komtur 1. und 2. Klasse, Kleinkreuze sowie goldene und silber-ne Verdienstmedaille

1858 die Kleinkreuze werden in Ehrenkreuze umbenannt

1866 Hinzufügung der Schwerter

1870 Erneuerung der Schwerter

1876 Umwandlung des Ritterkreuzes 2. Klasse, d. h. Aufteilung in Ritterkreuze 1. und 2. Klasse Statt der goldenen Medaille wird ein Verdienst-kreuz eingeführt (als 6. Klasse)

1891 Hinzufügung der goldenen Krone für Großkreuze und Komture, der Stern für die Großkreuze wird achteckig (bisher sechseckig)

1914—18 Verleihung in sechs Klassen

Dekorationen:

649 Großkreuz, Gold

90 × 65 mm

Krone (seit 1891): golden

Ordenszeichen ist ein weiß emailliertes Kreuz mit schmaler golde-ner Bordierung. Im Einschnitt des oberen Kreuzarmes zwei golde-ne Bänder zur Aufhängung der Krone. In den Winkeln der Kreuz-arme golden gefaßte, grün emaillierte Rautenkronen.

Medaillon VS: auf weiß emailliertem Grund in Emailmalerei (später

649 Zivilverdienstorden, Großkreuz in Gold, Rückseite

aufgelegt) das gekrönte sächsische Wappen in Schwarz und Gold
mit dem grünen Rautenstock. Darum in schwarzen Buchstaben
die Umschrift FR.(IEDRICH) AUG.(UST) K.(OENIG) V.(ON)
SACHSEN D.(EN) 7. JUN.(I) 1815.
Medaillonring VS: golden, glatt.
Medaillon RS: auf weiß emailliertem Grund in schwarzen Buchstaben der Wahlspruch FÜR/VERDIENST/UND/TREUE umgeben
von einem grünen Eichenlaubkranz. Ausländer erhalten das Ordenszeichen mit der Inschrift DEM VERDIENSTE.
Medaillonring RS: golden, glatt.

650 Bruststern zum Großkreuz, Silber
90 mm
Strahlen: acht, jeder Strahl fünfteilig mit einem Zwischenstrahl.
Medaillon: auf weiß emailliertem Grund in goldenen Buchstaben
der Wahlspruch FÜR/VERDIENST/UND/TREUE.
Medaillonring: grüner Eichenlaubkranz, nach außen golden geperlt
abgeschlossen.

651 Großkreuz mit Schwertern, Gold
Kreuz wie Nr. 649, jedoch mit gekreuzten goldenen Schwertern
durch die Mitte, diese 62 mm.

652 Bruststern zum Großkreuz mit Schwertern, Silber
Stern wie Nr. 650, jedoch mit gekreuzten goldenen Schwertern
durch die Mitte, diese 73 mm.

653 Großkreuz mit Schwertern am Ring, Gold
Kreuz wie Nr. 649, jedoch mit gekreuzten goldenen Schwertern
unter der Krone, diese 35 mm.

654   Bruststern zum Großkreuz mit Schwertern am Ring, Silber
Stern wie Nr. 650, jedoch mit gekreuzten goldenen Schwertern
über dem Medaillon, diese 40 mm.

**655   Großkreuz mit dem Genfer
          Kreuz, Gold**
Kreuz wie Nr. 649, jedoch auf dem
oberen Kreuzarm ein aufgelegtes
Genfer Kreuz, dieses rot emailliert
mit weiß emaillierter Einfassung und
schmaler goldener Bordierung. Genfer Kreuz: 12 mm.

656   Bruststern zum Großkreuz mit dem Genfer Kreuz, Silber
Stern wie Nr. 650, jedoch mit einem aufgelegten Genfer Kreuz auf
dem oberen Strahl, dieses wie bei Nr. 655. Genfer Kreuz: 18 mm.

657   Komturkreuz 2. Klasse, Gold
Kreuz wie Nr. 649, jedoch am Halse zu tragen.

658   Bruststern zum Komturkreuz 1. Klasse, Silber
90 mm
Strahlen: 32 Strahlen bilden einen Rhombus.
Medaillon wie Nr. 650.

659   Komturkreuz 2. Klasse mit Schwertern, Gold
Kreuz wie Nr. 657, jedoch mit gekreuzten goldenen Schwertern
durch die Mitte, diese 66 mm.

**660   Bruststern zum Komturkreuz 1. Klasse mit Schwertern,
           Silber**
Stern wie Nr. 657, jedoch mit gekreuzten goldenen Schwertern
durch die Mitte, diese 75 mm.

661   Komturkreuz 2. Klasse mit Schwertern am Ring, Gold
Kreuz wie Nr. 657, jedoch mit gekreuzten goldenen Schwertern
unter der Krone, diese 35 mm.

**662   Bruststern zum Komturkreuz 1. Klasse mit Schwertern
           am Ring, Silber**
Stern wie Nr. 658, jedoch mit gekreuzten goldenen Schwertern
über dem Medaillon, diese 36 mm.

663   Ritterkreuz 1. Klasse, Gold
Kreuz wie Nr. 649, jedoch ohne goldene Krone und in den Abmessungen
44 × 44 mm.

664   Ritterkreuz 1. Klasse mit Schwertern, Gold
Kreuz wie Nr. 663, jedoch mit gekreuzten goldenen Schwertern
durch die Mitte, diese 46 mm.

665   Ritterkreuz 1. Klasse mit Schwertern am Ring, Gold
Kreuz wie Nr. 663, jedoch mit gekreuzten goldenen Schwertern auf
dem oberen Kreuzarm unter der Öse. Schwerter am Ring: 24 mm.

666   Ritterkreuz 2. Klasse, Silber
Kreuz wie Nr. 663, jedoch alle dort goldenen Teile und Auflagen
hier silbern, ohne Rautenkronen in den Kreuzwinkeln, in den Abmessungen 36 × 36 mm.

667   Ritterkreuz 2. Klasse mit Schwertern, Silber
Kreuz wie Nr. 666, jedoch mit gekreuzten silbernen Schwertern
durch die Mitte, diese 47 mm.

668   Ritterkreuz 2. Klasse mit Schwertern am Ring, Silber
Kreuz wie Nr. 666, jedoch mit gekreuzten silbernen Schwertern
auf dem oberen Kreuzarm unter der Öse. Schwerter am Ring:
20 mm.

669   Silbernes Verdienstkreuz, Silber
Kreuz wie Nr. 666, Arme jedoch silbern gekörnt mit erhöhter glatter Bordierung.
Medaillons emailliert.

670   Silbernes Verdienstkreuz mit Schwertern, Silber
Kreuz wie Nr. 669, jedoch mit gekreuzten silbernen Schwertern
durch die Mitte, diese 42 mm.

<u>Band</u>: weiß mit je einem grasgrünen Seitenstreifen und weißer Kante.

Albrechts-Orden

Stifter:	König Friedrich August II. von Sachsen
Stiftung:	31. Dezember 1850
Gattung:	Zivilverdienstorden
Wahlspruch:	ALBERTUS ANIMOSUS
Klassen:	Großkreuz, Komtur 1. und 2. Klasse, Ritter, Kleinkreuze
Hinzufügungen/ Änderungen:	1858 die Kleinkreuze werden zu Ehrenrittern umbenannt
	Stiftung einer goldenen und silbernen Verdienstmedaille (als 6. Klasse)
	1866 Hinzufügung der Schwerter
	1870 Hinzufügung der Schwerter am Ring
	1876 Aufhebung der Verdienstmedaillen, Aufteilung des Ritterkreuzes in 1. und 2. Klasse (5. Klasse des Ordens)
	Statt der goldenen Medaille wird ein Albrechtskreuz gestiftet
	1883 Verleihung des Großkreuzsterns in Gold am Band der Rautenkrone, jedoch mit weißen Seitenstreifen, als Ausdruck besonderer Wertschätzung
	1890 Stiftung des Offizierkreuzes zwischen Komturkreuz 2. Klasse und Ritterkreuz 1. Klasse

1893 der goldene Stern zum Großkreuz wird
auch ohne das Sonderband verliehen
1901 Stiftung des Ritterkreuzes 1. Klasse mit
der Krone, diese golden
1903 der goldene Stern zum Großkreuz erhält
zur Erhöhung ggf. eine silberne Krone

Dekorationen:
Beim Albrechts-Orden werden zwei Modelle nach dem aufgelegten
Bildnis im Medaillon unterschieden.

1. Modell (1850—1876), älterer Kopf mit der sogenannten »Bäcker-
mütze«

2. Modell (1876—1918), jüngerer Kopf mit langem Haar.

1. Modell
671 Großkreuz, Gold
93 × 53 mm
Krone: golden
Ordenszeichen ist ein weiß emailliertes Kreuz mit geschweiften
Armen, glatten Kanten und schmaler goldener Bordierung. Der
untere Kreuzarm ist verlängert (Hochkreuz). In den Winkeln der
Kreuzarme ein freistehender, golden gefaßter, grün emaillierter
Eichenlaubkranz.
Medaillon VS: auf weiß emailliertem Grund golden erhaben aufge-
legt, der Kopf Albrecht des Beherzten, dieser nach rechts blickend.
Medaillonring VS: innen und außen golden, glatt, auf blau emaillier-
tem Grund in goldenen Buchstaben der Wahlspruch ALBERTUS
ANIMOSUS, darunter eine goldene Verzierung mit einem kleinen
goldenen Stern in der Mitte.
Medaillon RS: auf weiß emailliertem Grund aufgelegt das emaillier-
te sächsische Wappen mit der goldenen Krone.
Medaillonring RS: innen und außen golden, glatt, auf blau emailliertem Grund oben goldenes Blattwerk, unten die Jahreszahl der Stiftung 1850.

672 Bruststern zum Großkreuz, Silber

78 mm
Strahlen: acht, jeder Strahl fünfteilig mit je einem kurzen Zwischenstrahl, brillantiert. Medaillon wie Nr. 671. Medaillonring: golden, innen geperlt, außen brillantiert, auf blau emailliertem Grund in aufgelegten goldenen Buchstaben der Wahlspruch ALBERTUS ANIMOSUS, Buchstaben oft im Zierschnitt, darunter eine goldene Arabeske.

673 Großkreuz mit Schwertern, Gold
Kreuz wie Nr. 671, jedoch mit gekreuzten goldenen Schwertern durch die Mitte, diese 60 mm.

674 Bruststern zum Großkreuz mit Schwertern, Silber
Stern wie Nr. 672, jedoch mit gekreuzten goldenen Schwertern über dem Medaillon, diese 62 mm.

675 Großkreuz mit Schwertern am Ring, Gold
Kreuz wie Nr. 671, jedoch mit gekreuzten goldenen Schwertern über dem oberen Kreuzarm. Maße nicht bekannt.

676 Bruststern zum Großkreuz mit Schwertern am Ring, Silber
Stern wie Nr. 672, jedoch mit gekreuzten goldenen Schwertern über dem Medaillon. Maße nicht bekannt.

677   Komturkreuz 2. Klasse, Gold
Kreuz wie Nr. 671, jedoch am Hals zu tragen.

678   Bruststern zum Komturkreuz 1. Klasse, Silber
75 mm
Strahlen: 42 Strahlen bilden einen Rhombus.
Medaillon wie VS der Nr. 671.

679   Komturkreuz 2. Klasse mit Schwertern, Gold
Kreuz wie Nr. 673, jedoch am Hals zu tragen.

**680   Bruststern zum Komturkreuz 1. Klasse mit Schwertern,
          Silber**
Stern wie Nr. 678, jedoch mit gekreuzten goldenen Schwertern
durch die Mitte, diese 60 mm.

681   Komturkreuz 2. Klasse mit Schwertern am Ring, Gold
Kreuz wie Nr. 677, jedoch mit gekreuzten goldenen Schwertern
über dem oberen Kreuzarm. Maße nicht bekannt.

**682   Bruststern zum Komturkreuz 1. Klasse mit Schwertern
          am Ring, Silber**
Stern wie Nr. 678, jedoch mit gekreuzten goldenen Schwertern
über dem Medaillon. Maße nicht bekannt.

683   Ritterkreuz, Gold
Kreuz wie Nr. 671, jedoch ohne Krone,
sowie in den Abmessungen 46 × 36 mm.
Auf dem oberen Kreuzarm eine goldene
Agraffe mit Kugelöse für den Bandring.

684 Ritterkreuz mit Schwertern, Gold
Kreuz wie Nr. 683, jedoch mit gekreuzten goldenen Schwertern durch die Mitte, diese 40 mm.

685 Ritterkreuz mit Schwertern am Ring, Gold
Kreuz wie Nr. 683, jedoch mit gekreuzten goldenen Schwertern auf der goldenen Agraffe des oberen Kreuzarmes. Maße nicht bekannt.

686 Ehrenkreuz, Silber
42 × 34 mm
Kreuz wie Nr. 685, jedoch mit glatten, silbernen Armen und erhöhter silberner Bordierung. Die Medaillons sind emailliert wie bei Nr. 671.

687 Ehrenkreuz mit Schwertern, Silber
Kreuz wie Nr. 686, jedoch mit gekreuzten silbernen Schwertern durch die Mitte. Maße nicht bekannt.

688 Ehrenkreuz mit Schwertern am Ring, Silber
Kreuz wie Nr. 686, jedoch mit gekreuzten silbernen Schwertern am Ring auf der silbernen Agraffe über dem oberen Kreuzarm. Maße nicht bekannt.

2. Modell
689 Großkreuz, Gold
92 × 59 mm
Kreuz wie Nr. 671, jedoch mit geändertem Medaillon.

690 Bruststern zum Großkreuz, Silber
95 mm
Strahlen: acht, jeder Strahl fünfteilig mit einem kurzen Zwischenstrahl.

Medaillon: auf weiß emailliertem Grund golden aufgelegt das nach rechts gewendete Brustbild des Kopfes Albrechts des Beherzten mit schulterlangem Haar.

Medaillonring: innen golden, glatt, außen golden, geperlt, auf blau emailliertem Grund in goldenen Buchstaben der Wahlspruch AL-BERTUS ANIMOSUS, darunter eine goldene Arabeske.

**691   Großkreuz mit Schwertern,
        Gold**

Kreuz wie Nr. 689, jedoch mit gekreuzten goldenen Schwertern durch
die Mitte, diese 64 mm.

**692   Bruststern zum Großkreuz
        mit Schwertern, Silber**

Stern wie Nr. 690, jedoch mit gekreuzten goldenen Schwertern durch
die Mitte, diese 68 mm.

693 Großkreuz mit Schwertern am Ring, Gold
Kreuz wie Nr. 689, jedoch mit gekreuzten goldenen Schwertern
über dem oberen Kreuzarm unter der Krone. Schwerter am Ring:
40 mm.

694 Bruststern zum Großkreuz mit Schwertern am Ring, Silber
Stern wie Nr. 690, jedoch mit gekreuzten goldenen Schwertern
über dem Medaillon. Schwerter am Ring: 45 mm.

695 Sonderstufe des Großkreuzes, Gold
Kreuz wie Nr. 689, jedoch an der Schärpe des Hausordens der
Rautenkrone mit zwei zusätzlichen weißen Seitenstreifen.

696 Bruststern zur Sonderstufe des Großkreuzes, Gold
Stern wie Nr. 690, jedoch goldene statt silberne Strahlen, zusätzlich
ist der innere Medaillonring golden brillantiert und nicht glatt, der
Wahlspruch und die Arabeske in Zierschnitt.

**697 Bruststern mit der Krone zur Sonderstufe des Großkreuzes,
         Gold**
Stern wie Nr. 696, jedoch mit einer silbernen Krone auf dem oberen
Kreuzarm, diese 30 × 30 mm.

698   Sonderstufe des Großkreuzes mit Schwertern, Gold
Kreuz wie Nr. 695, jedoch mit gekreuzten goldenen Schwertern
durch die Mitte, diese 64 mm.

**699   Bruststern zur Sonderstufe des Großkreuzes mit
          Schwertern, Gold**
Stern wie Nr. 696, jedoch mit gekreuzten silbernen Schwertern
durch die Mitte, diese 68 mm.

**700   Sonderstufe des Großkreuzes mit Schwertern am Ring,
          Gold**
Kreuz wie Nr. 695, jedoch mit gekreuzten goldenen Schwertern
über dem oberen Kreuzarm unter der Krone. Schwerter am Ring:
40 mm.

**701   Bruststern zur Sonderstufe des Großkreuzes mit
          Schwertern am Ring, Gold**
Stern wie Nr. 696, jedoch mit gekreuzten silbernen Schwertern
über dem Medaillon, diese 45 mm.

702   Komturkreuz 2. Klasse, Gold
Kreuz wie Nr. 689, jedoch am Hals zu tragen.

**703   Bruststern zum Komturkreuz
          1. Klasse, Silber**
90 mm
Strahlen: 32 Strahlen bilden
einen Rhombus.
Medaillon wie Nr. 690.

**704 Komturkreuz 2. Klasse mit
        Schwertern, Gold**

704

Kreuz wie Nr. 691, jedoch am Hals zu tragen.

**705 Bruststern zum Komturkreuz
        1. Klasse mit Schwertern, Silber**

Stern wie Nr. 703, jedoch mit gekreuzten
goldenen Schwertern durch die Mitte, diese
75 mm.

706 Komturkreuz 2. Klasse mit Schwertern am Ring, Gold

Kreuz wie Nr. 693, jedoch am Hals zu tragen.

**707 Bruststern zum Komturkreuz 1. Klasse mit Schwertern
        am Ring, Silber**

Stern wie Nr. 703, jedoch mit gekreuzten goldenen Schwertern
über dem Medaillon, diese 40 mm.

708 Offizierkreuz, Silber vergoldet

70 × 46 mm

Ordenszeichen ist das Ordenskreuz mit glatter, vergoldeter Rückseite. Auf dem oberen Kreuzarm eine angelötete goldene Krone,
diese 17 × 21 mm. Als Steckkreuz zu tragen.

709 Offizierkreuz mit Schwertern, Silber vergoldet

Kreuz wie Nr. 708, jedoch mit gekreuzten goldenen Schwertern
durch die Mitte, diese 52 mm.

710   Offizierkreuz mit Schwertern am Ring, Silber vergoldet
Kreuz wie Nr. 708, jedoch mit gekreuzten goldenen Schwertern
über dem oberen Kreuzarm unter der Krone. Schwerter am Ring:
33 mm.

711   Ritterkreuz 1. Klasse mit der Krone, Gold
Kreuz wie Nr. 689, jedoch in den Abmessungen 60 × 38 mm. Krone:
golden, 17 × 21 mm.

712   Ritterkreuz 1. Klasse mit der Krone und Schwertern, Gold
Kreuz wie Nr. 711, jedoch mit gekreuzten goldenen Schwertern
durch die Mitte, diese 38 mm.

**713   Ritterkreuz 1. Klasse mit der Krone und Schwertern am
Ring, Gold**
Kreuz wie Nr. 711, jedoch mit gekreuzten goldenen Schwertern
über dem oberen Kreuzarm unter der Krone. Schwerter am Ring:
34 mm.

714   Ritterkreuz 1. Klasse, Gold
Kreuz wie Nr. 711, jedoch ohne Krone über dem oberen Kreuzarm.

715   Ritterkreuz 1. Klasse mit Schwertern, Gold
Kreuz wie Nr. 712, jedoch ohne Krone.

716   Ritterkreuz 1. Klasse mit Schwertern am Ring, Gold
Kreuz wie Nr. 713, jedoch ohne Krone.

717   Ritterkreuz 2. Klasse, Silber
Ordenszeichen ist das Ordenskreuz ohne Krone und ohne den
Eichenlaubkranz in den Winkeln der Kreuzarme, in den Abmessun-
gen 48 × 34 mm.

718 Ritterkreuz 2. Klasse mit Schwertern, Silber
Kreuz wie Nr. 717, jedoch mit gekreuzten goldenen Schwertern durch die Mitte, diese 33 mm.

719 Ritterkreuz 2. Klasse mit Schwertern am Ring, Silber
Kreuz wie Nr. 717, jedoch mit gekreuzten goldenen Schwertern auf dem oberen Kreuzarm, diese 30 mm.

720 Silbernes Verdienstkreuz, Silber
Ordenszeichen ist das Ordenskreuz, jedoch gänzlich in Silber. Arme glatt mit dreifacher, linear erhöhter Bordierung, in den Abmessungen 48 × 35 mm.

721 Silbernes Verdienstkreuz mit Schwertern, Silber
Kreuz wie Nr. 720, jedoch mit gekreuzten silbernen Schwertern durch die Mitte, diese 39 mm.

<u>Band:</u> grasgrün mit je einem weißen Seitenstreifen und grüner Kante.

Sidonien-Orden

Stifter:	König Johann von Sachsen
Stiftung:	14. März 1871
Gattung:	Damenorden
Wahlspruch:	SIDONIA
Klassen:	einklassig
Hinzufügungen/ Änderungen:	Als persönliche Auszeichnung (des Königs) konnte der Orden an einer dem Großkreuz ähnlichen Schärpe verliehen werden
	Wurde im Weltkrieg 1914—18 als Kriegsorden geführt

Dekorationen:

722   Ordenskreuz, Gold
62 × 46 mm
Ordenszeichen ist ein weiß
emailliertes Kreuz mit schmaler goldener Bordierung. Im
Einschnitt des oberen Kreuzarmes eine querlaufende Öse,
darin eine goldene gekrönte
Agraffe mit der Chiffre S(IDO-
NIE).
Medaillon VS: auf weiß emailliertem Grund aufgelegt der
goldene, nach links gewendete
Kopf der Stamm-Mutter der
Albertinischen Linie des Hauses Sachsen, Sidonie.
Medaillonring VS: innen golden, glatt, außen golden, gekörnt, mit
acht goldenen Rautenblättern besetzt, auf blau emailliertem Grund
in goldenen Buchstaben die Umschrift SIDONIA, als Abschluß ein
kleines goldenes Kreuz.
Medaillon RS: auf weiß emailliertem Grund aufgelegt das gekrönte
sächsische Wappen mit schwarz-gelb emaillierten Balken und
einem golden gefaßten, grün emaillierten Rautenstock.
Medaillonring RS: innen und außen golden, glatt, auf blau emailliertem Grund unten in goldenen Buchstaben das Stiftungsjahr 1870,
darüber ornamentale goldene Verzierungen, oben mit einem kleinen goldenen Kreuz abgeschlossen.

Band: violett gewässert, mit je zwei weiß-grünen Seitenstreifen
und violetter Kante.

Maria-Anna-Orden

Stifter:	König Friedrich August III. von Sachsen
Stiftung:	15. Mai 1906
Gattung:	Damenorden
Wahlspruch:	—
Klassen:	1. Klasse mit der Krone, 2. Klasse, 3. Klasse (Maria-Anna-Kreuz)
Hinzufügungen/ Änderungen:	1906 als persönliche Auszeichnung (des Königs) konnte der Orden an einer dem Großkreuz ähnlichen Schärpe verliehen werden Wurde im Weltkrieg 1914—18 als Kriegsorden geführt
Dekorationen:	

723 Kreuz 1. Klasse, Gold

52 × 40 mm
Krone: golden
Ordenszeichen ist ein blau emailliertes Kreuz mit stark geschweiften Armen sowie eingezogenen Kanten und breiter goldener Bordierung. Auf dem oberen Kreuzarm eine kleine Agraffe für die Befestigung der Krone.
Medaillon VS: auf goldenem, gekörnten Grund aufgelegt der nach links gewendete goldene Kopf der Mutter des Stifters.
Medaillonring VS: innen und außen golden, glatt, auf weiß emailliertem Grund goldene Ornamente.
Medaillon RS: auf golden gekörntem Grund die Chiffre M(ARIA) A(NNA).
Medaillonring RS: innen und außen golden, glatt, auf weiß emailliertem Grund goldene Ornamente.

724 Kreuz 2. Klasse, Gold

Kreuz wie Nr. 723, jedoch ohne goldene Krone, in den Abmessungen 45 × 40 mm.

725 Kreuz 3. Klasse, Maria-Anna-Kreuz
Kreuz wie Nr. 723, jedoch gänzlich in Silber, in den Abmessungen
35 × 33 mm.

<u>Band:</u> hellblau mit je einem weißen Seitenstreifen und blauer
Kante.

Sachsen-Weimar

Orden der Wachsamkeit oder Orden vom Weißen Falken

Stifter:	Herzog Ernst August zu Sachsen-Weimar (1732), erneuert durch Großherzog Carl August zu Sachsen-Weimar-Eisenach
Stiftung:	18. Oktober 1815
Gattung:	Hausorden für zivile und militärische Verdienste
Wahlspruch:	VIGILANDO ASCENDIMUS
Klassen:	Großkreuz, Kommandeurkreuz, Ritterkreuz

Hinzufügungen/ Änderungen:	1840 Teilung in Kommandeurkreuz 1. und 2. Klasse

Teilung des Ritterkreuzes in Ritterkreuz 1. Klasse und ein Ehrenkreuz (2. Klasse)

1870 Stiftung der gekreuzten goldenen Schwerter für Verdienste »vor dem Feinde«

1878 Stiftung eines Verdienstkreuzes (Silber)

1892 Teilung der Ordenszeichen in Verdienste um das Großherzogliche Haus und Land sowie sonstige Verdienste. Für letztere in allen drei Klassen Wegfall des Sterns in den Kreuzwinkeln

1902 Bestimmung von 1892 aufgehoben

Ritterkreuz 2. Klasse wird wieder Ritterkreuz 1. Klasse, jedoch gänzlich in Silber

Hinzufügung des goldenen und silbernen Verdienstkreuzes

Schwerter im Metall des Verdienstkreuzes

Dekorationen:

726 Goldene Kette

Zwei verschiedene Glieder, a)—b), die sich wiederholen und durch Ringe und Ösen miteinander verbunden sind, bilden die Kette.

a) Chiffreglieder, golden, C(ARL) A(UGUST)

b) Falkenglieder, golden, die ausgebreiteten Flügel halten jeweils das anschließende Chiffreglied.

a)

b)

Aufhängung: Mittelglied ist stets ein Chiffreglied mit einfacher Öse, in die das Großkreuz eingehängt wird.

727   Großkreuz, Gold
106 × 60 mm
Krone: golden
Ordenszeichen ist ein grün emailliertes Kreuz mit schmaler goldener Bordierung. Im Einschnitt des oberen Kreuzarmes eine goldene Agraffe zur Befestigung der Krone. In den Winkeln der Kreuzarme je eine rot emaillierte (Stern-)Spitze mit goldener Verzierung und einer weißen Perle (oder Email) am Ende, sowie goldener Bordierung. Auf dem Kreuz aufgelegt ein goldbewehrter weißer Falke mit ausgebreiteten Flügeln und nach links gewendetem Kopf in der sog. Adlerstellung.
RS: Das Kreuz weiß emailliert, der Stern in den Winkeln der Kreuzarme grün emailliert.
Medaillon RS: auf blau emailliertem Grund der Wahlspruch VIGI/ LANDO/ASCEN/DIMUS in goldenen Buchstaben.
Medaillonring RS: ein breiter, gebundener, goldener Lorbeerkranz, für Militärpersonen mit Armatur, darüber eine goldene königliche Krone.

728   Bruststern zum Großkreuz, Silber
90 mm
Strahlen: acht, jeder Strahl fünfteilig mit je zwei kurzen Zwischenstrahlen. Auf dem Stern das grün emaillierte Ordenskreuz mit schmaler goldener Bordierung.
Medaillon: auf golden gestrahltem Grund ein fliegender, weiß emaillierter Falke, dieser golden gefaßt und aufgelegt, nach links gewendet.
Medaillonring: innen und außen golden, gewendelt, auf blau emailliertem Grund in goldenen Buchstaben der Wahlspruch VIGILANDO ASCENDIMUS, abgeschlossen mit einem kleinen goldenen Stern, der Schriftring stark gewölbt.

Sterne wurden auch in brillantierter Ausführung und aufgelegtem Wahlspruch in Zierschnitt verliehen.

729   Großkreuz mit Schwertern, Gold
Kreuz wie Nr. 727, jedoch mit gekreuzten goldenen Schwertern durch die Mitte, diese 60 mm.

730   Bruststern zum Großkreuz mit Schwertern, Silber
Stern wie Nr. 728, jedoch mit gekreuzten goldenen Schwertern durch die Mitte, diese 88 mm.

730

729

731   Großkreuz für allgemeine Verdienste, Gold, 1892—1902
Kreuz wie Nr. 727, jedoch ohne die rot emaillierten Sternspitzen in den Kreuzwinkeln.

**732 Bruststern zum Großkreuz für allgemeine Verdienste,
Silber, 1892—1902**

Stern wie Nr. 728, jedoch ohne das grün emaillierte, unterlegte
Kreuz.

733 Kommandeurkreuz 2. Klasse, Gold

Kreuz wie Nr. 727, jedoch in den Abmessungen 88 × 50 mm.

734 Bruststern zum Kommandeurkreuz 1. Klasse, Silber

88 mm

Strahlen: 40 Strahlen bilden einen Rhombus, darauf das Medaillon
wie Nr. 728.

735 Kommandeurkreuz 2. Klasse mit Schwertern, Gold

Stern wie Nr. 727, jedoch mit gekreuzten goldenen Schwertern
durch die Mitte, diese 60 mm.

**736 Bruststern zum Kommandeurkreuz 1. Klasse mit
Schwertern, Silber**

Stern wie Nr. 734, jedoch mit gekreuzten goldenen Schwertern
durch die Mitte, diese 78 mm.

737 Kommandeurkreuz für allgemeine Verdienste, Gold, 1892—1902

Kreuz wie Nr. 731, jedoch in den Abmessungen 88 × 50 mm.

737

738 Ritterkreuz 1. Klasse, Gold

Kreuz wie Nr. 727, jedoch in den Abmessungen 63 × 38 mm.

739 Ritterkreuz 1. Klasse mit Schwertern, Gold

Kreuz wie Nr. 738, jedoch mit gekreuzten goldenen Schwertern, diese 36 mm.

740 Ritterkreuz 1. Klasse für allgemeine Verdienste, Gold, 1892—1902

Kreuz wie Nr. 731, jedoch in den Abmessungen 62 × 36 mm.

741 Ehrenkreuz (Ritterkreuz 2. Klasse), Silber, 1840—1902

34 mm.

Ordenszeichen ist ein weiß emailliertes Kreuz mit schmaler Bordierung.

Medaillon VS: auf goldenem, gestrahltem Grund ein aufgelegter golden gefaßter, weiß emaillierter weißer Falke.

Medaillonring VS: golden, glatt.

Medaillon RS: auf blau emailliertem Grund die goldene Chiffre des Stifters C(ARL) F(RIEDRICH), darüber eine goldene großherzogliche Krone.

Medaillonring RS: golden, glatt.

742   Ehrenkreuz (Ritterkreuz 2. Klasse), mit Schwertern, Silber, 1840—1902
Kreuz wie Nr. 741, jedoch mit gekreuzten goldenen Schwertern durch die Mitte, diese 48 mm.

743   Ritterkreuz 2. Klasse, Silber, 1902—1918
Kreuz wie Nr. 733, jedoch sämtliche Teile und Auflegungen in Silber.

744   Ritterkreuz 2. Klasse mit Schwertern, Silber, 1902—1918
Kreuz wie Nr. 743, jedoch mit gekreuzten silbernen Schwertern durch die Mitte, diese 36 mm.

Band: ponceaurot.

Sächsische Herzogtümer
Ab 1826 gemeinsam

Herzoglich Sachsen-Ernestinischer Hausorden

Stifter:	Herzog Friedrich I. von Sachsen-Coburg-Gotha 1689 als Orden der Deutschen Redlichkeit, erneuert durch Herzog Friedrich zu Sachsen-Altenburg
	Herzog Ernst zu Sachsen-Coburg-Gotha
	Herzog Bernhard Erich Freund zu Sachsen-Meiningen
Stiftung:	25. Dezember 1833
Gattung:	Hausorden, später Zivil- und Militärverdienstorden
Wahlspruch:	FIDELITER ET CONSTANTER

Klassen:	Großkreuz, Komtur 1. und 2. Klasse, Ritter sowie ein affiliiertes Verdienstkreuz und eine Verdienstmedaille
Hinzufügungen/ Änderungen:	1864 Aufteilung in Ritter 1. und 2. Klasse, Aufteilung in eine goldene und silberne Verdienstmedaille
	Hinzufügung der goldenen Kette
	1866 Hinzufügung der Schwerter
	1878 erstmalige Verleihung eines Prinzessinnenkreuzes (gilt nicht als Orden)
	1915 schriftlicher Beschluß über die Stiftung der Jahreszahlen 1914, 1914/1915 anstelle der Schwerter für Heimatverdienst
	1935 Stiftung und Genehmigung zum Tragen der Schwerter am Ring für nach dem 30. 1. 1933 verliehene Exemplare

Dekorationen:

Die Ordenszeichen des **1. Modells** (bis 1864) haben auf dem oberen Kreuzarm einen goldenen Buchstaben, jeweils die Chiffre eines der drei Ordenserneuerer:

F für Sachsen-Altenburg

E für Sachsen-Coburg-Gotha

B für Sachsen-Meiningen

745 Großkreuz für Inländer, Chiffre »F«, Gold

105 × 69 mm

Krone: golden

Ordenszeichen ist ein weiß emailliertes Kreuz mit goldener Bordierung und goldenen Kugelspitzen. Im Einschnitt des oberen Kreuzarmes zwei goldene Stege, an denen die Krone befestigt ist.

In den Winkeln der Kreuzarme einander zugewandte, goldene Löwen mit erhobener Pranke. Auf dem oberen Kreuzarm die gotische goldene Chiffre F(RIEDRICH).

Medaillon VS: auf goldenem gekörnten Grund das aufgelegte, goldene, nach links gewendete Brustbild Herzog Ernst des Frommen. Medaillonring VS: innen und außen golden, glatt, auf blau emailliertem Grund in goldenen Buchstaben der Wahlspruch FIDELITER

745
Sachsen-
Ernestinischer
Hausorden
Großkreuz
für Inländer
in Gold,
Chiffre »F«
für Sachsen-
Altenburg

ET CONSTANTER. Darum ein golden gebundener, grün emaillierter Eichenlaubkranz.

Medaillon RS: auf golden gekörntem Grund fünf schwarz emaillierte Querbalken mit aufgelegtem, grün emailliertem, golden gefaßtem Rautenstock (Sächsisches Wappen).

Medaillonring RS: innen und außen golden, glatt, auf blau emailliertem Grund in goldenen Buchstaben die Inschrift D. 25. DECEMBER 1833, nach unten mit drei goldenen Sternchen abgeschlossen. Darum ein golden gebundener, grün emaillierter Eichenlaubkranz.

746 Bruststern zum Großkreuz für Inländer, Chiffre »F«, Gold/Silber

78 mm

Strahlen: acht, jeder Strahl fünfteilig mit einem Zwischenstrahl. Die axialen Strahlen golden, die diagonalen Strahlen silbern. Auf dem Stern das Ordenskreuz aufgelegt.

Medaillon: auf gekörntem goldenen Grund eine golden gefaßte, grün aufgelegte emaillierte Rautenkrone mit fünf kleeblattförmigen Blättern.

Medaillonring: innen und außen golden, glatt, auf blau emailliertem Grund in goldenen Buchstaben der Wahlspruch FIDELITER ET CONSTANTER. Darum ein golden gebundener, grün emaillierter Eichenlaubkranz.

747 Großkreuz für Ausländer, Chiffre »F«, Gold

Kreuz wie Nr. 745, jedoch ohne Eichenlaubkranz um den Medaillonring.

**748   Bruststern zum Großkreuz für Ausländer, Chiffre »F«,
         Gold/Silber**

Stern wie Nr. 746, jedoch ohne Eichenlaubkranz um den Medaillonring.

749

**749   Großkreuz für Inländer,
         Chiffre »E«, Gold**

Kreuz wie Nr. 745, jedoch auf
dem oberen Kreuzarm die gotische Chiffre E(RNST) in Gold.

**750   Bruststern zum
         Großkreuz für Inländer,
         Chiffre »E«, Gold/Silber**

Stern wie Nr. 746.

751   Großkreuz für Ausländer, Chiffre »E«, Gold

Kreuz wie Nr. 749, jedoch ohne Eichenlaubkranz um den Medaillonring.

**752   Bruststern zum Großkreuz für Ausländer, Chiffre »E«,
         Gold/Silber**

Stern wie Nr. 746, jedoch ohne Eichenlaubkranz um den Medaillonring.

753   Großkreuz für Inländer, Chiffre »B«, Gold

Kreuz wie Nr. 745, jedoch auf dem oberen Kreuzarm die goldene
gotische Chiffre B(ERNHARD).

754 Bruststern zum Großkreuz für Inländer, Chiffre »B«, Gold/Silber

Stern wie Nr. 746.

755 Großkreuz für Ausländer, Chiffre »B«, Gold

Kreuz wie Nr. 753, jedoch ohne Eichenlaubkranz um den Medaillonring.

756 Bruststern zum Großkreuz für Ausländer, Chiffre »B«, Gold/Silber

Stern wie Nr. 746, jedoch ohne Eichenlaubkranz um den Medaillonring.

757 Großkreuz für Inländer, Chiffre »F«, mit Schwertern, Gold

Kreuz wie Nr. 745, jedoch mit gekreuzten goldenen Schwertern durch die Mitte, diese 58 mm.

758 Bruststern zum Großkreuz für Inländer, Chiffre »F«, mit Schwertern, Gold/Silber

Stern wie Nr. 746, jedoch mit gekreuzten goldenen Schwertern durch die Mitte, diese 60 mm.

759 Großkreuz für Ausländer, Chiffre »F«, mit Schwertern, Gold

Kreuz wie Nr. 757, jedoch ohne Eichenlaubkranz um den Medaillonring.

760 Bruststern zum Großkreuz für Ausländer, Chiffre »F«, mit Schwertern, Gold/Silber

Stern wie Nr. 748, jedoch mit gekreuzten goldenen Schwertern durch die Mitte, diese 60 mm.

761   Großkreuz für Inländer, Chiffre »E«, mit Schwertern, Gold
Kreuz wie Nr. 749, jedoch mit gekreuzten goldenen Schwertern
durch die Mitte, diese 58 mm.

**762   Bruststern zum Großkreuz für Inländer, Chiffre »E«, mit
Schwertern, Gold/Silber**

Stern wie Nr. 746, jedoch mit gekreuzten goldenen Schwertern
durch die Mitte, diese 60 mm.

763   Großkreuz für Ausländer, Chiffre »E«, mit Schwertern, Gold
Kreuz wie Nr. 761, jedoch ohne Eichenlaubkranz um den Medaillonring.

**764   Bruststern zum Großkreuz für Ausländer, Chiffre »E«, mit
Schwertern, Gold/Silber**
Stern wie Nr. 760.

765   Großkreuz für Inländer, Chiffre »B«, mit Schwertern, Gold
Kreuz wie Nr. 753, jedoch mit gekreuzten goldenen Schwertern
durch die Mitte, diese 58 mm.

766 Bruststern zum Großkreuz für Inländer, Chiffre »B«, mit Schwertern, Gold/Silber

Stern wie Nr. 746, jedoch mit gekreuzten goldenen Schwertern durch die Mitte, diese 60 mm.

767 Großkreuz für Ausländer, Chiffre »B«, mit Schwertern, Gold

Kreuz wie Nr. 755, jedoch mit gekreuzten goldenen Schwertern durch die Mitte, diese 58 mm.

768 Bruststern zum Großkreuz für Ausländer, Chiffre »B«, mit Schwertern, Gold/Silber

Stern wie Nr. 756.

769 Komturkreuz für Inländer, Chiffre »F«, Gold

Kreuz wie Nr. 745, jedoch in den Abmessungen 90 × 58 mm.

770 Bruststern zum Komturkreuz für Inländer, Chiffre »F«, Silber

62 mm

Stern ist das Ordenskreuz mit mattsilbernen Armen, goldener Bordierung und goldenen Kugelspitzen, brillantierte Ausführungen kommen vor. Medaillon: wie Nr. 746.

Medaillon: wie Nr. 746.

771 Komturkreuz für Ausländer, Chiffre »F«, Gold

Kreuz wie Nr. 769, jedoch ohne Eichenlaubkranz um den Medaillonring.

772 Bruststern zum Komturkreuz für Ausländer, Chiffre »F«, Silber

Stern wie Nr. 770, jedoch ohne Eichenlaubkranz um den Medaillonring.

773 Komturkreuz für Inländer, Chiffre »E«, Gold

Kreuz wie Nr. 749, jedoch in den Abmessungen 90 × 58 mm.

774   Bruststern zum Komturkreuz für Inländer, Chiffre »E«, Silber

Stern wie Nr. 770.

775   Komturkreuz für Ausländer, Chiffre »E«, Gold

Kreuz wie Nr. 772, jedoch ohne Eichenlaubkranz um den Medaillon-ring.

776   Bruststern zum Komturkreuz für Ausländer, Chiffre »E«, Silber

Stern wie Nr. 770, jedoch ohne Eichenlaubkranz um den Medaillon-ring.

777   Komturkreuz für Inländer, Chiffre »B«, Gold

Kreuz wie Nr. 753, jedoch in den Abmessungen 90 × 58 mm.

778   Bruststern zum Komturkreuz für Inländer, Chiffre »B«, Silber

Stern wie Nr. 770.

779   Komturkreuz für Ausländer, Chiffre »B«, Gold

Kreuz wie Nr. 777, jedoch ohne Eichenlaubkranz um den Medaillon-ring.

780   Bruststern zum Komturkreuz für Ausländer, Chiffre »B«, Silber

Stern wie Nr. 770, jedoch ohne Eichenlaubkranz um den Medaillon-ring.

781   Komturkreuz für Inländer, Chiffre »F«, mit Schwertern, Gold

Kreuz wie Nr. 769, jedoch mit goldenen Schwertern durch die Mitte, diese 60 mm.

782 Bruststern zum Komturkreuz für Inländer, Chiffre »F«, mit Schwertern, Silber
Kreuz wie Nr. 770, jedoch mit gekreuzten goldenen Schwertern durch die Mitte, diese 68 mm.

783 Komturkreuz für Ausländer, Chiffre »F«, mit Schwertern, Gold
Kreuz wie Nr. 771, jedoch mit gekreuzten goldenen Schwertern durch die Mitte, diese 60 mm.

784 Bruststern zum Komturkreuz für Ausländer, Chiffre »F«, mit Schwertern, Silber
Stern wie Nr. 772, jedoch mit gekreuzten goldenen Schwertern durch die Mitte, diese 68 mm.

785 Komturkreuz für Inländer, Chiffre »E«, mit Schwertern, Gold
Kreuz wie Nr. 773, jedoch mit gekreuzten goldenen Schwertern durch die Mitte, diese 60 mm.

786 Bruststern zum Komturkreuz für Inländer, Chiffre »E«, mit Schwertern, Silber
Stern wie Nr. 782.

787 Komturkreuz für Ausländer, Chiffre »E«, mit Schwertern, Gold
Kreuz wie Nr. 775, jedoch mit gekreuzten goldenen Schwertern durch die Mitte, diese 60 mm.

**788 Bruststern zum Komturkreuz für Ausländer, Chiffre »E«,
        mit Schwertern, Silber**

Stern wie Nr. 776, jedoch mit gekreuzten goldenen Schwertern
durch die Mitte, diese 68 mm.

**789 Komturkreuz für Inländer, Chiffre »B«, mit Schwertern,
        Gold**

Kreuz wie Nr. 777, jedoch mit gekreuzten goldenen Schwertern
durch die Mitte, diese 60 mm.

**790 Bruststern zum Komturkreuz für Inländer, Chiffre »B«,
        mit Schwertern, Silber**

Stern wie Nr. 778, jedoch mit gekreuzten goldenen Schwertern
durch die Mitte, diese 68 mm.

**791 Komturkreuz für Ausländer, Chiffre »B«, mit Schwertern,
        Gold**

Kreuz wie Nr. 779, jedoch mit gekreuzten goldenen Schwertern
durch die Mitte, diese 60 mm.

**792 Bruststern zum Komturkreuz für Ausländer, Chiffre »B«,
        mit Schwertern, Silber**

Stern wie Nr. 780, jedoch mit gekreuzten goldenen Schwertern
durch die Mitte, diese 68 mm.

793 Ritterkreuz für Inländer, Chiffre »F«, Gold

Kreuz wie Nr. 745, jedoch in den Abmessungen 68 × 45 mm.

794 Ritterkreuz für Ausländer, Chiffre »F«, Gold

Kreuz wie Nr. 793, jedoch ohne Eichenlaubkranz um den Medaillonring.

795 Ritterkreuz für Inländer, Chiffre »E«, Gold

Kreuz wie Nr. 749, jedoch in den Abmessungen 68 × 45 mm.

796 Ritterkreuz für Ausländer, Chiffre »E«, Gold
Kreuz wie Nr. 795, jedoch ohne Eichenlaubkranz um den Medaillonring.

797 Ritterkreuz für Inländer, Chiffre »B«, Gold
Kreuz wie Nr. 753, jedoch in den Abmessungen 68 × 45 mm.

798 Ritterkreuz für Ausländer, Chiffre »B«, Gold
Kreuz wie Nr. 797, jedoch ohne Eichenlaubkranz um den Medaillonring.

799 Ritterkreuz für Inländer, Chiffre »F«, mit Schwertern, Gold
Kreuz wie Nr. 793, jedoch mit gekreuzten goldenen Schwertern durch die Mitte, diese 38 mm.

800 Ritterkreuz für Ausländer, Chiffre »F«, mit Schwertern, Gold
Kreuz wie Nr. 794, jedoch mit gekreuzten goldenen Schwertern durch die Mitte, diese 38 mm.

801 Ritterkreuz für Inländer, Chiffre »E«, mit Schwertern, Gold
Kreuz wie Nr. 795, jedoch mit gekreuzten goldenen Schwertern durch die Mitte, diese 38 mm.

802 Ritterkreuz für Ausländer, Chiffre »E«, mit Schwertern, Gold
Kreuz wie Nr. 796, jedoch mit gekreuzten goldenen Schwertern durch die Mitte, diese 38 mm.

803 Ritterkreuz für Inländer, Chiffre »B«, mit Schwertern, Gold
Kreuz wie Nr. 797, jedoch mit gekreuzten goldenen Schwertern durch die Mitte, diese 38 mm.

804   Ritterkreuz für Ausländer, Chiffre »B«, mit Schwertern, Gold

Kreuz wie Nr. 798, jedoch mit gekreuzten goldenen Schwertern durch die Mitte, diese 38 mm.

2. Modell

ohne Buchstaben, die Ordenszeichen für In- und Ausländer sind nunmehr gleich. Der Eichenlaubkranz wird bei Verleihungen an Militärpersonen gegen einen Lorbeerkranz ausgetauscht, zuzüglich der Schwerter. Diese Regelung wurde jedoch nicht eingehalten, so daß es auch Schwerterdekorationen mit Eichenlaub gibt.

805   Goldene Kette

Drei verschiedene Glieder, a)—c), die sich wiederholen und durch Kettchen miteinander verbunden sind, bilden die Kette.

a) Kronenglieder, rotgefütterte, goldene Königskronen
b) Löwenglieder, golden, je zwei einander zugewandte Löwen mit erhobener Pranke halten jeweils die Krone bzw. das Chiffreglied
c) Chiffreglieder, auf einem weiß emaillierten Kreuz mit goldener Bordierung aufgelegt zwei grün emaillierte E(RNST), davon eines spiegelbildlich. Durch die Buchstaben sind zwei schmale goldene Schwerter gelegt.

Aufhängung: Mittelstück, d), ist das farbig emaillierte Wappen von Sachsen auf einem barocken Schild. Das Feld ist neunmal quergeteilt mit fünf schwarz emaillierten Balken. Darauf der grün emaillierte, golden gefaßte Rautenstock. Darunter ein Einhängering mit Karabinerhaken und Feststellschraube zum Einhängen für das Großkreuz.
Die Schwerter gehören zu allen Ketten. Es sind jedoch zwei Ketten ohne Schwerter bekannt.

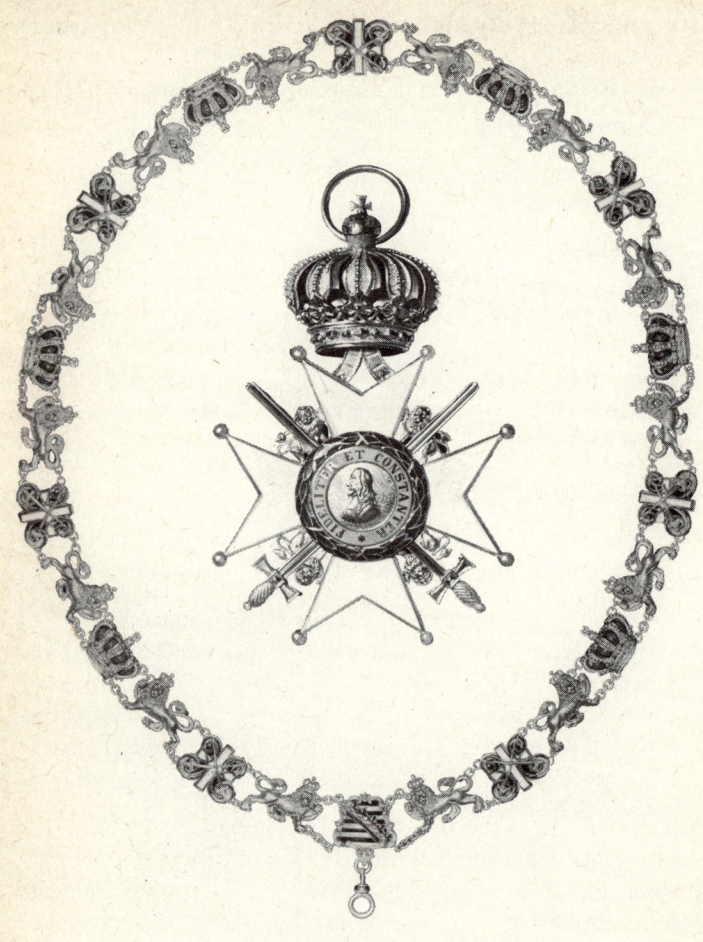

Sachsen-Ernestinischer Hausorden
Goldene Kette, 805
und
Großkreuz mit Schwertern, Gold, 808

806   Großkreuz, Gold
108 × 74 mm
Kreuz wie Nr. 745, jedoch ohne goldene Chiffre auf dem oberen
Kreuzarm.

807   Bruststern zum Großkreuz, Gold/Silber
85 mm
Stern wie Nr. 746.

808   Großkreuz mit Schwertern, Gold
Kreuz wie Nr. 806, jedoch mit gekreuzten goldenen Schwertern
durch die Mitte, diese 58 mm.

809   Bruststern zum Großkreuz mit Schwertern, Gold/Silber
Stern wie Nr. 807, jedoch mit gekreuzten goldenen Schwertern
durch die Mitte, diese 80 mm.

**810   Großkreuz mit
        Jahreszahlen, Gold**
Kreuz wie Nr. 806, jedoch mit
aufgelegten goldenen Jahreszahlen auf den senkrechten Kreuzarmen. Folgende Kombinationen sind bekannt geworden:
»1914« (oberer Kreuzarm), »1914/
18« (oberer Kreuzarm), »1914
1915«, »1914 1916«, »1914 1917«
(jeweils auf dem oberen und
unteren Kreuzarm).

811   Bruststern zum Großkreuz mit Jahreszahlen, Gold/Silber
Stern wie Nr. 807, jedoch mit den goldenen Jahreszahlen wie
Nr. 810 auf den Armen des aufgelegten Kreuzes.

812 Großkreuz mit Schwertern am Ring, Gold

Kreuz wie Nr. 806, jedoch mit gekreuzten goldenen Schwertern auf
dem oberen Kreuzarm, diese 50 mm.

**813 Bruststern zum Großkreuz mit Schwertern am Ring,
Gold/Silber**

Stern wie Nr. 807, jedoch mit gekreuzten goldenen Schwertern auf
dem oberen Kreuzarm, diese 40 mm.

Bruststerne kommen auch brillantiert und in Brillanten vor.

814 Komturkreuz, 2. Klasse, Gold

90 × 60 mm

Kreuz wie Nr. 769, jedoch ohne goldene Chiffre auf dem oberen
Kreuzarm.

815 Bruststern zum Komturkreuz 1. Klasse, Silber, 1. Form

90 × 82 mm

Strahlen: 56 Strahlen in vier Gruppen zusammengefaßt, bilden den
Stern.

Medaillon wie Nr. 770.

816   Bruststern zum Komturkreuz 1. Klasse, Silber, 2. Form
86 mm
Strahlen: 56 Strahlen bilden einen viereckigen Stern.
Medaillon wie Nr. 770.

817

**817   Komturkreuz 2. Klasse
mit Schwertern, Gold**
Kreuz wie Nr. 814, jedoch mit
gekreuzten goldenen Schwertern durch die Mitte, diese
60 mm.

**818   Bruststern zum
Komturkreuz 1. Klasse
mit Schwertern, Silber,
1. Form**
Stern wie Nr. 815, jedoch mit
gekreuzten goldenen Schwertern durch die Mitte, diese
50 mm.

819

**819   Bruststern
zum Komturkreuz
1. Klasse mit Schwertern,
Silber, 2. Form**
Stern wie Nr. 816, jedoch mit
gekreuzten goldenen Schwertern
durch die Mitte, diese 55 mm.

820 Komturkreuz 2. Klasse mit Jahreszahlen, Gold

Kreuz wie Nr. 814,

Jahreszahlen wie Nr. 810.

821 Bruststern zum Komturkreuz 1. Klasse mit Jahreszahlen, Silber

Stern wie Nr. 816,

Jahreszahlen wie Nr. 810, jeweils auf den oberen und unteren vier senkrechten Strahlen (deren Breite abdeckend) angebracht.

822 Komturkreuz 2. Klasse mit Schwertern am Ring, Gold

Komturkreuz wie Nr. 814, jedoch mit gekreuzten goldenen Schwertern auf dem oberen Kreuzarm, diese 42 mm.

823 Bruststern zum Komturkreuz 1. Klasse mit Schwertern am Ring, Silber

Stern wie Nr. 816, jedoch mit kleinen gekreuzten goldenen Schwertern auf den oberen 13 Strahlen, Schwerter am Ring: 35 mm. Bruststerne kommen auch brillantiert vor.

824 Ritterkreuz 1. Klasse, Gold

Kreuz wie Nr. 806, jedoch in den Abmessungen 74 × 48 mm.

825 Ritterkreuz 1. Klasse mit Schwertern, Gold

Kreuz wie Nr. 824, jedoch mit gekreuzten goldenen Schwertern durch die Mitte, diese 53 mm.

826 Ritterkreuz 1. Klasse mit Jahreszahlen, Gold

Kreuz wie Nr. 824, jedoch mit goldenen aufgelegten Jahreszahlen. »1914« (auf dem oberen Kreuzarm), »1914 1915«, »1914 1916«, (jeweils auf dem oberen und unteren Kreuzarm), »1914/18«.

827   Ritterkreuz 1. Klasse mit Schwertern am Ring, Gold
Kreuz wie Nr. 824, jedoch mit gekreuzten goldenen Schwertern auf
dem oberen Kreuzarm, diese 33 mm.

828   Ritterkreuz 2. Klasse, Silber
Kreuz wie Nr. 824, jedoch alle dort golden gefaßten Teile, mit Ausnahme des Medaillons und des Eichenlaubkranzes, silbern.

829   Ritterkreuz 2. Klasse mit Schwertern, Silber
Kreuz wie Nr. 828, jedoch mit gekreuzten silbernen Schwertern
durch die Mitte, diese 52 mm.

830   Ritterkreuz 2. Klasse mit Jahreszahlen, Silber
Kreuz wie Nr. 828, auf dem oberen Kreuzarm die Jahreszahl in Sil-
ber aufgelegt. Lediglich mit der Jahreszahl »1914« ist eine
Verleihung bekannt.

831   Ritterkreuz 2. Klasse mit Schwertern am Ring, Silber
Kreuz wie Nr. 828, jedoch mit gekreuzten silbernen Schwertern
auf dem oberen Kreuzarm. Maße nicht bekannt.

Band: ponceaurot mit je einem dunkelgrünen Seitenstreifen und
ponceauroter Kante.

Schaumburg-Lippe

Hausorden

Stifter:	Fürst Adolf Georg zu Schaumburg-Lippe
Stiftung:	18. September 1890
Gattung:	Verdienstorden
Wahlspruch:	FÜR TREUE UND VERDIENST
Klassen:	Ehrenkreuz 1.—4. Klasse, 2. Klasse mit Eichenlaub
Hinzufügungen/ Änderungen:	1890 für im Felde erworbene Verdienste
	Stiftung der gekreuzten Schwerter durch die Mitte
	Stiftung der Schwerter am Ring
	1899 zwischen der 2. und 3. Klasse wird ein Offizierehrenkreuz verliehen
	Hinzufügung des goldenen und silbernen Verdienstkreuzes
Dekorationen:	

832   Ehrenkreuz 1. Klasse, Gold

92 × 65 mm

Krone: golden

Ordenszeichen ist ein weiß emailliertes Kreuz mit schmaler goldener Bordierung und goldenen Kugelspitzen.

Medaillon VS: auf rot emailliertem Grund das silberne Nesselblatt (Schaumburg), darauf aufgelegt eine rot emaillierte Lippe'sche Rose.

Medaillonring VS: innen und außen golden, glatt, auf blau emailliertem Grund in goldenen Buchstaben der Wahlspruch FÜR TREUE UND VERDIENST. Das Medaillon liegt auf dem goldenen, achtstrahligen Stern von Schwalenberg-Sternberg.

Medaillon RS: auf blau emailliertem Grund die verschlungene, verzierte goldene Chiffre des Stifters A(DOLPH) G(EORG).
Medaillonring RS: golden, glatt. Auch auf der RS um das Medaillon
der goldene Stern der VS.

833   Ehrenkreuz 1. Klasse
**   mit Schwertern, Gold**

833

Kreuz wie Nr. 832, jedoch mit
gekreuzten goldenen Schwertern durch die Mitte, diese
69 mm.

834   Ehrenkreuz 1. Klasse
**   mit Schwertern am**
**   Ring, Gold**

Kreuz wie Nr. 832, jedoch mit
gekreuzten goldenen Schwertern über dem oberen Kreuzarm unter der Krone. Maße
nicht bekannt.

835   Ehrenkreuz 2. Klasse, Gold
Kreuz wie Nr. 832, jedoch ohne
Krone und in den Abmessungen
60 × 60 mm. Im Einschnitt des oberen Kreuzarmes eine goldene
Agraffe mit querstehender Öse
für den Bandring.

836   Ehrenkreuz 2. Klasse mit Schwertern, Gold
Kreuz wie Nr. 835, jedoch mit gekreuzten goldenen Schwertern
durch die Mitte, diese 62 mm.

837   Ehrenkreuz 2. Klasse mit Schwertern am Ring, Gold
Kreuz wie Nr. 835, jedoch mit gekreuzten goldenen Schwertern
über dem oberen Kreuzarm. Maße nicht bekannt.

838   Ehrenkreuz 2. Klasse mit Eichenlaub, Gold
Kreuz wie Nr. 835, jedoch mit einem goldenen, dreiblättrigen
Eichenlaub im Einschnitt des oberen Kreuzarmes, dieses 24 mm.

839   Ehrenkreuz 2. Klasse mit Eichenlaub und Schwertern, Gold
Kreuz wie Nr. 835,
Schwerter wie Nr. 836,
Eichenlaub wie Nr. 838.

**840   Ehrenkreuz 2. Klasse mit Eichenlaub und Schwertern am
          Ring, Gold**
Kreuz wie Nr. 835,
Schwerter wie Nr. 837,
Eichenlaub wie Nr. 838.

**841   Offizierehrenkreuz,
          Gold**
76 × 58 mm
Ordenskreuz ist das Ordenszeichen der VS, die RS glatt, als
Steckkreuz gearbeitet. Über
dem oberen Kreuzarm eine
goldene, nicht durchbrochene
Krone.

842   Offizierehrenkreuz mit Schwertern, Gold
Kreuz wie Nr. 841, jedoch mit gekreuzten goldenen Schwertern
durch die Mitte, diese 55 mm.

843   Ehrenkreuz 3. Klasse, Gold
Kreuz wie Nr. 835, jedoch in den Abmessungen 47 × 47 mm.

844   Ehrenkreuz 3. Klasse mit Schwertern, Gold
Kreuz wie Nr. 843, jedoch mit gekreuzten goldenen Schwertern
durch die Mitte, diese 50 mm.

845   Ehrenkreuz 3. Klasse mit Schwertern am Ring, Gold
Kreuz wie Nr. 843, jedoch mit gekreuzten goldenen Schwertern
über dem oberen Kreuzarm. Maße nicht bekannt.

846   Ehrenkreuz 3. Klasse mit der Krone, Gold
Kreuz wie Nr. 843, jedoch mit einer goldenen Krone über dem oberen Kreuzarm. Maße nicht bekannt.

847   Ehrenkreuz 3. Klasse mit der Krone und Schwertern, Gold
Kreuz wie Nr. 844, jedoch mit einer goldenen Krone über dem oberen Kreuzarm. Maße nicht bekannt.

**848   Ehrenkreuz 3. Klasse mit der Krone und Schwertern am
        Ring, Gold**
Kreuz wie Nr. 845, jedoch mit einer goldenen Krone über den
Schwertern. Maße nicht bekannt.

849   Ehrenkreuz 4. Klasse, Silber
Kreuz wie Nr. 843, jedoch mit silbernen gekörnten Kreuzarmen
und glatter erhöhter Bordierung. Medaillon der VS und RS wie bei
der 1.—3. Klasse, emailliert.

850   Ehrenkreuz 4. Klasse mit Schwertern, Silber
Kreuz wie Nr. 849, jedoch mit gekreuzten silbernen Schwertern durch die Mitte, diese 50 mm.

851   Ehrenkreuz 4. Klasse mit der Krone, Silber
Kreuz wie Nr. 849, jedoch mit einer silbernen Krone über dem oberen Kreuzarm. Maße nicht bekannt.

852   Ehrenkreuz 4. Klasse mit Krone und Schwertern, Silber
Kreuz wie Nr. 850, jedoch mit einer silbernen Krone über dem oberen Kreuzarm. Maße nicht bekannt.

<u>Band:</u> rot gewässert, mit je einem goldenen Seitenstreifen und roter Kante.

Orden für Kunst und Wissenschaft

Stifter:	Fürst Georg zu Schaumburg-Lippe
Stiftung:	8. November 1899
Gattung:	Zivilverdienstorden
Wahlspruch:	FÜR KUNST UND WISSENSCHAFT
Klassen:	1. und 2. Klasse
Hinzufügungen/ Änderungen:	1902 aus der Medaille der 2. Klasse wird ein Silberkreuz
	1914 Umgestaltung der 1. Klasse

Dekorationen:

853   Orden für Kunst und Wissenschaft 1. Klasse, Silber, 1. Modell
40 mm
Krone: silbern
Ordenszeichen ist ein silbernes, achtspitziges Kreuz mit glatter, erhöhter Bordierung. In den Winkeln der Kreuzarme ein grün emaillierter Lorbeerkranz.
Medaillon VS: auf rot emailliertem Grund ein silbernes Nesselblatt

(Schaumburg), darauf aufgelegt eine rot emaillierte, Lippe'sche Rose.

Medaillonring VS: innen und außen golden, glatt, auf blau emailliertem Grund in silbernen Buchstaben der Wahlspruch FÜR KUNST UND WISSENSCHAFT.

Medaillon RS: die gekrönte Chiffre G(EORG) des Stifters.

Medaillonring RS: silbern, glatt.   ♦

854   Orden für Kunst und Wissenschaft 1. Klasse, 2. Modell
Ordenszeichen wie Nr. 853, jedoch alle sichtbaren Teile hier golden mit Ausnahme des Nesselblattes.

855   Orden für Kunst und Wissenschaft, 2. Klasse, Silber,
**   1. Modell**
39 mm
Ordenszeichen ist eine ovale silberne Medaille. Auf der VS zwischen zwei Lorbeerzweigen die Inschrift FÜR KUNST UND WISSENSCHAFT. Auf der RS das gekrönte Nesselblatt mit der Lippe'schen Rose darauf.

856   Orden für Kunst und Wissenschaft 2. Klasse, Silber,
**   2. Modell**
37 mm
Krone: silbern
Ordenszeichen ist ein silbernes, achtspitziges Kreuz mit gekörnten Armen und glatter, erhöhter Bordierung. In den Winkeln der Kreuzarme ein silberner Lorbeerkranz.

Medaillon VS: auf gestrahltem Grund das Nesselblatt mit der Lippe'schen Rose.

Medaillonring VS: innen und außen silbern, glatt, erhöht, auf gestrahltem Grund der Wahlspruch FÜR KUNST UND WISSENSCHAFT.

Medaillon RS: die gekrönte Chiffre G(EORG) auf glattem, silbernen Grund.

Medaillonring RS: silbern, glatt.

<u>Band:</u> zinnoberrot mit breiten goldenen Randstreifen.

Schwarzburg-Rudolstadt

Ehrenkreuz

Stifter: Fürst Friedrich Günther von Schwarzburg-Rudolstadt

Stiftung: 9. Juni 1857 (zurückgehend auf die Stiftung einer Dienstauszeichnung vom 20. Mai 1853)

Gattung: Verdienstorden

Wahlspruch: —

Klassen: 1., 2. und 3. Klasse, dazu eine Ehrenmedaille

Hinzufügungen/ Änderungen: 1866 Teilung der Ehrenmedaille in 1. Klasse (Gold) und 2. Klasse (Silber)

1871 Stiftung der Schwerter für die 1.—3. Klasse

Stiftung einer silbernen Medaille VERDIENST IM KRIEGE

1873 Erweiterung auf eine 4. Klasse, dazu die Ehrenmedaille in 2 Klassen

1915 Stiftung des Eichenbruchs

Dekorationen:

857 Ehrenkreuz 1. Klasse, Gold
62 × 56 mm

Ordenszeichen ist ein weiß emailliertes Kreuz mit goldener Bordierung. Im Einschnitt des oberen Kreuzarmes ein stilisiertes goldenes Blatt mit einer Öse für den Bandring. Im Zentrum ein ovales Schild mit einer goldenen barocken Verzierung umgeben. Das ovale Schild blau emailliert, darauf ein gekrönter goldener Schwarzburgischer Löwe, nach links

schreitend. Das RS-Schild verziert wie auf der VS, auf blau emailliertem Grund unter einem goldenen Fürstenhut die verschlungene Chiffre F(RIEDRICH) G(ÜNTHER), diese golden.

858   Ehrenkreuz 1. Klasse mit Schwertern, Gold
Kreuz wie Nr. 857, jedoch mit gekreuzten goldenen Schwertern durch die Mitte, diese 60 mm.

859   Ehrenkreuz 1. Klasse mit Eichenbruch, Gold
Kreuz wie Nr. 857, jedoch mit einem dreiblättrigen goldenen Eichenbruch über dem oberen Kreuzarm, darauf die Jahreszahlen 19 (Mitte), 14 (links), 15 (rechts), Eichenbruch: 28 × 24 mm.

860   Ehrenkreuz 1. Klasse mit der Krone, Gold
90 × 55 mm
Kreuz wie Nr. 857, jedoch mit einem goldenen Fürstenhut als Krone über dem oberen Kreuzarm, diese 25 × 32 mm.

861   Ehrenkreuz 1. Klasse mit der Krone und Schwertern, Gold
Kreuz wie Nr. 860, jedoch mit gekreuzten goldenen Schwertern durch die Mitte, diese 60 mm.
Die 1. Klasse wird am Hals getragen.

862   Ehrenkreuz 2. Klasse, Gold
Kreuz wie Nr. 857, jedoch in den Abmessungen 50 × 42 mm.

863   Ehrenkreuz 2. Klasse mit Schwertern, Gold

Kreuz wie Nr. 862, jedoch mit gekreuzten goldenen Schwertern durch die Mitte, diese 50 mm.

864   Ehrenkreuz 2. Klasse mit Eichenbruch, Gold

Kreuz wie Nr. 862,

Eichenbruch wie Nr. 859,

jedoch in den Abmessungen 24 × 22 mm.

865   Ehrenkreuz 3. Klasse, Silber

Ordenszeichen wie Nr. 862, jedoch mit silbernen gekörnten Armen und glatter, erhöhter Bordierung. Im Einschnitt des oberen Kreuzarmes ein stilisiertes, silbernes Blatt mit einer Öse für den Bandring.

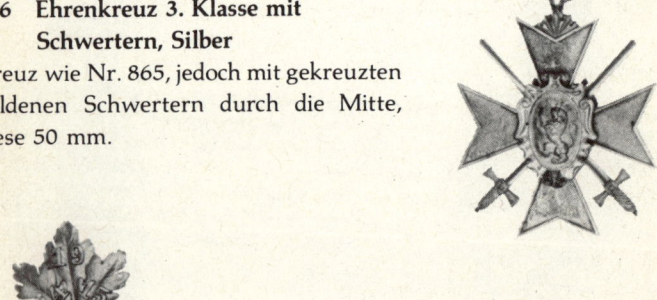

**866   Ehrenkreuz 3. Klasse mit
         Schwertern, Silber**

Kreuz wie Nr. 865, jedoch mit gekreuzten goldenen Schwertern durch die Mitte, diese 50 mm.

**867   Ehrenkreuz 3. Klasse mit
         Eichenbruch, Silber**

Kreuz wie Nr. 865, jedoch mit einem goldenen dreiblättrigen Eichenbruch über dem stilisierten Blatt im Einschnitt des oberen Kreuzarmes. Eichenbruch: 22 × 20 mm.

868   Ehrenkreuz 4. Klasse, Silber
Kreuz wie Nr. 865, jedoch auch das ovale Schild mit barocker Verzierung gänzlich in Silber.

869   Ehrenkreuz 4. Klasse mit Schwertern, Silber
Kreuz wie Nr. 868, jedoch mit silbernen Schwertern durch die Mitte, diese 48 mm.

870   Ehrenkreuz 4. Klasse mit Eichenbruch, Silber
Kreuz wie Nr. 868, jedoch mit einem goldenen dreiblättrigen Eichenbruch wie Nr. 867.

Band: dunkelgelb mit drei himmelblauen Streifen, diese gleich breit.

Schwarzburg-Sondershausen

Ehrenkreuz

Stifter:	Fürst Günther Friedrich Carl von Schwarzburg
Stiftung:	28. Mai 1857
Gattung:	Verdienstorden
Wahlspruch:	—
Klassen:	1.—4. Klasse
Hinzufügungen/ Änderungen:	Sämtlich wie beim Ehrenkreuz von Schwarzburg-Rudolstadt
Dekorationen:	

871   Ehrenkreuz 1. Klasse, Gold
Kreuz wie Nr. 857, jedoch im ovalen Schildchen der RS die verschlungene, doppelte Chiffre G(ÜNTHER) F(RIEDRICH) C(ARL), eine davon spiegelbildlich.

872 Ehrenkreuz 1. Klasse mit Schwertern, Gold
Kreuz wie Nr. 858, jedoch mit der Chiffre »GFC«.

873 Ehrenkreuz 1. Klasse mit Eichenbruch, Gold
Kreuz wie Nr. 859, jedoch mit der Chiffre »GFC«.

875

874 Ehrenkreuz 1. Klasse mit der Krone, Gold
Kreuz wie Nr. 860, jedoch mit der Chiffre »GFC«.

875 Ehrenkreuz 1. Klasse mit der Krone und Schwertern, Gold
Kreuz wie Nr. 861, jedoch mit der Chiffre »GFC«.

876 Ehrenkreuz 2. Klasse, Gold
Kreuz wie Nr. 862, jedoch mit der Chiffre »GFC«.

877 Ehrenkreuz 2. Klasse mit Schwertern, Gold
Kreuz wie Nr. 863, jedoch mit der Chiffre »GFC«.

878 Ehrenkreuz 2. Klasse mit Eichenbruch, Gold
Kreuz wie Nr. 864, jedoch mit der Chiffre »GFC«.

879 Ehrenkreuz 3. Klasse, Silber
Kreuz wie Nr. 865, jedoch mit der Chiffre »GFC«.

880 Ehrenkreuz 3. Klasse mit Schwertern, Silber
Kreuz wie Nr. 866, jedoch mit der Chiffre »GFC«.

881   Ehrenkreuz 3. Klasse mit Eichenbruch, Silber
Kreuz wie Nr. 867, jedoch mit der Chiffre »GFC«.

882   Ehrenkreuz 4. Klasse, Silber
Kreuz wie Nr. 868, jedoch mit der Chiffre »GFC«.

883   Ehrenkreuz 4. Klasse mit Schwertern, Silber
Kreuz wie Nr. 869, jedoch mit der Chiffre »GFC«.

884   Ehrenkreuz 4. Klasse mit Eichenbruch, Silber
Kreuz wie Nr. 870, jedoch mit der Chiffre »GFC«.

<u>Band:</u> wie bei Schwarzburg-Rudolstadt.

Schwarzburg gemeinsam

Verdienstorden für Kunst und Wissenschaft

Stifter: Fürst Günther für beide Fürstentümer
Stiftung: 21. August 1912
Gattung: Zivilverdienstorden
Wahlspruch: ARTI ET LITTERIS
Klassen: einklassig
Hinzufügungen/   —
Änderungen:
Dekorationen:

885   Ordensanhänger, Gold
Ordenszeichen ist ein Anhänger in Gestalt eines Vierpasses mit
goldenen Flammen in den Winkeln. Der Rand des Anhängers geperlt.

Auf der VS eine Figur der Pallas Athene, darum im Dreipaß der Wahlspruch ARTI (links), ET (unten), LITTERIS (rechts). Buchstaben durchbrochen, freistehend.

Auf der RS das Herzschild des fürstlichen Wappens: der zweiköpfige Adler mit der Kaiserkrone des alten Römischen Reiches Deutscher Nation.

Das Ordenszeichen wird am Hals getragen.

<u>Band:</u> karmesinrot, gewässert, mit grünem Lorbeer bestickt.

Waldeck

Verdienstkreuz

Stifter:	Fürst Georg Viktor von Waldeck-Pyrmont
Stiftung:	3. Juli 1857
Gattung:	Zivilverdienstorden
Wahlspruch:	DEM VERDIENSTE
Klassen:	1.—4. Klasse, dazu ein Ehrenkreuz sowie eine goldene und silberne Verdienstmedaille
Hinzufügungen/ Änderungen:	1871 Umwandlung in einen Verdienstorden Stiftung der 1. Klasse, die ursprüngliche Verdienstmedaille von 1857 wird zur 2. Klasse
	1878 Hinzufügung der 3. Klasse, Stiftung der silbernen Verdienstmedaille
	1891 Änderung der 2. Klasse
	1896 Hinzufügung der 4. Klasse
	1899 Stiftung des Ehrenkreuzes
	Stiftung der goldenen Verdienstmedaille

1912 Hinzufügung einer 5. Klasse durch Stiftung eines Offizierkreuzes zwischen der 2. und
3. Klasse
1915 Hinzufügung der Schwerter für die 1. bis
4. Klasse, das Offizier- und Ehrenkreuz, sowie
die silberne und goldene Verdienstmedaille

Dekorationen:

**886   Verdienstkreuz 1. Klasse
        mit Eichenlaub, Gold**

Eichenlaub: golden, Ordens-
zeichen ist ein weiß emaillier-
tes Kreuz mit schmaler goldener
Bordierung. Im Zentrum ein gol-
den bordierter, blau emaillierter
Schriftreif, darauf in goldenen
Buchstaben der Wahlspruch DEM
VER-DIEN-STE.

Dem Schriftreif aufgelegt ein schwarz emaillierter, achtstrahliger
Stern (für Waldeck), darunter ein goldener gekörnter Grund. Im
Medaillon des Sterns auf weiß emailliertem Grund ein rot emaillier-
tes Ankerkreuz (für Pyrmont).
Medaillonring VS: im Stern golden, glatt.
Medaillon RS: mattgolden, gekörnt, mit der verzierten, verschlun-
genen Chiffre des Stifters G(EORG) V(ICTOR), darüber ein golde-
ner Fürstenhut.
Medaillonring RS: golden, glatt.

**887   Verdienstkreuz 1. Klasse mit Eichenlaub und Schwertern,
        Gold**

Kreuz wie Nr. 886, jedoch mit gekreuzten goldenen Schwertern
durch die Mitte, diese 68 mm.

888   Verdienstkreuz 1. Klasse mit der Krone, Gold

90 × 64 mm

Kreuz wie Nr. 886, jedoch mit einer gefütterten goldenen Krone (Fürstenhut) über dem oberen Kreuzarm, mit diesem durch zwei goldene Bänder verbunden.

Krone: 27 × 35 mm.

889   Verdienstkreuz 1. Klasse mit Krone und Schwertern, Gold

Kreuz wie Nr. 888, jedoch mit gekreuzten goldenen Schwertern durch die Mitte, diese 68 mm.

890   Verdienstkreuz 2. Klasse, Gold

Eichenlaub: golden, auf dem Bandring, Kreuz wie Nr. 886, jedoch ohne blau emaillierten Schriftreif. Der schwarz emaillierte Stern golden gefaßt.

Medaillon VS: auf weiß emailliertem Grund das rot emaillierte Ankerkreuz.

Medaillonring VS: golden, glatt, doppelt.

Medaillon RS: auf gekörntem goldenen Grund die Inschrift FÜR/ VERDIENST.

Medaillonring RS: golden, glatt.

891   Verdienstkreuz 2. Klasse mit Schwertern, Gold
Kreuz wie Nr. 890, jedoch mit gekreuzten goldenen Schwertern
durch die Mitte, diese 54 mm.

892   Offizierkreuz, Gold
50 mm
Ordenszeichen ist das Ordenskreuz
der 2. Klasse, jedoch ohne Eichenlaub
und mit glatter RS, als Steckkreuz gearbeitet.

893   Offizierkreuz mit Schwertern, Gold
Kreuz wie Nr. 892, jedoch mit gekreuzten goldenen Schwertern
durch die Mitte, diese 52 mm.

894   Verdienstkreuz 3. Klasse, Gold
Kreuz wie Nr. 890, jedoch in den Abmessungen 44 × 44 mm.

895   Verdienstkreuz 3. Klasse mit Schwertern, Gold
Kreuz wie Nr. 894, jedoch mit gekreuzten goldenen Schwertern
durch die Mitte, diese 48 mm.

896   Verdienstkreuz 4. Klasse, Silber
44 mm
Ordenszeichen ist ein silbernes achtspitziges Kreuz mit gekörnten
Armen und erhöhter, matt polierter Bordierung.
Medaillon VS: auf weiß emailliertem Grund der schwarz emaillierte
Stern, aufgelegt ein rot emailliertes Ankerkreuz.
Medaillonring VS: golden, glatt, doppelt.
Medaillon RS: auf gekörntem goldenen Grund die Inschrift FÜR/
VERDIENST.
Medaillonring RS: golden, glatt.

897 Verdienstkreuz 4. Klasse mit Schwertern, Silber

Kreuz wie Nr. 896, jedoch mit gekreuzten silbernen Schwertern durch die Mitte, diese 48 mm.

<u>Band:</u> goldgelb mit je zwei schmalen, rot- (innen) schwarzen (außen) Seitenstreifen und goldgelber Kante.

Militär-Verdienstorden

Stifter:	Fürst Friedrich von Waldeck und Pyrmont
Stiftung:	1899
Gattung:	Militärverdienstorden
Wahlspruch:	—
Klassen:	1.—4. Klasse
Hinzufügungen/ Änderungen:	Gedacht als Erweiterung des Verdienstkreuzes für Militärpersonen
Dekorationen:	

898 Kreuz 1. Klasse, Gold

70 × 55 mm

Eichenlaub: golden, auf dem Bandring. Ordenszeichen ist ein weiß emailliertes Kreuz mit goldener Bordierung.

Medaillon VS: auf rot emailliertem Grund die goldene Chiffre G(EORG) V(ICTOR), diese aufgelegt. Darüber eine goldene Krone (Fürstenhut).

Medaillonring VS: golden, glatt, doppelt.

899 Kreuz 2. Klasse, Gold

Kreuz wie Nr. 898, jedoch ohne goldenes Eichenlaub und in den Abmessungen 40 × 40 mm.

900   Kreuz 3. Klasse, Silber
Kreuz wie Nr. 899, jedoch das Kreuz in gekörntem Silber mit erhöhter glatter Bordierung.
Medaillon: emailliert.

901   Kreuz 4. Klasse, Silber
Kreuz wie Nr. 900, jedoch das Medaillon golden anstatt emailliert.

<u>Band:</u> wie das des Verdienstkreuzes.

Württemberg

Orden der Württembergischen Krone

Stifter:	König Wilhelm I. von Württemberg
Stiftung:	23. September 1818
	Gestiftet 1702 als St.-Hubertus-Jagdorden von Herzog Eberhard Ludwig von Württemberg und erneuert von Herzog Friedrich Carl, 1807 von König Friedrich I. in den Ritterorden vom Golde- nen Adler umgewandelt, 1818 aufgehoben und zusammen mit dem Civilverdienstorden zum Orden der Württembergischen Krone bestimmt
Gattung:	Haus- und Verdienstorden
Wahlspruch:	FURCHTLOS UND TREW
Klassen:	Großkreuz, Kommandeur, Ritter
Hinzufügungen/ Änderungen:	1864 Hinzufügung des Sterns zum Großkreuz bei Verleihungen an Mitglieder regierender Häuser, dazu ein besonderes Cordon Hinzufügung einer goldenen Krone für die Rit- ter als besondere Auszeichnung

1866 Verleihung der Schwerter für sämtliche
Klassen
Teilung der Ritter in 1. und 2. Klasse
Hinzufügung der Ehrenritter als 4. Klasse
Stiftung der goldenen und silbernen Verdienstmedaille
Das Kreuz der Ehrenritter kann auch mit goldener Krone verliehen werden
1889 Hinzufügung des Sterns zum Komtur (als
2. Klasse des Ordens)
1890 die Schwerter werden auch auf den Sternen der Großkreuze und Komture angebracht
1892 Wegfall der silbernen Verdienstmedaille,
als besondere Auszeichnung kann das Ritterkreuz mit Löwen in den Winkeln der Kreuzarme
verliehen werden

Dekorationen:

902   Großkreuz, Gold

135 × 90 mm

Krone: golden

Ordenszeichen ist ein weiß emailliertes Kreuz mit schmaler goldener
Bordierung. Im Einschnitt des oberen Kreuzarmes zwei goldene Bänder, daran die Krone aufgehängt. In
den Winkeln der Kreuzarme gegenständige goldene leopardierte Löwen aus dem königlichen Wappen.
Bekannt sind ebenfalls Anfertigungen mit umlaufenden Löwen.
Medaillon VS: auf weiß emaillier-
tem Grund die goldene, verzierte aufgelegte Chiffre F(RIEDRICH),
darüber eine goldene Königskrone, diese ebenfalls aufgelegt.

Medaillonring VS: innen und außen golden, glatt, auf rot emailliertem gestrahlten Grund in goldenen Buchstaben der Wahlspruch FURCHTLOS UND TREW.
Medaillon RS: auf weiß emailliertem Grund eine goldene, aufgelegte Königskrone.
Medaillonring RS: wie VS.

**903   Bruststern zum
         Großkreuz, Silber**
84 mm
Strahlen: acht, jeder Strahl fünfteilig, mit je zwei kurzen Zwischenstrahlen.
Medaillon: auf vertieftem, brillantiertem silbernen Grund das aufgelegte Ordenskreuz mit der Krone im Zentrum, jedoch ohne Wahlspruch.

Medaillonring: innen und außen golden, glatt, auf rot emailliertem gestrahlten Grund der Wahlspruch FURCHTLOS UND TREW.

904   Großkreuz für Souveräne, Gold
Kreuz wie Nr. 902.

**905   Bruststern zum
         Großkreuz für
         Souveräne, Silber**
Stern wie Nr. 903, jedoch der vertiefte brillantierte Grund des Medaillons hier schwarz emailliert.
Sterne für die Nr. 903 und 905 kommen auch insgesamt brillantiert vor.

906   Großkreuz mit Schwertern, Gold

142 × 90 mm

Kreuz wie Nr. 902, jedoch mit gekreuzten Schwertern über dem
oberen Kreuzarm und unter der Krone. Schwerter: 47 mm.

907   Bruststern zum Großkreuz mit Schwertern, Silber

Stern wie Nr. 903, jedoch mit gekreuzten goldenen Schwertern
durch die Mitte, diese auf den Diagonalstrahlen. Schwerter: 82 mm.

908   Großkreuz für Souveräne mit Schwertern, Gold

Kreuz wie Nr. 904, jedoch mit gekreuzten goldenen Schwertern
über dem oberen Kreuzarm und unter der Krone. Schwerter:
47 mm.

909   Bruststern zum Großkreuz für Souveräne mit Schwertern, Silber

Stern wie Nr. 905, jedoch mit gekreuzten goldenen Schwertern
durch die Mitte, diese 82 mm.

910   Komturkreuz, Gold   910

Kreuz wie Nr. 902, jedoch in den
Abmessungen 90 × 56 mm.
Mit Brillanten ist eine Verleihung
bekannt, siehe Abbildung.

911   Bruststern zum Komturkreuz, Silber

64 mm

Stern ist ein vierarmiges Kreuz
mit silbernen gekörnten Armen
und erhöhter glatter Bordierung.
In den Winkeln der Kreuzarme je
fünf goldene Strahlen.
Medaillon: auf gekörntem silbernen Grund eine aufgelegte goldene Krone.

Medaillonring: innen und außen golden, glatt, auf rot emailliertem gestrahlten Grund in goldenen Buchstaben der Wahlspruch FURCHTLOS UND TREW.

912   Komturkreuz mit Schwertern, Gold

Kreuz wie Nr. 910, jedoch mit gekreuzten goldenen Schwertern über dem oberen Kreuzarm unter der Krone. Mit der Krone durch eine verzierte goldene Arabeske verbunden.
Schwerter: 30 mm.

913   Bruststern zum Komturkreuz mit Schwertern, Silber

Stern wie Nr. 911, jedoch mit gekreuzten goldenen Schwertern durch die Mitte, diese 69 mm.

912

914   Ehrenkreuz, Gold

58 mm

Ordenszeichen ist ein weiß emailliertes Kreuz mit schmaler goldener Bordierung. Medaillon wie das des Ordenskreuzes der RS. Rückseite glatt, als Steckkreuz gearbeitet.

915   Ehrenkreuz mit Schwertern, Gold

Kreuz wie Nr. 914, jedoch mit gekreuzten goldenen Schwertern durch die Mitte, diese 55 mm.

916   Ritterkreuz 1. Klasse, Gold
Kreuz wie Nr. 910, jedoch ohne Krone und in den Abmessungen
40 × 40 mm.

917   Ritterkreuz 1. Klasse mit Schwertern, Gold
Kreuz wie Nr. 916, jedoch mit gekreuzten goldenen Schwertern
über dem oberen Kreuzarm, diese 25 mm.

918   Ritterkreuz 1. Klasse mit der Krone, Gold
Kreuz wie Nr. 916, jedoch mit einer goldenen Krone über dem oberen Kreuzarm, diese 18 × 15 mm.

919   Ritterkreuz 1. Klasse mit der Krone und Schwertern, Gold
Kreuz wie Nr. 918,
Schwerter wie Nr. 917.

920   Ritterkreuz 2. Klasse, Gold
Kreuz wie Nr. 916, jedoch ohne Löwen in den Winkeln der Kreuzarme.

921   Ritterkreuz 2. Klasse mit Schwertern, Gold
Kreuz wie Nr. 920, jedoch mit gekreuzten goldenen Schwertern
über dem oberen Kreuzarm, diese 25 mm.

<u>Band</u>: karmesinrot mit je einem schmalen schwarzen Seitenstreifen
und karmesinroter Kante.
Für Mitglieder regierender Häuser wie vor, jedoch scharlachrot.

Civil-Verdienstorden

Stifter:	König Friedrich I. von Württemberg
Stiftung:	6. November 1806
Gattung:	Ritterorden für zivile Verdienste

Wahlspruch: BENE MERENTIBUS
Klassen: Großkreuz, Kommandeur, Ritter
Hinzufügungen/   1848 in den Orden der Württembergischen Kro-
Änderungen: ne umgewandelt
Dekorationen:

922   Großkreuz, Gold

Krone: golden

Ordenszeichen ist ein weiß emailliertes Kreuz mit schmaler goldener Bordierung und goldenen Kugelspitzen. Im Einschnitt des oberen Kreuzarmes eine goldene Aufhängung aus zwei Plättchen und
einem verbindenden Ring. In den Winkeln der Kreuzarme je fünf
goldene Strahlen. Auf den Kreuzarmen in goldenen Buchstaben
der Wahlspruch BENE (oben), ME (links), REN (rechts), TIBUS (unten).

Medaillon VS: auf blau emailliertem Grund die gekrönte goldene
Chiffre F(RIEDRICH) R(EX).

Medaillonring VS: golden, glatt.

Medaillon RS: golden, glatt.

Medaillonring RS: golden, glatt.

Maße nicht bekannt.

923   Bruststern zum Großkreuz, Silber

77 mm

Stern ist das Ordenszeichen, jedoch mit glatten silbernen Armen
und schmaler goldener Bordierung.

In den Winkeln der Kreuzarme je fünf goldene Strahlen. Auf den
Kreuzarmen der Wahlspruch BENE MERENTIBUS.

Medaillon: auf blau emailliertem Grund die gekrönte goldene Chiffre F(RIEDRICH) R(EX).

Medaillonring: golden, glatt.

Bruststerne zum Großkreuz kommen auch in brillantierter Ausführung vor.

924 Kommandeurkreuz, Gold

Kreuz wie Nr. 922, jedoch in den Abmessungen 82 × 47 mm.

925 Ritterkreuz, Gold

Kreuz wie Nr. 924, jedoch ohne die goldene Krone und in den Abmessungen 31 × 31 mm.

Band: schwarz mit je einem gelben Seitenstreifen und schwarzer Kante.

Anmerkung: die Ordenszeichen des Civil-Verdienstordens und des Militär-Verdienstordens unterschieden sich von 1806—1818 nur durch das Band.

Militär-Verdienstorden

Stifter:	Herzog Carl Eugen von Württemberg
Stiftung:	11. Februar 1759 (als Herzoglich Württembergischer Militär-Carls-Orden)
Gattung:	Militär-Verdienstorden
Wahlspruch:	FURCHTLOS UND TREW
Klassen:	1.—4. Klasse
Hinzufügungen/ Änderungen:	1799 von Herzog Friedrich II. (späterer König Friedrich I.) erneuert
	1818 Änderung in drei Klassen:
	Großkreuz, Komtur, Ritter
	Verleihungen auch für 25jährige Dienste in der Armee
	1858 Verfügung, daß die bis dahin gestickten Sterne aus Metall anzufertigen sind
	1870 Abänderung der Rückseiten-Chiffre unter K(ARL) R(EX), König Karl

Hinzufügung der Krone zum Ritterkreuz
1892 Abänderung der Rückseiten-Chiffre unter
König Wilhelm II.

Dekorationen:

926   Großkreuz des Militär-Carls-Orden, Gold

72 × 46 mm

Die Großkreuze werden auch als Kommandeure (Komture) bezeichnet.

Herzogskrone: golden

Ordenszeichen ist ein weiß emailliertes Kreuz mit schmaler goldener Bordierung und goldenen Kugelspitzen. In den Winkeln der Kreuzarme fünf goldene Strahlen. Auf den Kreuzarmen in goldenen Buchstaben der Wahlspruch BENE MERENTIBUS.

Medaillon VS: auf blau emailliertem Grund die doppelte Chiffre C(ARL), davon einmal spiegelbildlich in goldenen Buchstaben, darüber ein goldener Herzogshut.

Medaillonring VS: golden, glatt.

Medaillon RS: golden, glatt.

Medaillonring RS: golden, glatt.

927   Ritterkreuz des Militär-Carls-Orden, von 1759, Gold

Kreuz wie Nr. 926, jedoch ohne Herzogshut und in den Abmessungen 34 × 34 mm.

928   Großkreuz des Militär-Verdienstordens, 1799, Gold

85 × 54 mm

Kreuz wie Nr. 926, jedoch im Medaillon der VS auf blauem Grund ein goldenes W(ÜRTTEMBERG), darüber eine goldene Krone (Fürstenhut).

Das Großkreuz wird am Hals getragen.

929 Bruststern zum Großkreuz von 1799, Gold/Silber

120 mm

Stern gestickt, Arme silbern mit goldener Bordierung und goldenen Kugelspitzen. In den Einschnitten der Kreuzarme ebenfalls eine goldene Kugel. In den Winkeln der Kreuzarme fünf goldene Strahlen.

Medaillon: blauer Grund, darauf ein goldenes W(ÜRTTEMBERG), darüber eine goldene Krone (Fürstenhut).

930 Kommandeurkreuz des Militär-Verdienstordens von 1799, Gold

Kreuz wie Nr. 928, ebenfalls am Hals zu tragen, jedoch an einem schmalen Band als das der Großkreuze.

931 Ritterkreuz des Militär-Verdienstordens von 1799, Gold

Kreuz wie Nr. 930, jedoch ohne goldene Krone, und in den Abmessungen 30 × 30 mm.

932 Großkreuz des Militär-Verdienstordens von 1806, Gold

Kreuz wie Nr. 922.

933 Bruststern des Militär-Verdienstordens von 1806, Silber

Stern wie Nr. 923.

934 Kommandeurkreuz des Militär-Verdienstordens von 1806, Gold

Kreuz wie Nr. 924.

935 Ritterkreuz des Militär-Verdienstordens von 1806, Gold

Kreuz wie Nr. 925.

936   Großkreuz des Militär-
        Verdienstordens von 1818, Gold

82 × 55 mm

(Zacken*-)Krone: golden

Ordenszeichen ist ein weiß emailliertes
Kreuz mit leicht geschweiften Armen
und schmaler goldener Bordierung.
Über dem oberen Kreuzarm zwei goldene Bänder zur Befestigung der Krone.

Medaillon VS: auf weiß emailliertem
Grund ein aufgelegter, goldener, grün
emaillierter Lorbeerkranz, aus zwei
unten gebundenen Zweigen bestehend.

Medaillonring VS: innen und außen golden, glatt, auf blau emailliertem Grund in goldenen Buchstaben der Wahlspruch FURCHTLOS
UND TREW.

Medaillon RS: auf weiß emailliertem Grund die goldene Chiffre
W(ILHELM), darüber eine kleine goldene Königskrone.

Medaillonring RS: innen und außen golden, glatt, auf blau emailliertem Grund in goldenen Buchstaben der Wahlspruch FURCHTLOS
UND TREW.

937   Bruststern zum Großkreuz des
        Militär-Verdienstordens von 1818,
        Gold/Silber

56 mm

Stern ist das Ordenskreuz mit silbernen,
kugelig brillantierten Kreuzarmen, breiter
goldener Bordierung und Knöpfchen an den
Enden der Kreuzarme.

---

*) Nach heraldischen Regeln deutet die Krone an, daß sie einem Geschlecht ange-
hört, das noch in die vorheraldische Zeit (vor dem 11. Jahrhundert) zurückreicht.

Medaillon: auf silbernem gekörnten Grund ein aufgelegter, golden gefaßter, grün emaillierter Lorbeerkranz, unten mit einer Schleife gebunden.

Medaillonring: innen und außen golden, glatt, auf blau emailliertem Grund in goldenen Buchstaben der Wahlspruch FURCHTLOS UND TREW.

938 Kommandeurkreuz des Militär-Verdienstordens von 1818, Gold

Kreuz wie Nr. 936, jedoch am Hals zu tragen.

939 Ritterkreuz des Militär-Verdienstordens von 1818, Gold

Kreuz wie Nr. 936, jedoch in den Abmessungen 32 × 32 mm, ohne goldene Zackenkrone.

940

940 Großkreuz des Militär-Verdienstkreuzes von 1870, Gold

Kreuz wie Nr. 936, jedoch mit geänderter, verschlungener goldener Chiffre K(ARL) R(EX) im Medaillon der RS.

941 Bruststern zum Großkreuz des Militär-Verdienstordens von 1870, Gold/Silber

Stern wie Nr. 937.

942 Kommandeurkreuz des Militär-Verdienstordens von 1870, Gold

Kreuz wie Nr. 940, jedoch in den Abmessungen 56 × 36 mm.

943 Ritterkreuz des Militär-Verdienstordens von 1870, Gold

Kreuz wie Nr. 939, jedoch mit einer goldenen Zackenkrone, diese 15 × 25 mm.

944   Großkreuz des Militär-Verdienstordens von 1892, Gold

Kreuz wie Nr. 936, jedoch mit geänderter, verschlungener goldener
Chiffre W(ILHELM) R(EX).

**945   Bruststern zum Großkreuz des Militär-Verdienstordens
von 1892, Gold/Silber**

Stern wie Nr. 937.

**946   Kommandeurkreuz des Militär-Verdienstordens von 1892,
Gold**

Kreuz wie Nr. 944, jedoch in den Abmessungen 60 × 40 mm.

947   Ritterkreuz des Militär-Verdienstordens von 1892, Gold

Kreuz wie Nr. 946, jedoch in den Abmessungen 35 × 35 mm, ohne
goldene Zackenkrone.

<u>Band:</u>

Militär-Carls-Orden:	gelb
Militär-Verdienstorden von 1799:	gelb mit je einem schwarzen Seitenstreifen und gelber Kante
Militär-Verdienstorden von 1806:	wie 1799
Militär-Verdienstorden von 1818:	dunkelblau
Militär-Verdienstorden von 1870:	wie 1799
Militär-Verdienstorden von 1892:	wie 1799

Friedrichs-Orden

Stifter:	König Wilhelm I. von Württemberg
Stiftung:	1. Januar 1830
Gattung:	Militär- und Zivilverdienstorden
Wahlspruch:	GOTT UND MEIN RECHT
Klassen:	einklassig (Ritter)

Hinzufügungen/ Änderungen:	1856 Erweiterung auf vier Klassen
	Großkreuze, Komture 1. und 2. Klasse, Ritter

Wegfall des mit der Verleihung verbundenen persönlichen Adels

1870 Hinzufügung der Schwerter

1886 Hinzufügung der Ritter 2. Klasse als 5. Klasse des Ordens

Stiftung der Schwerter für alle Klassen

1892 Stiftung einer goldenen Verdienstmedaille des Friedrichs-Ordens

1899 Hinzufügung der goldenen Krone zum Großkreuz und des dazugehörigen Sterns

Dekorationen:

948 Großkreuz, Gold

65 mm

Ordenszeichen ist ein weiß emailliertes Kreuz mit leicht geschweiften Armen und goldener Bordierung. Über dem oberen Kreuzarm ein goldener Eichenlaubkranz als Öse. In den Winkeln der Kreuzarme je acht, später fünf goldene Strahlen.

Medaillon VS: auf gekörntem, mattgoldenem Grund das aufgelegte und nach rechts blickende Bildnis des Königs Friedrich, golden, poliert.

Medaillonring VS: innen und außen golden, glatt, auf blau emailliertem Grund in goldenen Buchstaben die Inschrift FRIEDRICH KÖNIG VON WÜRTTEMBERG.

Medaillon RS: auf weiß emailliertem Grund in goldenen Buchstaben DEM/VERDIENSTE.

Medaillonring RS: innen und außen golden, glatt, auf blau emailliertem Grund in goldenen Buchstaben der Wahlspruch GOTT UND MEIN RECHT.

949 Bruststern zum Großkreuz, Gold/Silber

80 mm

Strahlen: acht, jeder Strahl fünfteilig, golden. Auf dem Stern aufgelegt ein Kreuz mit gekörnten silbernen Armen und doppelter glatter, erhöhter silberner Bordierung. Zwischen beiden Bordierungen Zierschnitt bzw. eine geperlte Kante.

Medaillon: auf gekörntem mattgoldenen Grund der Kopf König Friedrichs.

Medaillonring: innen und außen golden, glatt, auf blau emailliertem Grund in goldenen Buchstaben der Wahlspruch GOTT UND MEIN RECHT, jeweils durch fünfstrahlige, goldene Sternchen getrennt.

Anmerkung:

Die Bruststerne zum Großkreuz kommen in sehr unterschiedlichen Ausführungen vor.

950   Großkreuz mit Schwertern, Gold

Kreuz wie Nr. 948, jedoch mit gekreuzten goldenen Schwertern über dem oberen Kreuzarm, mit diesem durch zwei aufgelötete Ösen verbunden. Schwerter: 47 mm.

951

950

951   Bruststern zum Großkreuz mit Schwertern, Gold/Silber
Stern wie Nr. 949, jedoch mit gekreuzten goldenen Schwertern durch die Mitte, diese 65 mm.

952   Großkreuz mit der Krone, Gold
Kreuz wie Nr. 948, jedoch mit einer goldenen Krone über dem oberen Kreuzarm. Krone: 35 × 32 mm.

953   Bruststern zum Großkreuz mit der Krone, Gold/Silber
Stern wie Nr. 949, jedoch mit einer aufgelegten goldenen Krone auf dem oberen Kreuzarm. Krone: 12 × 20 mm.

954

**954   Großkreuz mit der Krone
        und Schwertern, Gold**
Kreuz wie Nr. 948,
Krone wie Nr. 952,
Schwerter wie Nr. 950.

**955   Bruststern zum Großkreuz
        mit der Krone und
        Schwertern, Gold/Silber**
Stern wie Nr. 949,
Krone wie Nr. 953,
Schwerter wie Nr. 951.

956   Komturkreuz 2. Klasse, Gold
52 mm
Ordenszeichen ist ein weiß emailliertes Kreuz mit leicht geschweiften Armen und schmaler goldener Bordierung. In den Winkeln der Kreuzarme sieben fünfspitzige, kurze goldene Strahlen.

Medaillon VS: auf weiß emailliertem Grund ein goldenes aufgelegtes F(RIEDRICH), darüber eine goldene, ebenfalls aufgelegte Krone.
Medaillonring VS: innen und außen golden, glatt, auf blau emailliertem Grund in goldenen Buchstaben der Wahlspruch GOTT UND MEIN RECHT.
Medaillon RS: wie VS.
Medaillonring RS: wie VS.

957 Bruststern zum Komturkreuz 1. Klasse, Gold/Silber
62 mm
Der Stern ist ein leicht geschweiftes Kreuz mit silbernen gekörnten Armen und doppelter, erhöhter silberner Bordierung. Zwischen der Bordierung eine geperlte Kante. In den Winkeln der Kreuzarme sieben bzw. fünf goldene Strahlen.
Medaillon VS: auf gekörntem mattgoldenen Grund das aufgelegte goldene Bildnis des Königs Friedrich, golden, poliert.
Medaillonring: innen und außen golden, glatt, auf blau emailliertem Grund der Wahlspruch GOTT UND MEIN RECHT.

958 Komturkreuz 2. Klasse mit Schwertern, Gold
Kreuz wie Nr. 956, jedoch mit gekreuzten goldenen Schwertern über dem oberen Kreuzarm, mit diesem durch zwei Ösen verbunden. Schwerter: 28 mm.

959 Bruststern zum Komturkreuz 1. Klasse mit Schwertern, Gold/Silber

Stern wie Nr. 957, jedoch mit gekreuzten goldenen Schwertern durch die Mitte, diese 58 mm.

960 Ritterkreuz 1. Klasse, Gold

Kreuz wie Nr. 956, jedoch in den Abmessungen 38 × 38 mm. Im Medaillonring kein umlaufender Wahlspruch, dieser glatt und erhöht.

961 Ritterkreuz 1. Klasse mit Schwertern, Gold

Kreuz wie Nr. 960, jedoch mit gekreuzten goldenen Schwertern über dem oberen Kreuzarm, mit diesem durch zwei Ösen verbunden. Schwerter: 25 mm.

962 Ritterkreuz 2. Klasse, Silber

Kreuz wie Nr. 960, jedoch mit silbernen gekörnten Armen, Zierschnitt und erhöhter glatter Bordierung.

963   Ritterkreuz 2. Klasse mit Schwertern, Silber
Kreuz wie Nr. 962, jedoch mit gekreuzten goldenen Schwertern
über dem oberen Kreuzarm, mit diesem durch zwei Ösen verbunden. Schwerter: 25 mm.

Band: himmelblau.

Olga-Orden

Stifter: König Carl von Württemberg
Stiftung: 27. Juni 1871
Gattung: Verdienstorden
Wahlspruch: —
Klassen: einklassig
Hinzufügungen/
Änderungen: —
Dekorationen:

964   Ordenskreuz, Silber
36 mm
Ordenszeichen ist ein mattsilbernes (Klee-
blatt-)Kreuz mit polierter Einfassung. Die
Kreuzarme tragen ein aufgelegtes Genfer
Kreuz.
Medaillon VS: auf mattsilbernem Grund
die gemeinsame Chiffre K(ARL) und O(L-
GA) in goldenen Buchstaben, erhaben
aufgelegt.

Medaillonring VS: silbern, glatt, poliert.
Medaillon RS: auf mattsilbernem Grund die Jahreszahlen $\frac{1870}{1871}$
diese erhaben silbern poliert aufgelegt.
Medaillonring RS: silbern, glatt, poliert.

Band: schwarz mit je einem dunkelroten Seitenstreifen und
schwarzer Kante.

Deutsches Reich 1933–1945

Verdienstorden vom Deutschen Adler

Stifter: Adolf Hitler als »Führer und Reichskanzler«

Stiftung: 1. Mai 1937

Wahlspruch: —

Gattung: Verdienstorden, ausschließlich für Ausländer

Klassen: Großkreuz, Verdienstkreuz mit Stern, Verdienstkreuz 1.—3. Stufe, dazu eine silberne Verdienstmedaille

Hinzufügungen/ Änderungen: 1939 Stiftung einer Sonderstufe: Großkreuz in Gold
Hinzufügung der Schwerter für alle Stufen
1943 Umbenennung in: der Deutsche Adlerorden, mit neuer Einteilung
Großkreuz, Deutscher Adlerorden 1.—5. Klasse, goldenes Großkreuz, Verdienstmedaille in Silber und Bronze

Dekorationen:

965 Großkreuz, Gold
60 mm
Ordenszeichen ist ein weiß emailliertes Kreuz mit breiter goldener Bordierung. In den Winkeln der Kreuzarme je ein goldener deutscher Adler mit gesenkten Flügeln. Der Adler steht auf einem goldenen Eichenlaubkranz, in dessen Mitte sich auf weiß emailliertem Grund ein goldenes Hakenkreuz befindet.

966   Bruststern zum Großkreuz, Gold/Silber
80 mm
Strahlen: acht, jeder Strahl fünfteilig mit je zwei schmalen Zwi-

schenstrahlen von gleicher Länge wie der Hauptstrahl. Auf dem
Stern aufgelegt das Ordenskreuz, dieses 45 mm.

967   Großkreuz mit Schwertern, Gold
Kreuz wie Nr. 965, jedoch mit gekreuzten goldenen Schwertern
auf der Mitte des Ordenszeichens. Schwerter: 36 mm.

968   Bruststern zum Großkreuz mit Schwertern, Gold/Silber
Stern wie Nr. 966, jedoch mit gekreuzten goldenen Schwertern auf
der Mitte, diese 30 mm.

969   Sonderstufe des Großkreuzes in Gold, Gold
Kreuz wie Nr. 965, jedoch in den Abmessungen 66 × 66 mm.

970 Bruststern zur Sonderstufe des Großkreuzes in Gold, Gold/Silber

Stern wie Nr. 966, jedoch mit goldenen Strahlen und in den Abmessungen 91 × 91 mm. Das aufgelegte Ordenskreuz 47 mm. (Eine Verleihung des Sterns mit Brillanten an den Duce im Jahre 1937; dieser erhielt also bereits zwei Jahre vor der Stiftung der Nr. 969—970 einen derartigen Set.)

971 Verdienstkreuz 1. Klasse, Gold

Kreuz wie Nr. 965, jedoch in den Abmessungen 50 × 50 mm.

972 Bruststern zum Verdienstkreuz 1. Klasse, Gold/Silber

Stern wie Nr. 966, die Hoheitsadler jedoch in Silber mit goldener Bordierung.

973 Verdienstkreuz 1. Klasse mit Schwertern, Gold

Kreuz wie Nr. 971, jedoch mit gekreuzten goldenen Schwertern auf der Mitte des Ordenszeichens. Schwerter: 37 mm.

974 Bruststern zum Verdienstkreuz 1. Klasse, Gold/Silber

Stern wie Nr. 972, jedoch mit gekreuzten goldenen Schwertern auf der Mitte des Ordenszeichens. Schwerter: 33 mm.

975 Verdienstkreuz 2. Klasse, Gold

Kreuz wie Nr. 971, jedoch im Einschnitt des oberen Kreuzarmes eine goldene Agraffe mit Öse für den Bandring (am Hals zu tragen). Abmessungen: 50 × 50 mm.

976   Bruststern zum Verdienstkreuz 2. Klasse, Gold/Silber
75 mm
Strahlen: sechs, jeder Strahl fünfteilig mit je zwei Zwischenstrahlen, silbern.
Auf dem Stern das aufgelegte Ordenskreuz, dieses 45 mm.

977   Verdienstkreuz 2. Klasse mit Schwertern, Gold
Kreuz wie Nr. 975, jedoch mit gekreuzten goldenen Schwertern auf
der Mitte des Ordenszeichens. Schwerter: 38 mm.

**978   Bruststern zum Verdienstkreuz 2. Klasse mit Schwertern,
          Gold/Silber**

Stern wie Nr. 976, jedoch mit gekreuzten goldenen Schwertern auf
der Mitte des aufgelegten Ordenszeichens. Schwerter: 33 mm.

979   Verdienstkreuz 3. Klasse, Gold
Kreuz wie Nr. 975, jedoch ohne dazugehörigen Stern.

980   Verdienstkreuz 3. Klasse mit Schwertern, Gold

50 mm

Kreuz wie Nr. 979, jedoch mit gekreuzten goldenen Schwertern auf der Mitte des Ordenszeichens. Schwerter: 38 mm.

981   Verdienstkreuz 4. Klasse, Gold

50 mm

Ordenszeichen wie Nr. 979, jedoch als Steckkreuz zu tragen.

982   Verdienstkreuz 4. Klasse mit Schwertern, Gold

Kreuz wie Nr. 981, jedoch mit gekreuzten goldenen Schwertern auf der Mitte des Ordenszeichens. Schwerter: 40 mm.

983   Verdienstkreuz 5. Klasse, Gold

Kreuz wie Nr. 979, jedoch ohne goldene Agraffe im Einschnitt des oberen Kreuzarmes und in den Abmessungen 45 × 45 mm.

984   Verdienstkreuz 5. Klasse mit Schwertern, Gold

Kreuz wie Nr. 983, jedoch mit gekreuzten goldenen Schwertern auf der Mitte des Ordenszeichens. Schwerter: 35 mm.

<u>Band:</u> rot mit je einem schmalen weiß-schwarz-weißen Seitenstreifen. Für die Sonderstufe des Großkreuzes in Gold: dunkelrot mit den vorgenannten Seitenstreifen.

Deutscher Nationalpreis für Kunst und Wissenschaft

Stifter:	Adolf Hitler als »Führer und Reichskanzler«
Stiftung:	30. Januar 1937
Gattung:	Zivilverdienstorden
Wahlspruch:	FÜR WISSENSCHAFT UND KUNST
Klassen:	einklassig
Hinzufügungen/ Änderungen:	—

Dekorationen:

985   Stern des Ehrenzeichens, Platin
96 mm
Stern: vier Strahlengruppen von je drei Strahlen mit einem kurzen
Zwischenstrahl. Die Strahlengruppen unterbrochen durch goldene
Hoheitsadler mit gesenkten Flügeln, in den Fängen Hakenkreuz-
Medaillons haltend.

Medaillon: auf rot emailliertem Grund der aufgelegte Kopf der Pallas Athene in Gold, diese nach links blickend.
Medaillonring: innen und außen golden, glatt, erhöht, auf weiß-
gelblich emailliertem Grund in goldenen Versalbuchstaben der aufgelegte Wahlspruch FÜR KUNST UND WISSENSCHAFT. Um
den Medaillonring ein Kranz aus Brillanten.

986   Schulterband mit Agraffe des Ehrenzeichens

Schulterband: 105 mm breit

Agraffe: 80 mm Durchmesser

Das Schulterband wird von der rechten Schulter zur linken Hüfte getragen. Beide Enden sind durch eine Agraffe verbunden. Auf einer weiß emaillierten Platte von 45 mm Durchmesser ist ein schwarzes gesticktes Hoheitszeichen aufgelegt; der Adler mit ge-

Etui mit Stern,
Schulterband
und Agraffe

senkten Flügeln. Der Rand besteht aus einem rot umsponnenen Ring, über den in regelmäßigen Abständen eine rote Kordel gezogen ist.

<u>Band:</u> rot mit je einem weißen Seitenstreifen und breiter roter Kante. Im Band eingewebte Hoheitsadler.

Deutscher Orden des Großdeutschen Reiches

Stifter:	Amtliche Unterlagen liegen nicht vor
Stiftung:	
Gattung:	Verdienstorden
Wahlspruch:	—
Klassen:	Halskreuz mit Schwertern, Halskreuz, Steckkreuz
Hinzufügungen/ Änderungen:	—
Dekorationen:	

987   Halskreuz mit Schwertern, Gold

80 × 48 mm

Ordenszeichen ist ein schwarz emailliertes (Tatzen-)Kreuz mit einer goldenen Eichenlaubverzierung entlang der VS der Kreuzarme. Auf der RS besteht diese Verzierung in einer glatten goldenen Linie. Über dem oberen Kreuzarm zwei offene goldene Lorbeerzweige, die in ein ebenfalls goldenes Eichenlaub mit dem Hoheitsadler übergehen. Durch den Kranz laufen vorder- und rückseitig gekreuzte antike Schwerter.

Lorbeerkranz: 20 mm

Schwerter: 38 mm

Adler (ohne Eichenlaub): 10 × 19 mm

In den Winkeln der Kreuzarme je ein goldenes (Partei-)Hoheitszeichen, ein nach rechts blickender Adler mit offenen gesenkten Flügeln. Die Adler sind auch auf der RS plastisch ausgearbeitet.

Medaillon VS: auf weiß emailliertem Grund ein schrägstehendes golden gefaßtes, schwarz emailliertes Hakenkreuz.

Innerer Medaillonring: golden, glatt, auf rot emailliertem Grund in goldenen Buchstaben die Inschrift NATIONAL-SOZIALISTI-SCHE (oben) — D.A.P. — (unten).

Äußerer Medaillonring: weiß emailliert, mit einer geperlten Kante abgeschlossen. Darum ein goldener Ring aus Eichenlaub. Das Medaillon gleicht im wesentlichen dem Parteiabzeichen der NSDAP für die Mitglieder unter Nr. 100.000.

Medaillon RS: auf schwarz emailliertem Grund der goldene faksimilierte Namenszug Adolf Hitlers.

Medaillonring RS: golden, glatt.

988   Rückseite

988   Halskreuz, Gold
52 × 48 mm
Kreuz wie Nr. 987, jedoch ohne Eichenlaub und gekreuzte antike Schwerter.

989   Steckkreuz, Gold
48 mm
Kreuz wie Nr. 988, jedoch ohne Aufhängung, als Steckkreuz gearbeitet.

<u>Band:</u> rot mit weiß-schwarzen Seitenstreifen.

Eisernes Kreuz*)

Stifter:	Adolf Hitler als »Führer«
Stiftung:	1. September 1939
Gattung:	Militärverdienstorden
Wahlspruch:	—
Klassen:	Großkreuz, Ritterkreuz, Eisernes Kreuz 1. Klasse, Eisernes Kreuz 2. Klasse, Wiederholungsspangen zur 1. und 2. Klasse
Hinzufügungen/ Änderungen:	1940 Hinzufügung des silbernen Eichenlaubes zum Ritterkreuz
	1941 Hinzufügung der silbernen Schwerter zum Eichenlaub
	Hinzufügung der Brillanten zum Eichenlaub mit Schwertern
	1944 Hinzufügung des goldenen Eichenlaubes mit Schwertern und Brillanten

Dekorationen:

990 Großkreuz, Silber
63 mm

Ordenszeichen ist unverändert das von Karl Friedrich Schinkel geschaffene gußeiserne, geschwärzte Kreuz mit gewendelter, erhabener silberner Einfassung und glattem, silbernem Rand. Im Zentrum der VS das erhaben gegossene Hakenkreuz, im unteren Kreuzarm die Jahreszahl der Erneuerung 1939.
RS: unverändert mit der Jahreszahl »1813«.
Eine Verleihung am 19. Juli 1940 an Hermann Göring bei gleichzeitiger Ernennung zum Reichsmarschall.

991 Ritterkreuz, Silber
Kreuz wie Nr. 990, jedoch in den Abmessungen 50 × 50 mm.

---

*) Entgegen allen früheren Erneuerungen wird in der Verordnung vom 1. September 1939 ausdrücklich vom Orden des Eisernen Kreuzes gesprochen.

992   Ritterkreuz mit Eichenlaub, Silber

Kreuz wie Nr. 991, jedoch mit einem silbernen dreiblättrigen Eichenlaub, dieses 20 mm.

993   Ritterkreuz mit Eichenlaub und Schwertern, Silber

Kreuz wie Nr. 992, jedoch mit gekreuzten silbernen Schwertern zwischen dem Eichenlaub und der Öse auf dem oberen Kreuzarm. Schwerter: 25 mm.

994   Ritterkreuz mit Eichenlaub, Schwertern und Brillanten, Silber

Kreuz wie Nr. 993, jedoch das Eichenlaub und die Schwertergriffe mit Brillanten besetzt.

995   Ritterkreuz mit dem goldenen Eichenlaub, Schwertern und Brillanten, Silber

Kreuz wie Nr. 994, jedoch das Eichenlaub und die Schwerter golden und mit Brillanten besetzt.

Eine Verleihung am 29. 12. 1944 an Oberstleutnant Hans Ulrich
Rudel unter gleichzeitiger Beförderung zum Oberst.

996 Eisernes Kreuz 1. Klasse, Silber
Kreuz wie Nr. 991, jedoch als Steckkreuz, RS glatt, und in den Abmessungen 43 × 43 mm.

997 Eisernes Kreuz 2. Klasse, Silber
Kreuz wie Nr. 991, jedoch in den Abmessungen 43 × 43 mm.

**998 Wiederholungsspange zum
        Eisernen Kreuz 1. Klasse
        von 1914, Silber**

Adler: 45 × 24 mm
Schildchen: 29 × 19 mm
War ein Beliehener bereits im Besitz eines Eisernen Kreuzes 1. Klasse aus dem 1. Weltkrieg, so erhielt
er statt eines erneuten Kreuzes eine silberne Spange mit dem Hoheitszeichen und der Jahreszahl 1939. Alle erhabenen Teile der
Spange silbern, poliert. Die Spange wurde direkt über dem Eisernen
Kreuz von 1914 angesteckt.

**999 Wiederholungsspange zum Eisernen
        Kreuz 2. Klasse von 1914, Silber**
Adler: 29 × 22 mm
Schildchen: 27 × 18 mm
Gestaltung der Spange wie Nr. 998. Die
Spange wurde auf dem Band des EK von
1914 direkt über der Bandöse getragen.
Die Spangen weichen herstellerbedingt oft voneinander ab.

<u>Band:</u> rot mit je einem weiß-schwarzen Seitenstreifen.

Kriegsverdienstkreuz

Stifter: Adolf Hitler als »Führer«
Stiftung: 18. Oktober 1939
Gattung: Militärverdienstorden
Wahlspruch: —
Klassen: Kriegsverdienstkreuz 1. und 2. Klasse
                  Kriegsverdienstkreuz 1. und 2. Klasse mit
                  Schwertern
Hinzufügungen/   1940 Stiftung des Ritterkreuzes zum Kriegs-
Änderungen: verdienstkreuz mit und ohne Schwerter
                  Hinzufügung einer Kriegsverdienstmedaille
                  1944 Stiftung des goldenen Ritterkreuzes zum
                  Kriegsverdienstkreuz mit und ohne Schwerter
Dekorationen:

Rückseite

**1000   Ritterkreuz zum
         Kriegsverdienstkreuz,
         Silber**

53 mm
Ordenszeichen ist ein (Malte-
ser-)Kreuz mit gekörnten silbernen Armen und erhöhter,
glatter silberner Bordierung.
Im Einschnitt des oberen
Kreuzarmes zwei kurze zuein-
anderlaufende Stege, die eine
Öse halten.
Medaillon VS: auf gekörntem
silbernen Grund ein erhabe-
nes, auf der Spitze stehendes
Hakenkreuz, dieses silbern, poliert.
Medaillonring VS: ein erhabe-
ner, oben und unten gebundener Eichenlaubkranz.

Medaillon RS: auf gekörntem silbernen Grund die erhabene
Jahreszahl der Stiftung 1939.
Medaillonring RS: wie VS.

**1001   Ritterkreuz zum Kriegsverdienstkreuz mit Schwertern,
         Silber**
Kreuz wie Nr. 1000, jedoch mit gekreuzten, breiten silbernen
Schwertern durch die Mitte, diese 50 mm.

**1002   Goldenes Ritterkreuz zum Kriegsverdienstkreuz, Silber
         vergoldet**
Kreuz wie Nr. 1000, jedoch golden.
Erstmalig zwei Verleihungen am 20. April 1945.

**1003   Goldenes Ritterkreuz zum Kriegsverdienstkreuz mit
         Schwertern, Silber vergoldet**
Kreuz wie Nr. 1001, jedoch golden.
Verliehene Exemplare fraglich.

1004   Kriegsverdienstkreuz 1. Klasse, versilbert
Kreuz wie Nr. 1000, jedoch als Steckkreuz gearbeitet und in den
Abmessungen 49 × 49 mm.

**1005   Kriegsverdienstkreuz
         1. Klasse mit Schwertern,
         versilbert**
Kreuz wie Nr. 1004, jedoch mit
gekreuzten, breiten silbernen
Schwertern durch die Mitte, diese
47 mm.

1006   Kriegsverdienstkreuz 2. Klasse, Bronze
Kreuz wie Nr. 1000, jedoch mit einer einfachen Öse über dem Einschnitt des oberen Kreuzarmes und in den Abmessungen 48 ×
48 mm.

1007 Kriegsverdienstkreuz 2. Klasse mit Schwertern, Bronze
Kreuz wie Nr. 1006, jedoch mit gekreuzten, breiten bronzenen
Schwertern durch die Mitte, diese 44 mm.

Band: schwarz mit je einem weiß-roten Seitenstreifen und weißer
Kante.

Deutsches Kreuz
(Kriegsorden des Deutschen Kreuzes)

Stifter:	Adolf Hitler als »Führer«
Stiftung:	28. September 1941
Gattung:	Militärverdienstorden
Wahlspruch:	—
Klassen:	1. Abteilung in Gold
	2. Abteilung in Silber
Hinzufügungen/	Eine Stiftung in Gold und Brillanten gedieh
Änderungen:	bis zur Herstellung zwanzig entsprechender
	Ordenszeichen. Verleihungen sind nicht nach-
	weisbar
	1942 wurde das Tragen einer gestickten Aus-
	führung gestattet
Dekorationen:	

1008 Deutsches Kreuz in Gold, vergoldet
62 mm
Ordenszeichen ist ein Stern.
Strahlen: acht, jede Gruppe aus 24 Strahlen bestehend. Auf einem
versilberten Stern als Grundplatte ist ein grafitgrauer brünierter
Stern aufgelegt, und zwar so, daß vom versilberten Stern nur eine
schmale Kante sichtbar bleibt.
Medaillon: silbern, glatt, darauf ein silbernes, schwarz emailliertes,
auf der Spitze stehendes Hakenkreuz.
Medaillonring: auf einer rot lackierten Randplatte ein plastisch auf-

gelegter, goldener Lorbeerkranz, dieser mehrfach gebunden. In der unteren Bindung ist das Jahr der Stiftung 1941 eingraviert.

Bei der Ausführung in Gold und Brillanten ist der vergoldete Lorbeerkranz mit kleinen Brillanten besetzt.

1009 Deutsches Kreuz in Silber, versilbert
Stern wie Nr. 1008, jedoch der aufgelegte Lorbeerkranz silbern.

Bundesrepublik Deutschland

Verdienstorden der Bundesrepublik Deutschland
(Bundesverdienstkreuz)

Stifter:	Bundespräsident Theodor Heuss
Stiftung:	7. September 1951
Gattung:	Zivilverdienstorden
Wahlspruch:	—
Klassen:	Großkreuz, Großes Verdienstkreuz, Verdienstkreuz
	Die einzelnen Klassen werden aufgeteilt nach:
	Sonderstufe des Großkreuzes

Großkreuz

Großes Verdienstkreuz mit Stern und Schulterband

Großes Verdienstkreuz mit Stern

Großes Verdienstkreuz

Verdienstkreuz 1. Klasse

Verdienstkreuz am Bande

Verdienstmedaille

Hinzufügungen/ Änderungen:
1955 Hinzufügung der Sonderstufe zum Großkreuz

Verleihung des Großen Verdienstkreuzes mit

- Stern und Schulterband
- Stern oder
- am Band

1966 Einstellung der Verleihung des Bundesverdienstkreuzes für 50jährige Arbeitsjubilare

Dekorationen:

1010 Sonderstufe des Großkreuzes für Staatsoberhäupter, Gold

81 × 71 mm

Ordenszeichen ist ein rot emailliertes, schlankes Kreuz mit leicht geschweiften Armen und goldener Bordierung. Auf dem oberen Kreuzarm eine 10 mm hohe goldene Agraffe für die Öse.

Medaillon: auf goldenem Grund ein aufgelegter schwarz emaillierter, golden gefaßter Bundesadler. VS und RS sind gleich.

1011   Bruststern zur Sonderstufe des Großkreuzes für Staatsoberhäupter, Gold

90 mm
Strahlen: acht, Axialstrahlen aus schmäleren, Diagonalstrahlen aus breiteren Strahlenbündeln bestehend. Auf dem Stern aufgelegt das Ordenskreuz, dieses 55 mm.

1012   Sonderstufe des Großkreuzes, Ausführung für Damen, Gold
Kreuz wie Nr. 1010, jedoch in den Abmessungen 60 × 60 mm.

1013   Bruststern zur Sonderstufe des Großkreuzes, Ausführung für Damen, Gold
Stern wie Nr. 1011, jedoch in den Abmessungen 80 × 80 mm. Aufgelegtes Kreuz: 45 mm.

1014   Großkreuz, Gold
Kreuz wie Nr. 1010.

1015   Bruststern zum Großkreuz, Gold
Stern wie Nr. 1011, jedoch in den Abmessungen 80 × 80 mm, aufgelegtes Kreuz: 45 mm.

1016   Großkreuz in besonderer Ausführung, Gold
Kreuz wie Nr. 1014, jedoch um das Medaillon ein schmaler goldener Lorbeerkranz gelegt.
Bisher eine Verleihung im Januar 1954 an den damaligen Bundeskanzler Dr. Konrad Adenauer.

1017   Großkreuz, Ausführung für Damen, Gold
Kreuz wie Nr. 1012.

1018   Bruststern zum Großkreuz, Ausführung für Damen, Gold
Stern wie Nr. 1013.

1019   Großes Verdienstkreuz mit Stern und Schulterband, Gold
Kreuz wie Nr. 1012.

**1020   Bruststern zum Großen Verdienstkreuz mit Stern und
           Schulterband, Gold**
70 mm
Strahlen: 56 Strahlen bilden einen rhomboidförmigen Stern. Darauf aufgelegt das Ordenskreuz, dieses 45 mm.
Sternkörper gewölbt.

**1021   Großes Verdienstkreuz mit Stern und Schulterband,
           Ausführung für Damen, Gold**
Kreuz wie Nr. 1019.

**1022   Bruststern zum Großen Verdienstkreuz mit Stern und
           Schulterband, Ausführung für Damen, Gold**
Stern wie Nr. 1020.

1023   Großes Verdienstkreuz mit Stern, Gold
Kreuz wie Nr. 1012, jedoch am Hals zu tragen.

**1024   Bruststern zum
           Großen Verdienstkreuz
           mit Stern, Gold**
70 mm
Strahlen: 40 Strahlen bilden
einen rhomboidförmigen Stern.
Darauf aufgelegt das Ordenskreuz, dieses 45 mm.
Sternkörper flach.

1025   Großes Verdienstkreuz, Gold
Kreuz wie Nr. 1010, jedoch in den Abmessungen 60 × 60 mm, am
Hals zu tragen.

1026   Großes Verdienstkreuz, Ausführung für Damen, Gold
Kreuz wie Nr. 1023, an einer Bandschleife, eine handbreit unterhalb der linken Schulter zu tragen.

1027   Verdienstkreuz 1. Klasse, Gold
Kreuz wie Nr. 1025, jedoch als Steckkreuz mit glatter RS und in den
Abmessungen 55 × 55 mm.

1028   Verdienstkreuz 1. Klasse, Ausführung für Damen, Gold
Kreuz wie Nr. 1027, jedoch in den Abmessungen 45 × 45 mm.

1029   Verdienstkreuz am Band, Gold
55 mm
Die VS gleicht den bisherigen Ordenszeichen. Die RS ist gekörnt
mit einer glatten, erhöhten Kante eingefaßt.

1030   Verdienstkreuz am Band mit Spange »50«, Gold
Kreuz wie Nr. 1029, jedoch auf dem Band eine goldfarbene Spange.
Auf gekörntem Grund die erhabene, polierte Jahreszahl »50« in
einem ebensolchen Rahmen, rechts und links vom Rahmen ein stilisiertes Blattornament. Spange: 10 × 30 mm.

1031   Verdienstkreuz am Band, Ausführung für Damen, Gold
Kreuz wie Nr. 1029, jedoch in den Abmessungen 45 × 45 mm. RS
glatt, golden.

Band: rot mit je einem gold-schwarz-goldenen Seitenstreifen
- das Großkreuz für Damen zusätzlich mit handgestickten Bun-
  desadlern auf dem Band
- das Großkreuz zusätzlich mit maschinengestickten Bundes-
  adlern auf dem Band

- die Sonderstufe zum Großkreuz mit handgestickten Bundes-
adlern auf dem Band

Pour le Mérite für Wissenschaft und Künste

Stifter:	König Friedrich Wilhelm IV. von Preußen
Stiftung:	31. Mai 1842
	31. Mai 1952 Neukonstituierung
Gattung:	Verdienstorden für Künste und Wissenschaften
Wahlspruch:	POUR LE MÉRITE
Klassen:	einklassig
Hinzufügungen/	1958 wurde die frei sich selbst ergänzende
Änderungen:	Ordensgemeinschaft in ihren Statuten durch
	Bundespräsident Heuss bestätigt; der Bundes-
	präsident ist Protektor des Ordens

Dekorationen:

1032   Ordenszeichen, Gold
Vgl. Nr. 468

<u>Band</u>: schwarz mit je einem silbernen Seitenstreifen und schwar-
zer Kante.

Bayern

Bayerischer Verdienstorden

Stifter:	Lt. Gesetz nach Art. 118, Abs. 5 der Bayerischen
	Verfassung
Stiftung:	11. Juni 1957
Gattung:	Zivilverdienstorden
Wahlspruch:	—
Klassen:	einklassig
Hinzufügungen/	
Änderungen:	—

Dekorationen:

1033   Ordenskreuz, Gold
60 × 54 mm

Ordenszeichen ist ein weiß emailliertes Kreuz mit blau emaillierter
Einfassung, diese nach innen und
außen golden bordiert. Im Einschnitt des oberen Kreuzarmes eine
goldene Agraffe für den Bandring.
Medaillon VS: auf weiß emailliertem Grund das golden gefaßte
bayerische Rautenwappen.
Medaillonring VS: golden, glatt.
Medaillon RS: auf schwarz emailliertem Grund ein bayerischer
Löwe in Gold.
Medaillonring RS: golden, glatt.

Band: himmelblau mit anschließender dunkelblauer Seitenkante
und je einem weiß-blauen Seitenstreifen.
Der bayerische Verdienstorden wird am Hals getragen.

Niedersachsen

Niedersächsischer Verdienstorden

Stifter:	Beschluß des Niedersächsischen Landesministe-riums
Stiftung:	27. März 1961
Gattung:	Zivilverdienstorden
Wahlspruch:	—
Klassen:	Großes Verdienstkreuz, Verdienstkreuz, Ver-dienstkreuz am Bande
Hinzufügungen/Änderungen:	—

Dekorationen:

1034 Großes Verdienstkreuz, Silber

Ordenszeichen ist ein rot emailliertes Kreuz mit schmaler silberner Bordierung.

Medaillon VS: auf rot emailliertem Grund das springende Pferd (als niedersächsisches Wappentier), dieses silbern.

Medaillonring VS: silbern, glatt.

Medaillon RS:
Medaillonring: } Ein Exemplar lag dem Autor nicht vor.

Das Große Verdienstkreuz wird am Hals getragen.

1035 Verdienstkreuz, Silber

Kreuz wie Nr. 1034, jedoch als Steckkreuz mit glatter Rückseite und in den Abmessungen 54 × 54 mm.

1036 Verdienstkreuz am Bande, Silber

Kreuz wie Nr. 1034, Maße nicht bekannt.

<u>Band:</u> rot mit je einem schmalen weißen Seitenstreifen und roter Kante.

Saarland

Saarländischer Verdienstorden, Silber

Stifter: durch Erlaß der saarländischen Landesregierung
Stiftung: 10. Dezember 1974

Gattung: Zivilverdienstorden
Wahlspruch: —
Klassen: einklassig
Hinzufügungen/
Änderungen: —
Dekorationen:

1037   Steckkreuz, Silber

55 mm

Ordenszeichen ist ein blau emailliertes Kreuz mit abgeschrägter silberner Bordierung.

Medaillon: auf silbernem Grund das aufgelegte Wappen des Saarlandes.

Medaillonring: ein silberner Eichenlaubkranz. RS: silbern, glatt.

15 Tips und Ratschläge

1 Warum werden Orden gesammelt?

Drei Gründe sind wesentlich:
Auszeichnungen sind immer und zu jeder Zeit Spiegel der Geschichte gewesen. Ohne historische Interessen ist eine Ordenssammlung undenkbar, oder sie sinkt zu einer Anhäufung von bearbeiteten Metallstücken herab.

In Krieg und Frieden, für Feldzüge und wissenschaftliche Leistungen, für Tapferkeit im Feld, für Lebensrettung und künstlerische Leistungen wurden und werden Orden und Ehrenzeichen verliehen. Der historische Verlauf erstreckt sich in der Entwicklung vom klassischen Ritterorden bis zum modernen Verdienstorden mit zahlreichen Variationen und abgestuften Veränderungen. Darüber hinaus hat oft der einzelne Orden einen faszinierenden geschichtlichen Hintergrund, immer dann, wenn der Träger und die Umstände der Verleihung überliefert sind.

Viele Stiftungsanlässe von Orden waren oder wurden Ereignisse des Weltgeschehens.

Nicht wenige Sammler reizt auch die Exklusivität, denn Orden und Ehrenzeichen zu sammeln, ist immer noch etwas Besonderes — und wird es auch bleiben.

Ein weiterer Grund dürfte im ästhetischen Genuß und in der hohen kunsthandwerklichen Perfektion insbesondere der alten Orden liegen. Die Abbildungen in diesem Buch sind ein überzeugender Beweis dafür, daß Orden auch Zeugnisse hoher Juwelierkunst und formaler Gestaltung sind. Die hervorragende handwerkliche Qualität und Verarbeitung alter Orden lassen sich durch die Abbildungen nur unzureichend wiedergeben. Sie sollten einmal ein schönes altes Stück aufmerksam betrachten — die feine Emailmalerei, die durchbrochene, goldene Königskrone, die heraldischen Ausschmückungen in den Winkeln der Kreuzarme — das alles wird Ihnen das Gefühl geben, einen kleinen Schatz in der Hand zu halten. Nicht umsonst heißen ja die Großkreuze von Orden auch Kleinod oder, wie es auf den Rechnungen der Hofjuweliere zu stehen pflegte: »... ein Ordens-Bijou ...«

2 Die rechtlichen Grundlagen des Sammlers

Grundsätzlich kann jeder Orden sammeln. Für Stücke, die bis 1918 verliehen worden sind, bestehen keinerlei Einschränkungen. Für Orden und Ehrenzeichen von 1933—1945 wird in Versteigerungskatalogen stets folgende Erklärung abgegeben:

»Solange Kataloginhaber, Auktionsteilnehmer und Bieter sich nicht gegenteilig äußern, versichern sie, daß sie den Katalog und die darin abgebildeten Orden und Ehrenzeichen aus der Zeit des III. Reiches nur zu Zwecken der staatsbürgerlichen Aufklärung, der Abwehr verfassungswidriger Bestrebungen, der Kunst oder der Wissenschaft, der Forschung oder der Lehre, der Berichterstattung über Vorgänge des Zeitgeschehens oder der Geschichte oder ähnlichen Zwecken erwerben (§§ 86 a, 86 Strafgesetzbuch). Die Firma XYZ, ihre Versteigerer und Einlieferer bieten und geben diese Gegenstände nur unter diesen Voraussetzungen an bzw. ab.«

Mit dieser Regelung ist der Erwerb von Stücken der vorgenannten Epoche möglich.

Für den Erwerb von jetzt gültigen Orden und Ehrenzeichen ist eine Sammlergenehmigung erforderlich. Rechtliche Grundlage hierfür ist die umfassende Regelung des Ordenswesens durch das Gesetz über Titel, Orden und Ehrenzeichen vom 26. Juli 1957 (BGBl. I. S. 844), das 1968, 1969 und 1974 abgeändert und erweitert wurde. Dort heißt es in den §§ 12—14:»Der Verkauf darf nur gegen Vorlage eines ordnungsgemäßen Ausweises erfolgen (vgl. §§ 8 und 9 OG).« Für Sammler eröffnet § 14, Abs. 3 letzter Satz OG die Möglichkeit des Erwerbs von Orden und Ehrenzeichen, wenn die zuständigen Landesbehörden eine entsprechende Genehmigung erteilt haben. Welche Landesbehörde zuständig ist, ist leider nicht bundeseinheitlich geregelt. Im allgemeinen sind dies für

Baden-Württemberg	– die unteren Verwaltungsbehörden
Bayern	– die Kreisverwaltungsbehörden
Berlin	– der Senator für Wirtschaft und Kredit
Bremen	– der Senator für Inneres
Hamburg	– die Bezirksämter
Hessen	– die Landräte und kreisfreien Städte
Niedersachsen	– die Landkreise, kreisfreien Städte und die selbständigen Städte in ihrem Gebiet
Nordrhein-Westfalen	– die örtlichen Ordnungsämter
Rheinland-Pfalz	– die Landratsämter und Stadtverwaltungen kreisfreier und großer kreisangehöriger Städte
Saarland	– die unteren Verwaltungsbehörden
Schleswig-Holstein	– die Gemeinden mit über 10 000 Einwohnern oder die Kreise.

Die von diesen Behörden ausgestellte Sammlergenehmigung versetzt Sie in die Lage, in Geschäften, auf Auktionen, Messen und Börsen oder direkt vom Hersteller lediglich jene Orden und Ehrenzeichen zu erwerben, die gegenwärtig von der Bundesrepublik und von den einzelnen Bundesländern verliehen werden.

Die Bestimmungen sind eindeutig. Keinem unbescholtenen Bürger darf die Genehmigung verwehrt werden, wenn es ihm gelingt, das vom Gesetzgeber geforderte »berechtigte Interesse« glaubhaft zu machen.

3   Sammeln — aber wie?

Die Vielfalt der Orden und Ehrenzeichen macht es dem beginnen-
den Sammler nicht leicht, sozusagen »aus dem Startloch« heraus fol-
gerichtig, gezielt und mit angemessenem finanziellen Aufwand
eine Sammlung aufzubauen. Sie können sammeln:

- nach geografischen Gesichtspunkten
  also ein Land, Österreich, Kaiserreich Rußland oder etwa
  Deutschland bzw. einige seiner ehemaligen Bundesstaaten von
  Anhalt bis Württemberg. Durchaus reizvoll und in der Regel
  kostengünstiger ist es, ein weniger exponiertes, ausländisches
  Land zu sammeln. Fairerweise muß man jedoch hinzufügen, daß
  der Wiederverkauf von »Exoten« (so der Branchenjargon) schwie-
  riger ist als bei deutschen Orden und Ehrenzeichen
- nach historischen Ereignissen
  also beispielsweise die Orden und Ehrenzeichen, die in einem be-
  stimmten Krieg (1870/71, 1914/18, 1939/45) verliehen wurden
  oder etwa die Verleihungen der (deutschen) Kolonialgeschichte
- nach verschiedenen Waffengattungen
  also sämtliche Auszeichnungen der Luftwaffe, der Kavallerie,
  der Marine etc. eines oder mehrerer Länder
- nach Tätigkeitsbereichen
  z. B. die Orden und Ehrenzeichen des Roten Kreuzes oder der
  Feuerwehr eines oder mehrerer Länder
- nach Dienstauszeichnungen
  d. h. Dienstaltersauszeichnungen eines oder mehrerer Länder
- nach besonderen Anlässen
  wie etwa Hochzeitsmedaillen, Krönungen, Jubiläen, 100-Jahr-
  Feiern eines oder mehrerer Länder
- nach ausgewählten zivilen Verdiensten
  z. B. Lebensrettungsmedaillen, alle offiziellen Verleihungen für
  »Kunst und Wissenschaft«, oder Damenorden, die zumeist karita-
  tiv bzw. krankenpflegerisch orientiert waren und sind

nach variantenreichen Einzelorden

einige Orden sind außerordentlich vielgestaltig. Sie in ihrer Gesamtheit einschließlich aller Sonderstufen und affiliierten Medaillen darzustellen, ist sehr reizvoll. Solche Orden sind beispielsweise: der bayerische Verdienstorden vom hl. Michael sowie der Militärverdienstorden, der braunschweigische Orden Heinrich des Löwen, der hessische Orden Philipp des Großmüthigen, der Hausorden von Hohenzollern, der oldenburgische Haus- und Verdienstorden, der preußische Rote-Adler-Orden sowie der Kronen-Orden, der sächsische Albrechtsorden, der Sachsen-Ernestinische Hausorden oder das Eiserne Kreuz von 1813 bis 1939.

Andere Sammler wiederum konzentrieren sich auf die Klassiker unter den Orden: Goldenes Vlies (Burgund/Österreich/Spanien), Hosenbandorden (England), Elefantenorden (Dänemark), Orden der Ehrenlegion (Frankreich), St.-Andreas-Orden (Rußland) etc.

– nach personenbezogenen Gesichtspunkten

häufiger als man denkt, ist es möglich, eine geschlossene »Gruppe« von Papieren, d. h. Verleihungsurkunden, Offizierpatente, Reisepässe u. ä. und einzelne Orden, zu erwerben. So ist es möglich, eine Person, exemplarisch für eine Zeit, einen Dienstgrad oder eine Waffengattung komplett nachzusammeln. Das sogenannte Gruppensammeln gewinnt insbesondere dadurch an Reiz, weil zu einer Gruppe auch Uniform(-teile), Bilder, Grafiken und Fotografien, Fahnen, Reservistika, Bücher, alte Zeitungsausschnitte, Offiziergeschenke, Tagebücher und vieles andere mehr gehören können. Sammelt man um die betreffende Person auch noch die entsprechenden zeitgeschichtlichen Zeugnisse, so entsteht ein begrenztes historisches Panorama, das ebenso instruktiv wie attraktiv ist.

Eine starre Systematik für das Sammeln von Orden und Ehrenzeichen gibt es nicht, und das erhöht zweifellos den Reiz. Ich habe auch schon Motivsammlungen gesehen (beispielsweise Blumen oder

Tiere auf Orden), Sammlungen zur Familiengeschichte, Sammlungen nach juweliertechnischen Gesichtspunkten oder Kollektionen einer Ordensklasse (z. B. die Ritterkreuze aller europäischen Tapferkeitsauszeichnungen). Wieder andere sammeln nach Trageweisen oder nur die Miniaturen.

Schon diese durchaus nicht vollständige Aufzählung deutet an, wie lebendig und individuell man das Ordensammeln gestalten kann.

4 Was am Anfang wichtig ist

Wer mit dem Sammeln beginnt, wird beim Aufbau und Ausbau seiner Kollektion den einen oder anderen Fehler machen — das ist nahezu unvermeidlich. Es empfiehlt sich, Beratung dort zu suchen, wo man sie mit einiger Gewähr auf Uneigennützigkeit bekommen kann.

Mit das wichtigste am Sammeln ist Lernen, Lernen und nochmals Lernen. Dabei sollten Sie trennen zwischen primärem, d. h. im Kopf verfügbarem Wissen und dem, was Sie jederzeit irgendwo nach-. schlagen können. Zum abrufbereiten Wissen kommen noch einige grundsätzliche Verhaltensmaßregeln. Mit dieser Kombination ersparen Sie sich Enttäuschungen und Ärger:

● Grundkenntnisse in Materialkunde
● Grundkenntnisse im Preisgefüge
● Grundkenntnisse in der geschichtlichen Datierung.

Wenn Sie Preisdifferenzen feststellen, lassen Sie sich diese vom Anbieter begründen — erst dann entscheiden Sie. Kaufen Sie angemessen. Ein Fehlkauf sollte niemals zu sehr ins Gewicht fallen — also keine emotionelle und finanzielle Überbeanspruchung. Gieren Sie nicht nach der totalen Sammlung. Wer schon länger sammelt, weiß es: die vollständige Sammlung ist und bleibt ein Wunschtraum. Nur: Gier läßt sich schlecht verbergen, und so erhöht sich der Preis quasi automatisch.

Sobald Sie über ausreichende Kenntnisse verfügen, sollten Sie Ihre Sammeltechnik verfeinern. Gewöhnlich beginnt man mit kleineren Stücken, erstens ist man anfänglich noch unsicher, und zweitens ist das Risiko nicht so groß. Übersieht man jedoch sein Gebiet, sollte man immer versuchen — selbstverständlich im Einklang mit seinen finanziellen Möglichkeiten — von oben nach unten zu sammeln. Durch jahrelange Marktbeobachtung ist eines erwiesen: Kleinere und mittlere Stücke sind fast immer am Markt. Das große und für eine Sammlung zentrale Objekt jedoch kann für längere Zeit oder überhaupt vom Markt verschwunden sein.

5 Wo kommen die Informationen her?

Das Sammeln von Orden vermag in besonderer Weise zur Erweiterung des persönlichen Kommunikationsbereiches beizutragen, durch den Kontakt zu anderen mit den gleichen Interessen, durch die Beschäftigung mit dem Material, seiner Geschichte, seiner Entstehung und Herstellung. Dies ist vor allem möglich, weil das Sammelgebiet Orden durch eine reichhaltige und ständig wachsende Fachliteratur gut dokumentiert wird. Es gibt sowohl wissenschaftlich bearbeitete Spezialliteratur als auch generelle Werke über die Ordenskunde (oder wie es wissenschaftlich heißt: Phaleristik). Unter Punkt 14 finden Sie empfehlenswerte Bücher für die Handbibliothek des Sammlers, jene wichtigen Titel, ohne die es nun einmal nicht geht.

Bitte bedenken Sie — ohne Fachwissen keine exakte Bestimmung des Gegenstandes, ohne Fachwissen keine verläßliche Beurteilung, ob ein Stück echt oder falsch ist, ohne Fachwissen keine reale Werteinschätzung!

Eine weitere gute Informationsquelle sind die Auktionskataloge seriöser Firmen des In- und Auslandes. Es empfiehlt sich, die Kataloge zu abonnieren und mit den Ergebnislisten zusammen später binden zu lassen. (Auktionsfirmen siehe unter »Markt«.)

Gerade der junge Sammler sollte Sammlertauschtreffen, Stamm-
tische, Börsen und Flohmärkte besuchen — je mehr, je besser. Im
Gespräch und im direkten Kontakt mit den Orden und Ehrenzeichen kann er im wahrsten Sinne des Wortes »begreifen«, worum es
geht.

6 Der Markt

Das ist eigentlich die Frage »Wo bekommt man Orden?« Für den Erwerb gibt es folgende Möglichkeiten: Ersteigerung auf Auktionen,
Kauf im einschlägigen Fachhandel, Kauf und Tausch auf Börsen
und Flohmärkten, Kauf von und Tausch mit anderen Sammlern.
Daneben gibt es noch die Chance, auf Inserate zu schreiben bzw.
selbst zu inserieren.
Natürlich kann man auch im Verwandten- und Bekanntenkreis
nach Stücken fragen — die kosten zumeist nur ein paar freundliche
Worte und die Versicherung, daß Onkel Theos Tapferkeitsmedaille
auch in wirklich gute Hände kommt.
Es lohnt sich auch, auf die Versteigerungen des Münzhandels zu
achten, weiterhin versteigern Kunstauktionshäuser immer wieder
einmal einige Nummern Orden und Ehrenzeichen. Auf Orden spe-
zialisiert ist in Deutschland das Auktionshaus

Graf Klenau oHG Nachf.
Maximilianstraße 32, 8000 München 22, Tel. 0 89/22 22 81/82.

Im Ausland sind es die Auktionshäuser:

Spink & Son Ltd.
King Street, St. James's, London SW 1, Tel. 01-9 30 78 88.
Wallis & Wallis
»Regency House« 1 Albion Street, Lewes Sussex England BN 7 2NJ,
    Tel. LEWES 079 16 3137.
The Fox Hole, Intern. Auction House, Ron Manion
Box 12214, Kansas City, Kans. 66112/USA.

7 Wert und Wertzuwachs

Eine zentrale Frage, und diese durchaus berechtigt, ist jene nach den Preisen von Orden und Ehrenzeichen ganz allgemein und nach der Kapitalanlage im besonderen.

Wer die richtigen Stücke zur richtigen Zeit gekauft hat, konnte in der Vergangenheit eine solide Preissteigerung verbuchen. Der Wertzuwachs der letzten Jahre vollzog sich fern von hektischen Eingriffen in- und ausländischer Spekulanten. Nach wie vor bestimmt das Wechselspiel zwischen Angebot und Nachfrage den Marktwert und den Preis. Noch immer ist das Sammelgebiet weit davon entfernt, so überlaufen zu sein, wie beispielsweise Briefmarken oder Münzen. Dieser verhältnismäßig kleine Markt wirkt sich günstig auf die Preise aus. Auch heute noch kann man zu erträglichen Bedingungen eine Sammlung aufbauen, vor allem dann, wenn man das Verhältnis von Seltenheit und Preis ins Kalkül zieht. Hier ist zweifellos noch Entwicklungsspielraum vorhanden. Einige Beispiele mögen das verdeutlichen:

Der Posthorn-Satz, 16 Werte mit Auflagen pro Marke zwischen zwei bis sechs Millionen, kostet heute postfrisch 6200 DM (Stand: 1979/80). Der Eiserne Helm von Hessen-Kassel aus dem Jahre 1814, nur 147mal verliehen, kostet dagegen nur 5000 DM!

Im Vergleich mit Münzen wird die Relation von Seltenheit und Preis bei Orden noch deutlicher. Ein Katalogvergleich zeigt Ihnen, daß bei gleicher Rarität für Münzen bis zum Zehnfachen (!) dessen gezahlt werden muß, was für einen entsprechenden Orden verlangt wird. Oder eine andere Rechnung:

Das 5-Mark-Stück »Germanisches Nationalmuseum« ist Ihnen allen bekannt. 1952 wurden davon 200 000 Exemplare geprägt. Kostenpunkt eines 5-Mark-Stückes 1979: 1700 DM. Ein Kommandeurkreuz des badischen Ordens vom Zähringer Löwen in Gold, von 1866—1918 1644mal verliehen, kostet dagegen nur 1450 DM. Dabei ist das Kommandeurkreuz, gemessen an der Auflage des 5-Mark-Stückes, 12 165,5mal seltener!

Die Preisentwicklung bei Orden und Ehrenzeichen läßt sich durch die Existenz von Auktions- und Preiskatalogen exakt zurückverfolgen. So war der Markt von 1950 bis 1960 fast statisch. Ein nennenswerter bis attraktiver Preisauftrieb setzte jedoch in den Jahren 1966/70 ein und ist bis heute im wesentlichen ungebrochen. Gegenwärtig haben sich die Preise stabilisiert, der Aufwärtstrend setzt sich nur noch vereinzelt fort. Wie lange diese für den Erwerb derzeit günstige Marktruhe dauern wird — wer weiß. Ohne große Prophetie läßt sich sagen, daß die Aufwärtsentwicklung anhalten wird, schon allein deswegen, weil der Interessentenkreis wächst, das Warenangebot jedoch nicht beliebig der Nachfrage anzupassen ist. Echte Antiquitäten kommen nun einmal nicht vom Fließband. Seit 1977 gibt es für deutsche Orden und Ehrenzeichen einen sehr praktischen Taschenkatalog, der alle zwei Jahre neu erscheint, sowie einen Österreich-Katalog Orden und Ehrenzeichen in gleicher Aufmachung. Die Bewertung von Orden und Ehrenzeichen dieser so wichtigen Sammelgebiete läßt sich jetzt per Nachschlagen erledigen. Da sich diese Kataloge auch im Handel durchgesetzt haben, ist die Markttransparenz heute wesentlich besser als vor Erscheinen dieser Publikationen. Abschließend einige repräsentative Beispiele für die Preisentwicklung bei Orden (sämtliche Preise in DM):

Baden

Orden vom Zähringer Löwen
Kommandeurkreuz, Gold, mit Stern, vgl. Nr. 26 und 27

1966	1971	1974	1978	1979
775,—	1000,—	3400,—	3700,—	3650,—

Bayern

Militärverdienstorden, Offizierkreuz von 1905 mit Schwertern, Silber vergoldet, vgl. Nr. 133

1966	1971	1974	1978	1979
340,—	580,—	900,—	1400,—	1400,—

Preußen

Hoher Orden vom Schwarzen Adler, Großkreuz in Gold mit Stern
vgl. Nr. 452 und Nr. 453

1966	1971	1974	1978	1979
2575,—	6200,—	13 000,—	14 500,—	12 000,—

Pour le Mérite, Ausführung 1914—1918, Silber vergoldet
vgl. Nr. 463

1966	1971	1974	1978	1979
450,—	725,—	2500,—	3000,—	2800,—

8 Was tun, wenn Mängel erkennbar werden?

Es passiert häufiger, als man denkt und beileibe nicht nur jungen Sammlern: Bei der Freude, ein Stück (günstig) erworben zu haben, unterbleibt nicht selten dessen vorherige eingehende Prüfung. Was tun, wenn sich nachträglich, d. h. nachdem man bezahlt hat, Mängel herausstellen?

Grundsätzlich wird *jeder* seriöse Händler Ihnen ein Rückgaberecht einräumen, wenn Sie dies *vorher* ausdrücklich verlangen. Bei nachweisbaren Kopien ist das ohnehin eine Selbstverständlichkeit. Und wenn man nicht bei einer renommierten Firma gekauft hat?

In der Regel gibt es drei Möglichkeiten, derartige Mißlichkeiten zu regeln (vgl. § 459 BGB »Gewährleistungsrechte«): Der Verkäufer haftet dem Käufer dafür, daß der Gegenstand zum Zeitpunkt des Kaufes nicht mit Fehlern behaftet ist, die den Wert oder die Tauglichkeit des Gegenstandes mindern.

Der Verkäufer haftet immer dann, wenn erkennbare Mängel vorliegen. Wenn es sich dabei um eine »unerhebliche« Minderung des Wertes handelt, braucht der Verkäufer nicht zu haften.

Was »unerheblich« ist, können im Streitfall nur die Gerichte entscheiden. Damit nun niemand übermütig wird, hier die voraussichtlichen Prozeßkosten nach Streitwert:

Prozeß-Risikotabelle für zwei Instanzen, nur Gerichts- und Anwaltsgebühren ohne sonstige Kosten:

5 000 DM Streitwert:	DM 4 259,—
6 000 DM Streitwert:	DM 5 121,—
8 000 DM Streitwert:	DM 6 297,—
10 000 DM Streitwert:	DM 7 669,—
20 000 DM Streitwert:	DM 12 264,—
30 000 DM Streitwert:	DM 14 375,—
50 000 DM Streitwert:	DM 17 907,—
100 000 DM Streitwert:	DM 25 467,—

Grundsätzlich hat der Sammler drei Möglichkeiten, zu seinem Recht zu kommen:

1. die Wandlung: Der Sammler gibt dann den schadhaften Gegenstand zurück und erhält dafür den vollen Kaufpreis zurückerstattet;
2. die Minderung: Man läßt sich einen Teil des Kaufpreises erstatten, der etwa der Wertminderung entspricht;
3. der Umtausch: Der Sammler bekommt statt des mangelhaften ein einwandfreies Stück. Grundsätzlich ist der Käufer jedoch nicht verpflichtet, sich auf einen Umtausch einzulassen, wenn das Stück Mängel hat. Und noch etwas ist wichtig: Alle Ansprüche des Käufers verfallen sechs Monate nach Aushändigung der Ware.

Übrigens hat man wirklich nur dann ein Recht auf Umtausch, wenn die Ware Mängel aufweist, nicht aber, wenn einem die Ware plötzlich nicht mehr gefällt. Wird sie vom Verkäufer trotzdem umgetauscht, so ist das dessen Entgegenkommen.

9 Eine gewisse Unsicherheit — echt oder falsch?

Vor wenigen Jahren noch verlautbarte die Branche eine weitgehende Sicherheit vor Fälschungen. Man argumentierte, daß, wie auf vielen anderen Gebieten auch, die kunsthandwerkliche Qualität der alten Orden nicht mehr reproduzierbar sei, also gäbe es auch keine Kopien. Alte Orden einzeln anzufertigen sei im übrigen so teuer, daß es sich nicht lohne. (Inzwischen sind auch hier die Techniken der nachträglichen Anfertigung immer perfekter geworden.) Viel schlimmer ist, daß Orden und Ehrenzeichen aus dem III. Reich, die infolge ihrer meist hohen Stückzahlen einer industriellen Fertigung unterlagen, nahezu durchgängig gefälscht, kopiert, verändert und ergänzt werden, oft sogar mit den dazugehörigen Urkunden.

Die Sammler sind dadurch stark verunsichert. Der Erwerb von Originalstücken aus dieser Zeit ist eigentlich in unzumutbarer Weise in Frage gestellt worden. Es ist hier nicht der Ort, alle Verfahren und Möglichkeiten darzustellen, wie Fälschungen, meist in Serie, auf dem Markt plaziert werden. Auf einige grundsätzliche Punkte soll jedoch hingewiesen werden.

Abzugrenzen, was wirklich ein Original ist, hat so seine Tücken. Auch die Experten sind sich uneins, ob z. B. ein mit Originalwerkzeugen später hergestelltes Stück ein Original ist, oder ob nur ein zeitgenössisches Original als Original bezeichnet werden darf. Kaum ein Sammler, der sich nicht mit den Begriffen Original, zeitgenössisches Original, originalgetreue Kopie, Kopie, Zweitanfertigung, getragenes Original, in wesentlichen Teilen original usw. herumgeschlagen hat und mehr oder weniger verunsichert wurde, war oder ist.

Wie groß dieses Verwirrungsspiel wirklich ist, sei an einem kleinen Beispiel vorgeführt:

Wenn ein Soldat das EK I erhielt und sich im Urlaub ein Zweitstück kaufte, um das Original zu Hause aufzubewahren, dann ist zwar das zu Hause aufbewahrte das Original, aber das, was er getragen hat, mit dem er in Gefangenschaft geriet, was man ihm abnahm und das sich heute in einer Sammlung befindet — was ist das?

Übereinstimmende Antworten werden Sie nicht bekommen. Soviel zur Problematik an sich.

Beim Erwerb von Orden, insbesondere solchen mit geringen Verleihungszahlen und attraktiven, d. h. preistreibenden Extras, sollten Sie wissen:

- Es ist durchaus möglich, durch Manipulationen an einem Orden Wertsteigerungen zu erzielen. Beliebte Veränderungen an Originalstücken sind:
  Hinzufügungen von Schwertern und Schwertern am Ring.
  Nachträgliche Anbringung von Kronen, Buchstaben, Jahreszahlen oder eines Eichenlaubes.
  Bei Sternen Gravierungen auf der Rückseite, »frische« Gravierungen, meist bezogen auf einen prominenten Träger, erkennt man an den scharfen Kanten.
- Es wird immer wieder einmal von alten Stanzen eine neue Serie aufgelegt.
- Es gibt immer noch größere Posten Rohlinge, die zu Originalen »veredelt« werden.
  Silberne Medaillen und Gefechtsspangen oder sonstige Bandauflagen lassen sich durch Vergolden zur nächsthöheren Klasse »erheben«. Nachvergoldungen werden zudem durch unterschiedlichste Verfahren gealtert, z. T. mit verblüffenden Ergebnissen.
- Es ist durchaus machbar, Punzen und Stempel hinzuzufügen bzw. bestehende Markierungen wertsteigernd zu erweitern. Das können sein: LDO*-Nummern, Silber- und Goldstempel, Herstellerabkürzungen.
- Sehr viele Ehren- und Tätigkeitsabzeichen werden im Schleudergußverfahren hergestellt. Sie erkennen dies an der grobporigen Oberfläche und den verschwommenen Konturen.
- Verleihungsurkunden werden fast ausschließlich für Orden und Ehrenzeichen des III. Reiches angefertigt. Dabei gibt es gefälschte

---

* Leistungsgemeinschaft Deutscher Ordenshersteller. Zur Herstellung von Orden und Ehrenzeichen offiziell zugelassene Firmen erhielten von der Präsidialkanzlei des Führers und Reichskanzlers eine Nummer und wurden in einem Verzeichnis zusammengefaßt. Der LDO gehörten über 130 Firmen an.

Ausfüllungen auf originalen, noch vorhandenen Blankovordruk-
ken. Die Stempel sind meist unscharf, die Unterschriften unsicher, also nicht zügig oder nur Chiffren; die Truppenteile mit den
dazugehörigen, übergeordneten Stäben oft fehlerhaft oder reine
Fantasie.
Sind keine Blankovordrucke mehr aufzutreiben, nimmt man
stark holzhaltiges Papier, gilbt es in der Sonne oder mit stark ver-
dünntem, schwarzen Tee. Die so vorbereiteten Bögen werden
nach Originalvorlagen bedruckt (manchmal sogar nur foto-
kopiert!) und anschließend ausgefüllt, siehe oben. Um Ge-
brauchsspuren vorzutäuschen, wird das Papier von der Rückseite
durchgefeuchtet, herzhaft geknüllt und geknautscht und dann
vorsichtig mit einem handwarmen Bügeleisen geplättet. Sie werden die Alterungseffekte nicht für möglich halten!

Vor Kopien schützt eigentlich nur Wissen und Erfahrung und auch
die nicht hundertprozentig. Je mehr (Stücke) man sieht und je mehr
man (Sammlerweisheiten und auch ein bißchen Klatsch) hört, desto
größer ist die Wahrscheinlichkeit, nicht gleich auf Anhieb übervor-
teilt zu werden.

10 So pflegt man Orden und bewahrt sie auf

Ob man Orden pflegen soll oder nicht, darüber gehen die Meinun-
gen in der Sammlerwelt auseinander. Die einen legen Wert auf die
Patina und sehen darin nicht selten einen Echtheitsbeweis. Die
anderen argumentieren: niemals hätte man einen Orden oder ein
Ehrenzeichen verschmutzt oder vergammelt getragen.
Grundsätzlich würde ich vorschlagen:
Orden niemals zu putzen sondern lediglich zu reinigen. Jede Ver-
wendung von Metallputzmitteln ist zu vermeiden. Folgende Reinigungsverfahren haben sich bewährt:

- Orden aus Gold:
  Mit warmem Seifenwasser und einer alten Zahnbürste läßt sich fast jeder Schmutz entfernen. Sitzt der Schmutz fester, nimmt man Ammoniak-Lösung: 1 Teil Ammoniak auf 3 Teile Wasser. Mit fließendem Wasser gut nachspülen!
- Orden aus Silber:
  Ebenfalls nur mit Seifenwasser reinigen. Orden mit hohem Silberanteil (etwa 800/1000) lassen sich gut chemisch behandeln. Man taucht das Stück kurz in handelsübliche Tauchbäder. Haben Orden einen geringen Silberanteil, dann sollten Reinigungsbäder nicht benutzt werden. Besser ist: In einer Tasse werden zwei gestrichene Teelöffel voll kristallisierte Zitronensäure in heißem Wasser gelöst. In die heiße Lösung legt man für 24 Stunden die zu reinigenden Orden, anschließend unter fließendem Wasser nachspülen, mit gewöhnlichem Natron bestreuen, etwas anfeuchten und zwischen den Fingern reiben, bis sie sauber sind. Danach nochmals spülen und abtrocknen.
- Orden aus Kupfer:
  Grundsätzlich nur in warmem Seifenwasser reinigen.
- Orden aus Eisen:
  Rostflecken und/oder -schichten werden in einem Natron-Zink-Verfahren gereinigt. Natriumhydroxid (NaOH) — aus der Drogerie — wird mit wenig Wasser in einem Glas aufgelöst. In diese Lösung legt man den Eisenorden und gibt Zinkpulver (Feilspäne) unter Umrühren hinzu. Die Orden werden dabei nicht angegriffen. Nach dem Bad muß die entstandene Oxydschicht mit einer Messingbürste entfernt werden; danach gut abspülen.
  Es empfiehlt sich, die genannten Reinigungsverfahren an geringwertigen Probestücken zu testen.

Für die Aufbewahrung von Orden und Ehrenzeichen noch folgende Hinweise:

Halten Sie möglichst die Raumtemperatur konstant, um Spannungen des Emails zu vermeiden.

Feuchtigkeit ist ein großer Feind aller Sammlungsstücke.

Keine Unterlagen aus Papier verwenden, Papier zieht Feuchtigkeit an.

Verwenden Sie als Unterlage keine geschwefelten Materialien (manche Dekosamte!). Schwefel verursacht häßliche Metallverfärbungen.

Bei eventuellen Transporten emaillierte Stücke von ganzmetallenen Orden und Ehrenzeichen trennen und sorgfältig verpacken (sehr gut eignet sich zum Einwickeln Toilettenpapier).

Spülen Sie Orden niemals in heißem Wasser. Bei emaillierten Stükken führt das zu unerwünschten Spannungen und eventueller Auflösung des Schellacks, mit dem die Medaillons eingesetzt sind.

Meiden Sie Chemikalien, wenn Ihnen deren Wirkung nicht bekannt ist. (So können z. B. schwach vergoldete Stücke im Silberbad verblassen, d. h. wieder silbern werden.)

Setzen Sie Orden und Ordensbänder niemals dem direkten Sonnenlicht aus.

11 Anmerkungen zum Restaurieren

Kunstgegenstände sind heute in einem bisher nicht bekannten Ausmaß zur Handelsware geworden. Die Schönheit — in unserem Fall besser der Erhaltungszustand — bestimmt neben der Seltenheit den Preis. Es ist daher nur zu verständlich, wenn das Restaurieren von Orden ebenso angesehen wie umstritten ist. Zwei Auffassungen vom Restaurieren konkurrieren miteinander. In den Museen werden neben der reinen Pflege die fehlenden Teile *sichtbar* ergänzt. Die zweite Richtung legt ihren Ehrgeiz darein, alt und neu zu einem einheitlichen Gesamtbild zu verschmelzen. Die neuen Anteile am Stück werden, wie mir ein Ordensrestaurator einmal gesagt hat, in das Stück »hineingeschwindelt«. Der Handel und die Sammler bevorzugen nahezu einhellig die zweite Methode der Restaurierung. Eine verantwortungsvolle Restaurierung sichert den Erhaltungszustand und versucht, den ursprünglichen Ausdruck, die Anmut des Stückes wiederherzustellen. Dazu gehören nach Ansicht von Hartwig Friedrich, Ordensrestaurator in Ingolstadt, folgende Arbeiten:

1. Reinigung und Sicherung
   Sicherung von gesprungenem Email, loser Teile, Medaillons, Schwerten, Auflagen ...
2. Anlaufschutz
   Eine Oxydation des Silbers entsteht z.B. durch geschwefelte Unterlagen, Berührung mit der Hand, Luftverschmutzung
3. Reinigung eines stark verschmutzten Bandes unter Berücksichtigung des Moiré
4. Möglichkeit, ein Stück in den ursprünglichen Zustand zu bringen durch Entfernung alter Zinnreste, Klebstoffe sowie anderer Fremdteile
5. Wenn notwendig, Nachgalvanisierung
6. Sichtbarmachen von Punzen und wichtigen Inschriften
7. Anbringen einer abgebrochenen Öse
8. Ergänzen der Broschierung sowie der Nadel
9. Ergänzen eines fehlenden Schwertknaufes oder einer Schwertspitze, wenn das zweite Original noch vorhanden ist
10. Ergänzen von Email, um ein Gesamtbild zu schaffen und Restemail zu sichern
11. Medaillons vor dem Herausfallen durch Schellack-Kitt zu sichern, der wiederum löslich ist
12. Allgemein so verfahren, daß das Ergänzte immer wieder entfernt werden kann, ohne das Original zu verletzen.

Fragwürdig, unzulässig und nicht selten juristisch bedenklich wird eine Restaurierung immer dann, wenn bewußt aufgebessert wird. Dabei ist es auch unzulässig, wenn die Aufbesserung mit einer zeitgenössisch schlechten Verarbeitung begründet wird.
Sprechen Sie vorher den Umfang der Restaurierung ab. Wenn ge-

sundes Email dem Ersatz weichen muß, wenn alte Substanz verlorengeht, um ein neues »einheitliches« Gesamtbild zu erreichen, dann lassen Sie besser die Finger von einer Restaurierung.

12 Wichtig: die Karteierfassung!

Alle 30 Sekunden wird in der Bundesrepublik eingebrochen, seit 1950 hat sich die Zahl der Einbruchsdiebstähle versechsfacht. Gleichzeitig, und das ist erschreckend, sinkt die Aufklärungsquote. Gegenwärtig werden nur noch zwei von zehn Einbrüchen aufgeklärt!

Das Münchner Dezernat Diebstahl bei der Kripo hat mir versichert, daß das Vorliegen von Fotos und Beschreibungen die Chance der Wiederbeschaffung entscheidend verbessert. Je schneller, je besser. In den Schrank greifen und das Duplikat der Kartei der Polizei aushändigen — das wäre das Ideale.

Kern dieser Art von »Fahndungshilfe« sind zweifellos Fotoaufnahmen mit Wiedererkennungswert. Fotos, die unzweifelhaft beweisen, daß dieses Stück, bei mehrfachem Vorhandensein, Ihnen gehört. Verzeihung, Ihnen gehört hat.

Wie sollte eine derartige Karteikarte aussehen?

Was muß, was sollte enthalten sein?

Auf der *Vorderseite* der Karteikarte geben Sie an: Land, Bezeichnung des Ordens, Klasse und Modell des Ordens, die Ausführung (Metall), den Erhaltungsgrad, Abmessungen, Gewicht, Beschreibungen zum Band. Ist ein Etui vorhanden? Ist eine Urkunde vorhanden? Wie und zu welchem Preis wurde das Stück erworben? Katalogpreis sowie die Entwicklung des Stückes, d. h. der möglichst aktuelle Wiederbeschaffungswert.

Auf der *Rückseite* der Karteikarte geben Sie an: Foto der Vorder- und Rückseite des Ordens mit cm-Maß, dieses mitfotografiert.

Unter Quellen und Sonstiges können Sie beispielsweise Literaturhinweise eintragen.

Ein Tip: Legen Sie den Kopf einer Tageszeitung zum Foto, so haben Sie eine exakte Terminangabe, wann Ihnen das Stück gehört hat. Gegenüber der Listen-Erfassung ist die Karteierfassung flexibler und aussagekräftiger. Karteikarten lassen sich beliebig einfügen, entfernen, ändern. Und es lassen sich weit mehr Indizien festhalten, z. B. eine individuelle Beschreibung des Stückes mit Maßen, Herstellerzeichen, Punzen usw. sowie eine biographische Beschreibung des Ordens.

Vorderseite:

Land:
    Württemberg, Königreich
	Bezeichnung:
	    Friedrichs-Orden		

Klasse: Komturkreuz m. Schwertern	Metall: Gold	Erh.: I	Bemerkungen: getragenes Original
Abmessungen: 53 mm /Schwerter:	Gewicht: 33 g ohne Sprungring		
Band: hellblau, 55 mm, genäht		Etui: X	Urk.:
Stempel /Punzen — VS:	RS:		
Erwerb: Kauf DM *	O + E-Katalog 79 /80: DM 1800,—		
Entwicklung:			

Erh. = Erhaltungsgrad
Urk. = Verleihungsurkunde
*   = verschlüsselt nach Ihren Angaben
X   = vorhanden

Rückseite:

Abb. VS/RS	Quellen/Sonstiges
VS und RS gleich	Gritzner, »Handbuch der Ritter- und Verdienstorden« S. 596 ff. Nimmergut, Katalog »Orden und Ehrenzeichen« S. 254, Nr. 72 Klietmann, »Pour le Mérite und Tapferkeitsmedaille« S. 42 Nimmergut, »Deutsche Orden« S. 331, Nr. 958 Sonstiges: Urkunde für einen preuß. Generalleutnant vom 17. 9. 1904 DM 180,— Unterschrift König Wilhelm

Eine derartige Kartei gibt bereits soviel Einzelheiten, daß sie eine ganz wesentliche Hilfe bei der Wiederbeschaffung einer eventuell gestohlenen Sammlung darstellt.

13 Sich mit der Versicherung gegen Diebstahl schützen

Orden und Ehrenzeichen sind keine Erwerbsstücke, auf die man seinen Namen setzen kann, damit jeder weiß, wem sie gehören. Dennoch besteht die Möglichkeit, daß jeder Sammler seine oft teuer erworbenen Stücke so gut wie möglich sichert. Die Kriminalpolizei ist sehr dankbar, wenn bei einem evtl. Diebstahl der Geschädigte die genaue Beschreibung (besondere Merkmale, Beschädigungen usw.) der einzelnen Stücke angeben kann. Dafür also die vorher beschriebene Kartei. Und die Versicherung? Eine »Ordenssammlung« gibt es im versicherungstechnischen Sinne nicht. Es ist vorgekommen, daß für einen Pour le Mérite 9,80 DM Materialwert ersetzt wurden!

Briefmarken-, Münzen- und Ordensammlungen sind z. T. in der Hausratversicherung mitversichert. Also gegen Einbruchdiebstahl, Beraubung, Brand, Blitzschlag, Explosion, Leitungswasserschäden, Sturm- und Glasbruch. Diese Bedingungen, die bei den Versicherungen für Wertsachen gelten, sollten Sammler unbedingt beachten:

- Die Entschädigungssummen für Sammlungen vorgenannter Art sind auf 20 000 DM begrenzt — sie müssen »in verschlossenen Behältnissen, die erhöhte Sicherheit auch gegen Wegnahme des Behältnisses selbst gewähren«, aufbewahrt werden.
- Liegen Briefmarken, Münzen oder Orden lose im Schrank oder im Schreibtisch, so gibt es höchstens 1000 DM.
- Begrenzung für Einzelstücke: Es werden höchstens 350 DM ersetzt.
- Für Münzen, die noch gesetzliches Zahlungsmittel sind, für Goldmünzen und -medaillen gibt es eine Sonderregelung: diese werden höchstens mit 10 000 DM versichert, wenn sie in verschlossenen, mehrwandigen Stahlschränken aufbewahrt werden.

Das gilt auch für Bargeld, Versicherungsmarken und Barrengold.

Zwei wichtige Tips:

- Liegt der Wert der Sammlung über 5000 DM, so ist ein Sammlungsverzeichnis (also Ihre Kartei), aufzustellen, das separat unter Verschluß zu halten ist.
- Immer den Preis der Wiederbeschaffung in die Kartei einsetzen. Also die Wertsteigerungen berücksichtigen und zugleich prüfen,

ob der Versicherungswert ausreicht. Geht er über 20 000 DM hinaus, so kann man gegen Mehrprämie seine Versicherung aufstocken.

Auf jeden Fall ist eine Unterversicherung des Hausrats zu vermeiden, weil im Schadensfall nur der entsprechend versicherte Teil ausbezahlt wird.

Ab einer gewissen Größenordnung empfiehlt sich eine Alarmanlage. Auf dem Markt sind zahlreiche, sehr unterschiedliche Systeme und Modelle vertreten, so daß hier eine Erörterung zu weit führen würde. Auf Ihrem nächsten Polizeirevier berät man Sie jedoch gern und hält auch Informationsmaterial für Sie bereit.

14 Empfehlenswerte Bücher für eine Handbibliothek

Kataloge:

Nimmergut, Deutschland-Katalog 1979/80, »Orden & Ehrenzeichen«; Verlag Jörg Nimmergut, München

Dr. Neubecker / Jörg Nimmergut, Österreich-Katalog 1978/79, »Orden & Ehrenzeichen ab 1430 bis zur Gegenwart«; Verlag Jörg Nimmergut, München

Arnhard Graf Klenau, »Europäische Orden ab 1700 — ohne Deutschland«; Graf Klenau Verlag GmbH, Friedingen

Bücher:

Hessenthal und Schreiber, »Die tragbaren Ehrenzeichen des Deutschen Reiches«. Dieses Werk ist im Buchhandel nicht erhältlich, es kursieren jedoch Kopien. Ansonsten wenden Sie sich bitte an die Staats- bzw. Universitätsbibliotheken

Dr. Klietmann, »Deutsche Auszeichnungen«, Band 1—3; Verlag Die Ordens-Sammlung, Berlin

Geeb / Kirchner / Thiemann, »Deutsche Orden und Ehrenzeichen«; Carl Heymanns Verlag, Köln, Berlin, Bonn, München

Dr. Ottinger, »Orden und Ehrenzeichen in der Bundesrepublik Deutschland«; Verlag E. S. Mittler & Sohn GmbH, Herford

David Littlejohn / C. M. Dodkins,»Orders, Decorations, Medals and Badges of the Third Reich«, Band 1 und 2; R. James Bender Publ., San José, Californien

John R. Angolia, »For Führer and Fatherland«, Military Award of the Third Reich; James Bender Publ., San José, Californien

Georg Schreiber, »Die Bayerischen Orden und Ehrenzeichen«; Prestel Verlag, München

Henning Volle, »Badens Orden«, Ehrenzeichen, Prämienmedaillen; Verlag der Münzenhandlung Sonja Volle, Freiburg

Louis Schneider, »Die Preußischen Orden, Ehrenzeichen und Auszeichnungen«; Verlag Die Ordens-Sammlung, Berlin

Maximilian Gritzner, »Handbuch der Ritter- und Verdienstorden«; Akademische Druck- und Verlagsanstalt, Graz

Václav Měřička, »Orden und Auszeichnungen«; Artia Verlag, Prag

Václav Měřička, »Faleristik«, Ein Buch über Ordenskunde; Artia Verlag, Prag

Frhr. von Procházka, »Österreichisches Ordenshandbuch«; Graf Klenau oHG, München

Zeitungen und Zeitschriften:

Orden'+ Militaria Journal
BDOS-Geschäftsstelle, Postfach 23, 6497 Steinau

Sammler Journal
Widenmayerstraße 41, 8 München 22

Waffen-Journal
7170 Schwäbisch Hall

antiquitäten-Zeitung
Astheimer Straße 19, 6091 Trebur

Das Waffen-Journal und die antiquitäten-Zeitung bringen zwar keine redaktionellen Beiträge zum Thema Orden und Ehrenzeichen, sind jedoch mit ihren Kleinanzeigen ein interessantes Kontaktmedium.

Organisationen:

FDOM — Freundes- und Förderkreis Deutsches Ordensmuseum
    e. V.; Eversbuschstraße 108, 8 München 50
BDOS — Bund Deutscher Ordenssammler; Postfach 23, 6497
    Steinau

15 Museen

Ein reines Ordensmuseum gibt es (noch) nicht, dafür setzt sich speziell der FDOM ein. In einigen Armee- und Wehrhistorischen Museen sind jedoch Orden in unterschiedlicher Zahl und mit unter-
schiedlichem Dokumentationswert ausgestellt. Im einzelnen:

Deutschland

Wehrgeschichtliches Museum, Schloß, 7550 Rastatt/Baden
Bayer. Armeemuseum, Neues Schloß, 8070 Ingolstadt
Kavallerie-Museum Vornholz, Schloß, 4743 Ostenfelde/Westf.
Militär-Museum Schloß Bartenstein, 7181 Bartenstein/Württ.
Luftwaffen-Museum Uetersen, 2082 Uetersen

DDR

Museum für Deutsche Geschichte (ehem. Zeughaus Berlin),
    DDR-108 Berlin
Armeemuseum der DDR, DDR-806 Dresden

Belgien

Musée Royal de l'Armée et d'Histoire Militaire, Palais du Cinquan-
    tenair, Bruxelles

Dänemark

Tojhusmuseet, Frederiksholms Kanal 29, Kopenhagen

England

National Army Museum, London SW 3 4 HT, Royal Hospital Road

Imperial War Museum, Lambeth Road, London, S.E. 1
Royal Air Force Museum, London
Royal Marines Museum, 22351 Porthsmouth

Frankreich

Musée de l'Armée, Paris 7e, Hôtel National des Invalides
Musée de la Marine, Paris, Palais de Chaillot, place du Trocadero
Musée International des Hussards, 65 Tarbes (Hautes-Pyrénées)
   Jardin Massey
Musée Historique de la Ville de Strasbourg, Strasbourg, Place du
   Château 2

Österreich

Heeresgeschichtliches Museum Wien, Arsenal Objekt 18, Wien III

Schweden

Kungl. Armémuseum, Riddargatan 13, Stockholm
Marinemuseum, Karlskrona, Amiralietsslätten

Schweiz

Musée Historique, CH-2013 Colombier, Château de Colombier
Historisches Museum, CH-6000 Luzern, Rathaus am Kornmarkt
Musée Militaire, CH-1110 Morges, Château
Altes Zeughaus Solothurn, Zeughausplatz 1, CH-4500 Solothurn
Waffen- und Trophäensammlung des Unteroffiziersvereins, Haupt-
   gasse 68, CH-4500 Solothurn
Schweizerisches Landesmuseum, Museumstr. 2, CH-8000 Zürich

Zu empfehlen ist folgende Literatur:

Paul Gnuva, »Museen in Europa«; RV Reise- und Verkehrsverlag,
   Berlin, Stuttgart, Gütersloh
Hermann Jedding, »Keysers Führer durch Museen und Sammlungen«, Bundesrepublik und Westberlin; Keysersche Verlagsbuch-
   handlung, Heidelberg–München